# 魔窟

知られざる「日大帝国」興亡の歴史

森功

東洋経済新報社

# 魔窟　知られざる「日大帝国」興亡の歴史　目次

## 第五章　地下水脈に通じた田中帝国の誕生――117



## 第六章　裏社会との腐れ縁――139

## 第七章　不祥事——171



## 第八章　流行作家理事長の誕生——197

## 終章 パニックの果てに――295

## 本書に登場する主な日本大学関係者（順不同）

**林真理子**
小説家。２０２２年７月、理事長就任

**澤田康広**
元副学長。東京地検総務部副部長や宇都宮地検次席検事などを歴任

**酒井健夫**
第15代学長。田中英壽体制で総長も務めた

**北畠成文**
アメリカンフットボール部の３年生部員（当時）。薬物事件で逮捕

**山田顕義**（１８４４～１８９２年）
前身の「日本法律学校」創立者の一人で「学祖」。初代司法大臣

**金子堅太郎**（１８５３～１９４２年）
初代校長。創立者の一人。農商務大臣、司法大臣などを歴任。伊藤博文らとともに大日本帝国憲法を起草

**松岡康毅**（１８４６～１９２３年）
第2代校長、初代総長。貴族院議員、農商務大臣、枢密顧問官を歴任

**平沼騏一郎**（１８６７～１９５２年）
学長、第2代総長。検事総長、大審院長、司法大臣、枢密院議長、内閣総理大臣を歴任

**古田重二良**（１９０１～１９７０年）
理事長、理事会長、会頭、会長。私立大学連盟理事や私立大学審議会会長も歴任

**佐藤栄作**（１９０１～１９７５年）
内閣総理大臣、自民党総裁を務めた。古田重二良の盟友。古田が結成した保守団体「日本会」総裁も務めた

**山岡荘八**（１９０７～１９７８年）
小説家。言論人として「日本会」に参加

**児玉誉士夫**（１９１１～１９８４年）
戦後日本の右翼、フィクサー。古田と呉文炳の対立仲裁立会人となった

**秋田明大**
元日大全共闘議長

**小佐野賢治**（１９１７～１９８６年）
実業家、国際興業社主。「政商」と呼ばれた。ロッキード事件の刑事被告人。田中角栄の盟友。「日本会」発起人の一人

**呉文炳**（1890〜1981年）
会頭・理事長。商経学部長、学長、第4代総長・総裁、理事長を歴任

**石松新太郎**
日大理工学部助教授。「裏口入学の帝王」と呼ばれた

**瀬在良男**（1926〜2001年）
第9代総長。文理学部長、副総長を歴任。瀬在幸安の兄

**瀬在幸安**
第10代総長。医学部長、副総長を歴任。瀬在良男の弟

**田中英壽**（1946〜2024年）
第12代理事長。日本オリンピック委員会（JOC）副会長も務めた

**輪島大士**（輪島博、1948〜2018年）
第54代横綱。田中英壽の日大相撲部の1年後輩

**許永中**
1991年7月、戦後最大の経済犯罪と呼ばれたイトマン事件の主役として逮捕。幻となった「2008年大阪五輪」プロジェクトで日大常務理事だった田中英壽と連携

**金雲龍**（1931〜2017年）
国際オリンピック委員会（IOC）元副会長、韓国オリンピック委員会（KOC）元会長

**古賀誠**
元自民党代議士。日本大学商学部校友会名誉顧問。大学本部の理事も務めた

**菅義偉**
代議士、元内閣総理大臣。従弟の菅脩が商学部校友会の理事や会長を務めた

**内山斉**（1935〜2022年）
読売新聞元社長。大学本部の理事も務めた

**司忍**（本名・篠田建市）
六代目山口組組長。田中英壽理事長との「ツーショット写真」が国会でも議題となった

**田中優子**（本名・征子）
田中英壽の妻。東京・阿佐ヶ谷の「ちゃんこ料理たなか」女将。田中帝国の「女帝」と呼ばれた。2022年没

**井ノ口忠男**
元理事。アメフト部OB。株式会社日大事業部の「自動販売機アドバイザー」を皮切りに、理事長付相談役、日大事業部取締役を歴任。21年10月、背任事件で逮捕

**橋本稔子**
広告代理店のエルフ・エージェンシー社長。井ノ口の実姉

**亀井静香**
元代議士。運輸大臣、建設大臣、自由民主党政務調査会長、国民新党代表などを歴任。危機管理学部の名付け親

**下村博文**
元代議士。文部科学大臣として日大の危機管理学部とスポーツ科学部の新設認可を下ろした

**國松孝次**
元警察庁長官

**内田正人**
元アメリカンフットボール部監督。反則タックル事件で退任

---

**和田秀樹**
精神科医、元日大常務理事

**加藤直人**
第13代理事長。文理学部長、第14代学長も務めた

**籔本雅巳**
医療法人「錦秀会」元理事長。21年10月7日、日大医学部附属板橋病院の建て替え計画を巡る背任容疑で東京地検特捜部に逮捕される

**熊平美香**
理事。22年11月辞任。元昭和女子大学ダイバーシティ推進機構キャリアカレッジ学院長

**村井一吉**
元常務理事。「林親衛隊四人組」の一人

---

**小林清**
常任監事。「林親衛隊四人組」の一人

**大熊智之**
本部総務部長、常務理事。「林親衛隊四人組」の一人

**飯塚和一郎**
人事部長。「林親衛隊四人組」の一人

**久保利英明**
弁護士。日大第三者委員会答申検討委員会議長

**高橋宏明**
元アメフト部監督、現文理学部事務局次長

**宮内義彦**
元オリックス会長。日大顧問

# はじめに

ふだん低音のスピーチをする彼女にしては高揚感に溢れ、尖った声だった。

「この1年は、後始末に明け暮れる年でございました。まず、株式会社日本大学事業部の解散、そして校友会の方々のお力を得て、校友会組織を新しくつくることができました」

2023（令和5）年7月11日、紺のスーツに身を包んだ学校法人「日本大学」理事長の林真理子が記者会見に臨んだ。ワンマン理事長として知られた田中英壽体制の下、理事が背任事件を引き起こした日大では、田中自身も脱税に問われ、大学を追放された。代わって日本最大のマンモス私立大学を率いるようになったのが、芸術学部OGである小説家の林である。林は22年7月、運営トップに就いて大学改革に乗り出した。

彼女にとってはそれからちょうど1年を経て、意気揚々と臨んだ記念すべき記者会見になるはずだったに違いない。東京・市ケ谷駅近くの日大本部の会見会場に集った記者団に呼びかけるかのようにボルテージをあげ、鼻孔《びこう》を膨らませながら言った。

「私としてはすべての膿《うみ》を出し切ったと思っております」

しかし、ここから事態が暗転する。

実はこの記者会見の1週間ほど前、日大内部ではアメリカンフットボール部の薬物問題が発覚していた。林が会見時にそれを知っていたかどうか。少なくとも当事者たちはこのときすでにハチの巣をつついたようなパニックに陥っていた。そんな渦中の理事長会見だったのである。

やがてマスコミに日大アメフト部員の大麻使用疑惑が漏れ出す。7月末から取材が殺到した。月の明けた8月2日朝、自宅前で質問攻めに遭った林真理子は記者たちに苛立ち、彼らの口を封じるかのように思わず言い放った。

「違法な薬物が見つかったとか、そういうことはいっさいございません。なんとか学生を信じたい気持ちでいっぱいでございます」

この大学トップの頑なな全面否定が、迷走の始まりだった。晴れやかな理事長就任1周年会見からわずかひと月ののちのことだ。林は部員の逮捕を受けた直後の8月8日、学長の酒井健夫や副学長の澤田康広を引き連れ、大学本部で緊急会見を開いた。執行部がそろって会見に臨んだ3首脳会見である。

それが文字どおりの「炎上会見」となってしまう。順風満帆の大学改革をアピールしてきた林たち日大執行部はここから狼狽《うろた》え、収拾がつかなくなっていった。

なぜこうなってしまったのか。私自身、薬物事件の記者会見に駆けつけて質問しながら、そこを考えていた。とどのつまり林たちが危機を招いた原因は、大学組織におけるガバナンスの欠如、さらには旧態依然とした大学の隠ぺい体質にほかならない。

3首脳がそろったこの会見で、理事長の林は次のように語った。

「酒井学長、調査をした澤田副学長は適切な対応をしたと考えております」

しかし、現実には彼らの甘い見立てとは真逆にことが進んだ。警視庁は逮捕された北畠成文だけでなく、大麻を吸った4人の部員たちを次々と立件していく。すると、記者会見に臨んだ3首脳は仲間割れした。理事長の林一人が大学に残り、学長の酒井と副学長の澤田が大学を去る羽目になる。


日大帝国を築き、その絶対的な権力者として君臨してきた元理事長の田中英壽が一連の事件で一敗地にまみれて大学を去ったあと、人気作家の林が火中の栗を拾い、大学の再建に取り組んだ。当初、世間は概ねそう好感をもって受けとめた。だが、日大という巨大組織を運営するのはたやすくはない。

日大という日本一のマンモス私大を知るうえで、田中と林のほかに忘れてはならない人物がいる。かつて「日大の天皇」として名を馳せた古田重二良《じゅうじろう》である。もともと早稲田大学や慶應義塾大学と並び明治の国策高等教育機関として創設された日大は、法律専門学校からスタートした。太平洋戦争が始まると他の私学と同じく、学生たちを戦地に送り出している。米軍機による日本本土の空襲がキャンパスを焼き尽くし、終戦後は廃校の危機に瀕した。

古田はそんな激動のさなかに日大トップに就いた。古田の大学運営は早稲田や慶應のそれとは質を異にしたといっていい。自ら新設した会頭ポストに座り、終戦後は大学の拡大路線に突き進んだ。古田は戦前の法律専門学校から脱し、医学部や工学部、文学部などを加えて日本最大のマンモス大学を築いた。

また保守思想の持ち主でもあった古田は、戦後の日本復興期に日本政府中枢や右翼団体と一体化し、私学助成制度の新設を働きかけた。文字どおりの中興の祖である。

のちに理事長となる田中は、その古田の会頭時代に日大に入学した。そこで大学紛争に直面する。日本が日米安保に揺れた時代だ。東京大学と並び称された日大紛争では、会頭の古田が左翼学生たちの標的にされる一方、相撲部のホープとして期待された田中は、古田に目をかけられ、古田を師と仰いだ。日大紛争では、田中もまた他の運動部員とともに左翼学生たちと対峙してきた。

学生横綱やアマチュア横綱のタイトルを手にした田中は、プロとして角界入りするのではなく大学職員として出世する道を選んだ。やがて理事、常務理事、理事長へと昇りつめるその間、師である古田の大学運営を継承し、さらに日大を大きくしていった。その人脈は、政界や相撲界、実業界にとどまらず、裏社会にまでおよんだ。

１２０万の卒業生を日本社会に送り出した日本最大の私学である日大は、私学の歴史そのものを投影しているといっていい。光の裏に潜む知られざる暗黒史もまた、日大の歴史といえる。

# 第一章 期待の「林真理子体制」迷走の始まり

2023年8月8日、日大アメリカンフットボール部の薬物事件で記者会見する日本大学の（左から）林真理子理事長、酒井健夫学長（当時）、澤田康広副学長（当時）（写真：時事）

## 権力を好む文学者

日大は135年の歴史を誇る。芸術学部出身の林真理子はその14人目の理事長である。理事長就任前は直木賞を受賞した人気作家として、数多くの著名人に囲まれ、自ら広い人脈、交遊を誇ってきた。

小泉純一郎が政権を樹立した頃、永田町で有名になった「不機嫌の会」という懇親会がある。会の名称は彼女の著作『不機嫌な果実』に由来する。1995（平成7）年11月から翌96年6月まで雑誌『週刊文春』に連載され、テレビドラマにもなった、男女の不倫をモチーフにした彼女の出世作である。

首相になる前の小泉がこの小説をいたく気に入り、財界人との懇親会の名称として使用したと伝えられる。とうぜん彼女は「不機嫌の会」の中心メンバーとなり、小泉とも交流を重ねた。いっしょにワインを楽しみ、オペラを鑑賞する間柄だ。

小泉は06年9月、安倍晋三に政権を禅譲して自らは政界を引退し、第一次安倍政権が誕生する。すでに日本屈指の人気女流作家となっていた林は、安倍家との交流を深めた。わけても酒豪で知られる夫人の安倍昭恵と酒席をともにするようになり、自宅にも招かれてきたという。18年に紫綬褒章も受けている。

その彼女が2022（令和4）年7月1日付で唐突に学校法人日本大学の理事長に就任したものだから、驚いた真理子ファンも少なくないが、世間は期待した。

「卒業生や出入り業者とのしがらみがない小説家なら、日大の悪の根を断ち切れるのではないか」

そう楽観視する声が少なからず聞こえてきた。日頃、目立った動きをする有名人に厳しい雑誌を含め、概ね好感をもって作家理事長の誕生を受け止めていた。反面、日大内部では不安の声も上がっていた。

「大学経営の経験のない小説家にあの巨大組織をまとめることができるのか」

そんな声を打ち消すかのように彼女は理事長就任会見で「卒業生の一人としてやむにやまれぬ思いで大役を引き受けた」と次のように抱負を述べた。

「私のなかにあった無駄な用事はぜんぶ、どこかに遊びに行くとか、いまぜんぶ絶って、こちらの日大のほうに捧げているというところでございます」

組織運営について当人は、公益社団法人「日本文藝家協会」の理事長としての経験も訴えてきた。が、やはり不安は的中したというほかない。ほどなく日大のトップとして組織をまとめる難しさが露呈する。それが、23年8月に発覚したアメリカンフットボール部の薬物事件対応の拙さである。田中英壽のあとを受けて、颯爽と登場した理事長の林真理子は単なる神輿《みこし》ではなく、実は迷走の元凶だったのではないだろうか。

## 3 首脳の炎上会見

薬物事件からさかのぼること5年前の2018年（平成30年）5月、日大は同じアメリカンフットボール部による反則タックル事件に見舞われた。「フェニックス」と呼ばれる大学屈指の強豪アメフト部の選手が、ライバルの関西学院大学「ファイターズ」との定期戦で危険なタックルを繰り返し、それがテレビやスポーツ紙を賑わせた。田中英壽体制下の日大執行部は、このタックル事件を機にそれまで運動部を統括してきた保健体育事務局と保健体育審議会（保体審）を競技スポーツ部（現競技スポーツセンター）に改組した。以来、アメフト部は衣替えされた競技スポーツ部の傘下に置かれるようになる。もっともそれは看板を付け替えただけだ。本部による支配構造は変わらない。

23年8月に発覚したアメフト部員による薬物事件は、それを如実に物語った。平たくいえば、隠ぺい体質だ。8月5日、3年生部員の北畠成文が警視庁に逮捕され、それ以降、次々と新たな事実が白日の下にさらされた。そのたびに日大の本部執行部が対応に追われ、文字どおりのガバナンスの欠如を露呈していく。

日大迷走の始まりが北畠逮捕3日後の8月8日、理事長の林真理子、学長の酒井健夫、副学長の澤田康広という3首脳が日大本部で開いた記者会見である。それがものの見事に炎上してしまった。

「なぜ7月6日に大麻を発見していたのに12日間も放置したのか」

3首脳による記者会見では、薬物の発見から警視庁に届け出るまでの遅れの理由について質問が相次いだ。澤田は6日にアメフト部の寮で北畠の所持していた約0・02グラムの乾燥大麻と約0・2グラムの覚せい剤を発見したと会見で述べた。そこから18日に警視庁に届け出るまで12日間の空白がある。澤田自身が日大本部で薬物を保管していたというのである。会見における記者との質疑応答では、はじめそこに質問が集中した。大麻や覚せい剤は所持しているだけで罪に問われる。薬物所持ならびに犯人蔵匿、証拠隠滅の疑いも持たれかねないリスキーな行為である。

質問を浴びた澤田は、まるで警察からの指示で動いたかのように言い訳をした。

「警察の方からも『まずは大学の調査に委ねたい』と言われましたので、(中略)7月6日の持ち物検査では、所有者不明の細かい茶葉のような物がわずかに付着している小さなビニール袋と、内容が不明の容器といった不審物を発見いたしました」

会見では、部員に薬物の尿反応が出ないよう、12日間も時間を置いていたのではないか、という質問まで飛び出した。そう突っ込まれると、澤田は嘯《うそぶ》いた。

「大麻のようにも思ったけれど、確証がないので保管していました」

かと思えば、こう取り繕った。

「捜査機関ではない教育機関として自首を勧めていたら、それで12日間もかかった」

しかし、それらの言い分はまるで理屈に合わない。詳しくは後述するが、そもそも大麻の所持、使用については前年から何度も問題になっているのである。したがって押収物が大麻や覚せい剤であることは調査にあたれば誰しも容易に想像がつく。なにより自首させようとした行為そのものが違法薬物の所持を前提としているのだから、自らそれを認めているようなものだ。

極めてリスクが高いにもかかわらず、大学側は薬物を保管し続けていた。それはひょっとして、警察側との話ができていたからなのか、とも疑いたくなった。

澤田は日大法学部大学院を修了して司法試験に合格したあと検事として任官し、東京地方検察庁総務部副部長や宇都宮地方検察庁次席検事などを歴任したあと、母校日大の法学部教授を務めてきた。いわゆるヤメ検弁護士であり、薬物事件の処理にあたっては適任にも思える。もっとも調査の評判は決してよくなかった。日大幹部職員の安永貞夫(仮名)は澤田に批判的だ。

「元検事という上から目線の態度丸出しなので、澤田副学長による調査の評判は、部内でさんざんでした。部員である学生に対してかなり長時間かつ高圧的なヒアリングを繰り返し、『なんだ、このオッサンは』と陰口を叩かれる始末でした」

## 理事長宛の告発文

おまけに薬物の存在を知っていたのは、澤田だけではなかった。自ら薬物を保管している間、澤田は理事長の林にも大麻と覚せい剤の写真を見せ、ことの経緯を説明しているのである。警察による鑑定こそまだだが、林もまた、澤田たちがアメフト部の寮内で薬物を発見したことを知っていたことになる。

おまけにこの間、大学本部の理事長に宛てた保護者からの告発文が届いている。告発文書には〈日大本部、各報道機関、日本アメフト協会、関東アメフト連盟、へお送りします〉と日大以外の宛先まで記されていた。日付は〈令和5年7月10日〉である。奇しくも林真理子が理事長就任1周年の記念会見を開く前日だ。実際に告発文が林の手元に届いたのは、会見のあとだったかもしれないが、告発文には、以下のように書かれていた。

〈父母会で（2022年に薬物使用が）問題になり、保護者会が開かれました。大学の調査で上級生たちは大麻を吸ったことを認めましたが、コーチ陣の方針で退部退学させず、犯罪を犯しているのに大学の懲戒委員会にもかけませんでした。隠蔽です〉

この告発文は理事長の林だけでなくマスコミにも届いている。これにより、日大だけでなくマスコミにも密かに事態が知られるところとなる。

学長の酒井はのちの記者会見の席上、やむなく告発文の存在を認めた。告発文により、それまで隠し続けてきた日大の執行部は自首を勧めるどころか、警視庁に薬物を提出せざるをえなくなったのではないか。そう考えざるをえなかった。いよいよ切羽詰まった澤田は7月18日、警視庁にことの次第を報告し、翌19日に大麻や覚せい剤が警視庁に確認され、20日に押収されたと見たほうが自然だ。すでに大麻使用の自白が外部に漏れ出していたため、3首脳による記者会見でもそれを追認するほかなかったわけであろう。

事実、この19日には、寮で大麻などを所持していたアメフト部の北畠成文が警視庁の事情聴取を受けている。それから3日後のことだ。7月22日、日大ではその調査報告を兼ねてアメフト部の保護者会を開いた。そこで担当の澤田は驚くべき発言をしたという。澤田はアメフト部の保護者に対し、こう漏らしていた。

「あと2、3日経って何もなければ、大丈夫」

いったいどういう意図の発言か。額面どおりに受け止めれば、警視庁はこれ以上、事を大きくしないから、安心してほしい、と言っているように聞こえる。薬物を提出したあとのことだから、事件化しないことを願っての発言かもしれない。反面、場合によっては警視庁と折り合いがついているような印象も受ける。保護者たちはその真意を測りかねた。とりようによっては大学執行部が警察となれあい、捜査を甘く見ていたようにも感じる。

ところが、告発文書はマスコミに宛てたものもあったため、そこからマスコミの取材が開始された。そうして記者たちは理事長の林真理子に取材を試みた。それが8月2日朝の自宅前のぶら下がり会見だ。そこで、理事長就任1周年記念会見で「膿を出し切った」と胸を張った林は記者団に「薬物など発見されていない」と言い放った。

これも淡い期待を抱いたから、と受け取れる反面、現実にはウソをついたことになる。そこに始まり、部員逮捕後に開いた3首脳による記者会見で彼らは矛盾だらけの説明を繰り返す以外になかったのかもしれない。少なくとも告発文が届いた23年7月以降、林と酒井、澤田の3首脳は、前の年の22年11月のアメフト部員による大麻使用の自白を知っていた。記者会見でも酒井は、アメフト部が警察に相談し、捜査員から捜査できないので事件化はない、という回答を得たかのようにつけ加えている。

「(大麻使用を)自己申告した学生に関しては、十分に指導するよう警察関係者よりご指導いただいたため、本人に対してはアメリカンフットボール部の判断で、部の指導陣より厳重注意をいたしました」

そしてそれらがすべて「適切な対応だった」と言い張ってきたのである。

3首脳会見場で彼らの釈明を聞いているうち、いくつか気になるポイントに思いあたった。なかでも最も不自然な対応が、警察とのやりとりだ。彼らはあたかも警察の指示に従ってきたのだから、事件対応は適切であり、隠し事などしていない、といわんばかりだった。

しかし、内実はまったく違った。

## 「理事長に報告する事案ではなかった」

保護者からの告発文にあるように、もとはといえば、アメフト部員の大麻使用については、北畠の逮捕から1年近く前の22年11月、ほかのアメフト部員が大麻使用を認めていた。それでいてアメフト部が大麻使用の自白を厳重注意にとどめたということ自体、不可思議というほかない。

アメフト部はこの自白の直前、22年9月から11月までの秋の関東学生アメリカンフットボール連盟主催の1部リーグ戦に臨んでいる。大麻疑惑が持ち上がったのは、大会のさなかである。10月29日、アメフト部の保護者会が開かれ、日大アメフト部の監督、コーチ陣は大会の期間中も対応を余儀なくされた。

そして11月になって部員を聴取した結果、一人の部員が自白し、のちに林真理子やマスコミ宛ての告発文となって、広く情報が漏れだしていくのである。3首脳による記者会見で、学長の酒井がそこに触れたのは、そういう経緯があったからやむなくそうせざるをえなかっただけだ。なお、くだんの告発文では、自白した部員は複数の上級生となっていたが、会見で酒井は、自白は一人の部員だけだとそこは否定した。そのうえで、警察のアドバイスに基づき、自白そのものが大麻の使用から4カ月もときを経ているため、事件化しないと判断したのだ、といい加減な説明に終始した。

おまけに厳重注意だけで済ませた12月1日、「警察より、本学競技スポーツ部に対し、アメリカンフットボール部で大麻が使用されている疑いがあるとの情報提供があった」（会見での酒井談）という。会見で酒井は警察側から「（このとき）薬物に関する講習会をおこなって対策したい、との申し出をいただき、12月10日に、警視庁の方を講師にお招きして、同部員に対して薬物乱用防止講習会を開催いたしました」と言い訳した。

それらの対応はすべて警視庁側からの指示だというのである。半面、大麻使用の自白については、講習会を勧めてきた警察担当者に相談すらしていないというチグハグさなのだ。

「いったいアメフト部が大麻使用の自白について相談したという警察関係者とは誰なのか」

私は会見でそう質問した。だが、澤田もそこは曖昧にしたままだった。

のちに判明したことだが、アメフト部の相談相手は日大ＯＢの警察官で、薬物捜査の担当ではないという。となると、アメフト部はいわば埒外の捜査員から「薬物使用を立証できないからお咎めなし」とのお墨付きをもらったというだけになる。

一方、警視庁はこれに対し、「大麻使用の自白について相談された事実はない」と発表し、当該の日大OBの捜査員も、「むしろ正式に警視庁に届け出るようアドバイスした」と言っていた。どちらが正しいか。もはやいうまでもない。

元来、薬物捜査では、当人の自供を得るのが難しい。警察はそのために周辺捜査し、入手ルートなどを洗い出していく。警察にとって薬物使用の自供はこれ以上ない美味しいネタのはずだ。なのに、情報提供をスルーして捜査もしないなんてありえない。

日大部員の場合は、大麻の吸引から4カ月経っているというが、それも当人の言い分に過ぎない。なにより自白しているのだから、入手ルートを聞き出し、いっしょに使用していた者たちにたどりつく捜査はやりやすいはずだ。

そのうえ警察が22年12月から関心を示している薬物使用事件について、理事長の林真理子は、何も知らなかったという。会見でそこを突っ込まれても澤田はこう答えるのみだ。

「理事長に報告をあげる事案ではなかったから、適切な対応だと考えています」

この部員の自白は12月1日に管轄組織の競技スポーツ部に報告されている。だが、同部部長の井上由大は何も対応せず、アメフト部内の厳重注意だけで済ませているという。大学本部の執行部にも報告していない。彼らの動きはまことに不可解だ。

そんな甘い対応がありえるのか。思わず私は会見で理事長の林や学長の酒井にそこを突っ込んだ。すると、戸惑う二人に代わって副学長の澤田が助け舟を出した。

「大麻を吸ったといっても、その時点では本物かどうか確認できませんし、大麻のようなものを吸ったという本人の話でしかありません。その立証ができない、という（警察の）判断により厳重注意にしているわけです。講習会はその話と近接しているから結び付けられるかもしれませんが、たまたま別の警察の方から情報提供があって講習会をおこなった。したがって無関係です」

その講習会についても疑問が残る。事実として、警視庁は日大の薬物使用について情報を握り、関心を示していた。その捜査当局が、「薬物使用はけしからん」という学生向けの勉強会だけで終わらせるだろうか。警察側にしてみたら、薬物を所持、使用している学生が学内の講習会により、危機感を抱いて証拠隠滅を図る、ということも想定しなければならない。案の定、警視庁薬物係の捜査員たちは内偵捜査を続けていた。

しかし日大では、理事長の林真理子どころか、担当副学長の澤田でさえ、22年のこの時点では大麻吸引の自白について、何も知らされていなかったという。会見でそこを質問されても、澤田は「理事長に報告をあげる事案ではなかったからだ」と言い、林もそれが「適切な対応だった」と澤田を庇った。学生の薬物使用という重大刑事事件にもかかわらず、である。

3首脳の会見では、23年6月30日に警察から大麻使用の情報がもたらされたと語られた。おそらくその時点で警視庁には確信があったのだろう。日大副学長の澤田が中心となって調査を開始したのは、そこからである。

記者会見で林本人は「隠ぺい体質」「お飾り理事長」という表現を嫌い、何度も会見で「そう言われるのは非常に遺憾です」と繰り返してきた。

つまるところ当初、林や酒井のツートップは、当初薬物事件の調査について蚊帳《かや》の外だったのかもしれない。さらに澤田もまた、22年11月の大麻自白を知ったのは、翌年6月末に調査を始めて以降だという。

3人ともに「適切な対応だった」と口をそろえた会見後、日大の林執行部はいったんアメフト部の公式戦における無期限の出場停止を決めた。ところが、ほどなく関東学生アメリカンフットボール連盟にアメフト部の9月の試合出場を申し出る。とうぜんのごとく連盟はそれを一蹴した。アメフト部はここからさらなる逮捕者を出し、今もって事態の収拾がついていない。

大学改革を旗印に掲げて日大に乗り込んだ林真理子はなぜ躓《つまず》いたのか。実のところ、本格的に大麻の調査に乗り出した23年7月初めから最初の部員逮捕があった8月初旬のあいだ、林や酒井たち首脳陣が何も知らなかったか、といえば決してそうではない。

林自身が理事長就任1年の記念会見を開いたのは、まさに大学として薬物の調査を始めた時期と重なる。林真理子はアメフト部の学生寮で薬物が見つかった5日後の7月11日、会見で「株式会社日本大学事業部の解散」と「校友会の再編」という2大成果を自慢した。どちらも林が脱田中のシンボルとして力を注いだ改革案である。

しかし、同じく田中の権力基盤を支えてきた運動部には、目を向ける余裕がなかったのかもしれない。2018年のアメフト部の反則タックル事件で競技スポーツ部の傘下になった運動部が、本部の管理下に置かれてきた実態は変わっていない。

135年続いた歴史において日大は、数々の大きな不祥事を抱えてきた。アメフト部の薬物事件はその一つに過ぎない。反面、事件はマンモス私大を揺らし続けた。現在の日大には事件を乗り越え、巨大組織を統治できるリーダーがいない。アメフト部の薬物事件は、まさしくその現実を露にしたといえる。事件をきっかけに、人気作家によるクリーンな大学改革という金箔が剝がれ落ちていった。

# 第二章 中興の祖「古田重二良」の罪

日大中興の祖・古田重二良（写真：時事）

## 日本会議の原型となった日大の「日本会」

〈日本会は、政財界の大物を世話人とする右翼暴力団で、スト突入後、数度全共闘、各闘委が脅迫されている。

日本会の実態は、その世話人を見れば明らかである〉

巻末の資料にそう記された分厚い記録集がある。題して『新版 叛逆のバリケード』(日本大学文理学部闘争委員会書記局/『新版・叛逆のバリケード』編集委員会編)。原本は日本全国の大学で紛争が燃え盛る渦中の1968(昭和43)年10月20日、日本大学全学共闘会議(日大全共闘)書記長に就任した文理学部の田村正敏が提案し、自費出版された『叛逆のバリケード』である。

言うまでもなく全共闘は、60年代後半に日本各地の大学に結成され、それぞれが独自色を打ち出して学生運動を展開した。なかでも東京大学の東大全共闘と日本大学の日大全共闘による学生と大学側の熾烈な闘争には、警視庁が手を焼き、ある種の市民運動ブームを巻き起こした。

日大全共闘の『叛逆のバリケード』は、本の題名どおり文理学部を中心に校舎をバリケードで封鎖して大学執行部と対峙した日大新左翼学生たちのドキュメントである。2008(平成20)年

9月30日に新版として改訂された。そこに記された「日本会」は、日大が呼びかけて1962年12月に社団法人の認可を受け、設立された。知る人ぞ知る保守、右翼組織だ。社団法人から内閣府の認定する公益社団法人に改組され、今も存在する。ウェブサイトを覗くと、理事長の向野誠がこう挨拶文を寄せている。

〈社団法人日本会が設立されてから現在まで、営々と流れる「総調和」の精神は、混沌とした世界情勢の中でますますその重要性が増しております。民族・宗教の対立、政治思想の対立、そして地球規模の気候変化、人口の増加と貧困問題……、「世界調和と人類繁栄」の構築という私共の掲げる「総調和」の精神は、古くて新しい、私たち人間の「生きる」というテーマの追求でもあります〉

日本会が定めた総調和という思想は、日本大学建学の精神に通じると訴えている。世界平和を唱え、現在は93年に制度化された外国人技能実習生の受け入れをおこなっているが、設立当初は社会運動体の色が濃かった。わけても日大全共闘の新左翼学生たちは、日本会を大学執行部の後ろ盾である保守右翼組織ととらえ、目の敵にしてきた。それゆえ、「右翼暴力団」と過激な表現をしているのであろう。暴力団とは言い過ぎであろうが、たしかに日本会には裏社会に通じる部分もあったようだ。少なくとも「右翼組織」は的外れともいえない。

『叛逆のバリケード』に記されているとおり、日本会はその世話人が組織の性格を表している。

日大会頭の古田重二良《じゅうじろう》が各界に呼びかけ、結成された。くだんの〈日本会世話人名簿（抜粋）〉には、錚々たる顔触れが並ぶ。いずれも戦後日本の政財界の歴史に名を刻んだ著名人ばかりだ。総裁は佐藤栄作、戦後、日大を率いてマンモス大学に育て、中興の祖と呼ばれた古田が会長に就いている。その世話人名簿にあるメンバーを列挙するだけで、壮観という以外にない。名簿の順に姓名を挙げると、以下のような具合だ。

赤羽善治、東龍太郎、西尾末広、愛知揆一、町村金五、塚田十一郎、大平正芳、市村清、足立正、御木徳近、柴田徳次郎、松下幸之助、堀田庄三、江﨑真澄、村上元三、小佐野賢治、銭高輝之、小田原大造、中原実、藤山愛一郎、曽弥益、石田博英、西村直己、迫水久常、三木武夫、奥村綱雄、徳川夢声、庭野日敬、堤清二、井植歳男、保利茂、椎名悦三郎、安藤楢六、永野重雄、鈴木亨市、賀屋興宣、岸信介、灘尾弘吉、田中角栄、福田赳夫、安井謙、植村甲午郎、和田完二、原文兵衛、藤井丙午、日向方斉、石田退三、中曽根康弘、山岡荘八、大川博、五島昇。

国会議員や自治体の首長だけでなく、大手企業の経営者やメディア関係者、宗教家や文化人、裏社会に通じるフィクサーにいたるまで、あらゆる分野の著名人が日本会に参加してきた。とても全員を説明する紙幅はないが、名簿順に少しだけ紹介すると、一人目の赤羽善治は60年代に九州電力の社長、会長を務めてきた財界人だ。福岡商工会議所会頭や福岡証券取引所理事長、日本経営者団体連盟常任理事を歴任してきた。二人目の東龍太郎は厚生省（現厚生労働省）の元大物官僚である。医務局長から東京都知事に転身し、日本オリンピック委員会（JOC）委員長や国際オリンピック委員会（IOC）委員となり、1964年の東京五輪開催に漕ぎつけた立役者として知られる。三人目の西尾末広は民社党の前身である民主社会党初代委員長で、労働運動家でもあった。内閣官房長官や副総理まで務めた。

つまり日本会は日本の権力中枢が集った体制右翼組織といえた。現代でいえば、さしずめ日本会議のようなイメージだろうか。靖国信仰を掲げ、日本の再軍備を訴える自民党保守派の国会議員やその支持者たちの集う日本会議のメンバーほど過激ではないかもしれないが、メンバーの顔触れを見る限り、潜在力は日本会議より大きいように感じる。少なくとも新左翼の学生たちにはそう映ったに違いない。元日大商学部教授の根田正樹に日本会について尋ねた。

「総調和運動という一つの保守の運動体があり、その主唱者であり、リーダーの一人に古田重二良がいたわけです。保守運動は終戦後の日本の大きな潮流となり、それは反共運動でもありました。古田先生はそうした流れのなか、佐藤栄作をはじめとした保守党のリーダーたちと強く結びついていった。靖国参拝ほど露骨でないにしろ、一つの反共社会運動、政党運動の組織といいかえていいかもしれません」

日本会の名簿には総裁の佐藤のほか、佐藤の実兄であり、60年安保闘争の混乱で首相の座を降りた岸信介の名もある。岸は世界基督教統一神霊協会（統一教会、現世界平和統一家庭連合）が結成した反共政治団体「国際勝共連合」の思想に感銘し、関係を深めていったと報じられてきた。日本会の名簿には、岸の隣に厚生大臣や文部大臣を務めてきた自民党の灘尾弘吉の名も連なる。灘尾は戦前、内務省に入り、保健行政部門である衛生局調査課に配属された内務官僚だ。内務省は一部が厚生省に分割され、灘尾は内務・厚生官僚として戦中を過ごして終戦を迎えた。やはり日本会には保守色の濃い国会議員たちが集まっていたといえる。根田が振り返る。

「なぜか私には岸信介の記憶がありませんが、佐藤栄作さんとか、灘尾弘吉さんといった政治家たちと古田先生の結びつきは印象にあります。灘尾さんは戦後に文部大臣にもなりましたから、古田先生が私学助成などの制度づくりを働きかけたとき、灘尾さんの影響力に期待したのだと思います。私学と政治の結びつきは今よりずっと深かった。保守政治家たちはその頃とときを同じくし、統一教会なども利用していました。彼らにとって、私学も似たようなイメージだったのかもしれません」

## 維新の志士だった学祖「山田顕義」

学校法人日本大学は1889（明治22）年10月、「日本法律学校」として創立された。いわゆる旧制の専門学校である。ときの司法大臣である山田顕義が大学創立を推し進め、山田は日大の学祖に位置付けられる。明治時代における日本の私立大学の起こりといえば、誰もが早稲田の大隈重信や慶應義塾の福澤諭吉を思い浮かべるに違いない。かたや、日大も明治維新後の文部行政によって誕生した私学である。わけても学祖の山田と明治維新の理論的支柱である吉田松陰との奇縁については、あまり知られていないのではなかろうか。

山田顕義は江戸時代の毛利・長州藩士山田七兵衛顕行の長男として、現在の山口県萩市に生まれた。伯父は長沼流兵法学者だった山田亦介だ。亦介は長州藩の軍制改革総責任者として洋式海軍の創設などに尽力した人物として知られる。江戸幕府による第一次長州征伐の際に処刑された長州藩士11人「甲子殉難十一烈士」の一人である。

日大HP（ホームページ）から山田の生い立ちを紐解くと、幕末から明治にかけた長州藩の兵学が山田の考えの根底にあることがうかがえる。長州藩における師弟関係が、山田の人物形成に大きく影響している。

毛利・長州藩の兵学のもとをただせば、天保の藩政改革を断行した家老の村田清風にさかのぼる。杉百合之助の次男として生まれた吉田松陰は村田に師事し、兵学を学んだ。長州藩の山鹿流兵学師範だった吉田大助の養子となってから、吉田姓を名乗るようになる。本人は山鹿流だけで満足できなかったのであろう。やがて山田亦介の長沼流兵学の教えを受けた。亦介は村田の実弟、山田龔之の息子で、村田の甥にあたる。亦介の実弟が山田顕行で、66（慶応2）年に長州藩の海軍頭取に就任した。顕行は山田顕義の実父だ。

山田の家系を顕義から見ると、実父の顕行が吉田松陰の師として長州藩の軍政を司った亦介の弟で、藩政改革を断行した村田は大伯父にあたる。つまり幕末の長州藩では、村田清風、山田亦介、吉田松陰、山田顕行、そして日大学祖の山田顕義という系譜で藩の兵法が伝授されてきたのである。

兵法学者の偉大な伯父と海軍頭取を父に持つ山田顕義は、14歳になったばかりの57（安政4）年、松下村塾の門をたたいた。念のため塾生を列挙すると、久坂玄瑞、高杉晋作、木戸孝允、伊藤博文、井上馨、吉田稔麿、入江九一、前原一誠、品川弥二郎、山田顕義、野村靖、渡辺蒿蔵、河北義次郎などの面々がいる。そのなかでひときわ若かった山田顕義は、吉田松陰の最後の門下生となり、自ら幕末、維新の動乱に身を投じた。

山田の松下村塾入りからわずか2年後の59年10月には、師の松陰が安政の大獄で処刑される。山田は同門の高杉晋作や久坂玄瑞、井上馨や品川弥二郎らとともに攘夷の血判書「御楯組血判書」に名を連ね、明治維新の立役者の一人に数えられるようになる。64（文久4）年1月に高杉晋作とともに脱藩した山田は大坂や江戸に向かい、この年の7月には長州藩士が挙兵した京都の「禁門の変」に加わった。25歳にして戊辰戦争における討伐軍の指揮をとり、官軍総大将の西郷隆盛から「用兵の天才」と讃えられたという。

明治維新後の山田は、師である松陰の教えに従い、欧米の軍や法の制度を学んだ。71年10月には兵部省理事官として岩倉遣外使節団に加わり、フランスへ渡る。そこでナポレオン法典に感銘し、「法律は軍事に優先する」という思いにいたったとされる。

「小ナポレオン」と称された山田は、明治の初代司法大臣として近代国家の骨格となる明治法典を編纂した。それが、大学創設の端緒となる。山田は日大の前身である日本法律学校の創設を進めた。

## 法律学校から私立大学へ

明治維新後の日本の大学制度は、1877（明治10）年4月に創立された東京大学が始まりだ。その後の86年の帝国大学令により、全国に7帝国大学が生まれた。日本の高等教育は明治時代の終盤まで旧帝国大学ならびにナンバースクールと呼ばれた旧制高校が担ってきたといえる。

一方、私立大学の多くは、法律の専門学校がその起点となっている。創立順からいえば、東大から遅れること3年の80年4月、法政大学の前身である「東京法学社」が創設された。次がこの年の9月創立の「専修学校（のちの専修大学）」、81年1月創立の「明治法律学校（のちの明治大学）」、82年10月創立の「東京専門学校（のちの早稲田大学）」、85年7月創立の「英吉利法律学校（のちの中央大学）」といった具合である。これらの法律学校は帝国大学総長の監督下に置かれ「五大法律学校」と呼ばれた。

89年10月に山田顕義が創設した日本法律学校は8番目である。ちなみに大分県の豊前・中津藩士だった福澤諭吉が江戸末期の58年に江戸藩邸で開いた蘭学塾を起源とする慶應義塾は、明治維新と同年の1868（慶応4）年に創設されている。そして日本法律学校から遅れること3カ月の90年1月、大学部に文学、理財、法律の3科を加えたことから、9番目の法律学校となる。ここから私大の前身である五大法律学校は「九大法律学校」といわれるようになり、日大もその一角を占めるようになる。

これらの法律学校が大学として認知されたのは、1903（明治36）年3月に公布された専門学校令である。これにより公立と私立の専門学校が、高等教育機関として一定の地位を与えられた。それが私立大学の起こりだ。日本法律学校はこの年の8月、日本大学と改められた。もっともこの時点で日大はまだ文部省に学士号の授与を許されていない。私立大学は18（大正7）年の大学令によって正式に大学として認められ、多くの私立大学が生まれ、ここからそれぞれの道を歩み始めた。日大HPにある〈日本大学の歴史〉にはこうある。

〈山田顕義は、当時の法学教育は欧米法が主流で、日本の歴史や文化から乖離した知識を教えるものであり、現実に即した日本法学の研究こそが喫緊の課題と考えていました〉

日大は前身が法律専門学校だったため、今も法学部が特別な存在として扱われている。HPにはこうも書いている。

〈本学の目的・理念は、社会状況の変化に応じて、幾度かの改訂・制定が実施されましたが、本学の伝統・学風は、表現はかわりつつも、現在に脈々と受け継がれています〉

日大の歴代総長や学長たちは、学祖の師である松陰の教えを意識せざるをえなかった。ワンマンで聞こえた田中英壽もその一人だったに違いない。田中は新たに危機管理学部やスポーツ科学部を設置したが、ことに危機管理学部の創設は学祖に倣った発想だといえる。日大HPには、大学の〈理念(目的及び使命)〉として、次のように記している。

〈日本大学の前身である日本法律学校の創立目的は、「日本の法律は新旧問わず学ぶ」「海外の法律を参考として長所を取り入れる」「日本法学という学問を提唱する」という3点。欧米法教育が主流な時代にあって、日本法律を教育する学校の誕生は、大いに独自性を発揮することとなりました〉

ちなみにHPには、〈高度経済成長期の日本大学を牽引〉した人物として、古田重二良の名も刻まれている。古田は世界に類を見ない巨大な私立大学グループを築いた功労者として日大の歴史に光と影をもたらした。日大の学生数を増やすべく、学部の新設に血道をあげる。それは危機管理学部の新設をはじめとした田中の大学運営にも引き継がれていった。

## 存亡の危機を救った日大総長たち

135年という長い歴史を誇る日大は、何度も大きな転機を迎えてきた。そこで圧倒的な存在感を残した伝説的なトップが数多く存在する。言うまでもなくその一人が初代司法大臣だった学祖の山田顕義であろう。山田は陸海軍両方の参謀や中将、法律取調委員長を務めて日本法律学校を創設した3年後の1892（明治25）年1月、枢密顧問官に就任した。この年の11月、再従兄《はとこ》の奇兵隊員だった河上弥市の墓碑に参拝したあとに卒倒し、49歳の若さで命を落とした。山田亡きあと、草創期の明治、大正時代には、もっぱら検事や司法官僚、司法制度に携わってきた貴族院議員たちが法律学校だった日大を支えた。

日大の歴史は大きく3つの時代に分かれ、大学のあり様が変化してきたといえる。明治維新以降の草創期に続く第二期が、第二次世界大戦の前後から高度経済成長期にかけ、マンモス私学に成長した時代である。そこからさらに、バブル経済期を経てトップに昇りつめた田中英壽理事長時代に突入する。評価の良し悪しはさておき、それぞれの時代には、特筆すべき大学トップがいた。

草創期の日大では、学祖の山田が急逝し、法律専門学校として廃校決議までおこなうなど存亡の危機もあった。それを救ったのが、司法官僚だった松岡康毅だとされる。松岡は裁判所構成法の制定など日本の訴訟制度近代化に尽力し、大審院検事総長や農商務大臣を歴任した貴族院議員として知られた。

山田の死後、ともに日本法律学校の創設にかかわった初代校長の金子堅太郎が退任し、代わって松岡が2代目の校長となる。松岡は1893（明治26）年12月、日本法律学校が司法省に指定学校になることを認めさせ、山田の急逝した危機を切り抜けた。司法省のお墨付きを得た日本法律学校は、生徒たちに判事検事登用試験の受験資格が与えられ、日本の法曹界に人材を送り出す役割を担うようになる。

そうして法律専門学校が1920（大正9）年、晴れて私立大学へと昇格する。松岡はまず日大に法文学部を置き、さらに専門部を設置して宗教科や社会科、美学科、高等師範部に国語漢文科を加えた。高等工学校までつくり、東洋歯科医学専門学校を合併して専門部歯科とした。松岡は大学昇格後初の日大学長となり、さらに22（大正11）年3月、総長に就任する。

このとき松岡に代わる新たな学長には、同じく大審院長、検事総長出身の平沼騏一郎が就いている。平沼は枢密院議長や首相を歴任し、日大は文字どおり戦時下における国策の司法制度を担う法律家を養成する学府となる。一般に平沼は、太平洋戦争の勃発時、内務省や司法省、右翼勢力を背景にして東条英機内閣の打倒を目指したと評される。反面、終戦後に天皇が側近に語った記録、寺崎英成／マリコ・テラサキ・ミラー著『昭和天皇独白録』（文藝春秋）によれば、天皇から日米の和平と開戦の二股をかけていた人物として糾弾されたという。戦後、A級戦犯として巣鴨プリズンにつながれたのは周知のとおりだ。

大学に昇格して校舎を新築したばかりの日大は大正末期から昭和初期、戦中にかけ、まさに苦しい時代を迎えている。１９２３（大正12）年9月1日には、関東大震災に見舞われ、東京の街全体が破壊された。震災で神田の三崎町校舎をはじめ、駿河台の歯科・高等工学校の校舎など、すべての施設を失う羽目になったのである。

おまけにときを同じくして総長の松岡が静養先の葉山で死去した。11月には松岡に代わって急きょ平沼が総長に就任し、山岡萬之助が学長に就いた。平沼・山岡の総長・学長コンビは三崎町の焼け跡にバラックを建てて本部事務所代わりにし、仮校舎を建てて講義を再開させたという。それでも日大は総合大学を目指して法文学部に文学科を加え、商学部に経済学科、工学部を設置。さらに専門部のなかに文科、医学科、工科、拓殖科、高等師範部に地理歴史科と英語科を置いた。太平洋戦争の勃発した明くる42（昭和17）年という戦時下にありながら、医学部をつくり、翌43年には新たに農学部を増設した。

だが、太平洋戦争によりそれらの校舎もすべて焼き尽くされた。

そんな戦中、戦後に日大を率いたのが山岡萬之助と古田重二良である。なかでも古田は日大教員や職員のあいだで、終戦後、飛躍的に大学を大きくした立役者、大学中興の祖として今も語り継がれる。日大ＨＰでも次のように持ち上げている。

〈日本大学は、戦前において第3代総長山岡萬之助を中心に、人文・社会・芸術・工学・医学・農学など広い領域にわたる学部・学科を創設し、総合大学の基盤を築きました。そして、戦後において会頭古田重二良を中心に、「世界的総合大学」をめざして、理系の学部・学科を中心に増設し、財政基盤の確立に努めました〉

のちに理事長になる田中は古田に倣った。夫人の経営してきた「ちゃんこ料理たなか」のすぐそばには相撲部の合宿所がある。日大の相撲部員たちは寮とちゃんこ屋を行き来しながら学生生活を送ってきた。

相撲部のエースだった田中は古田に私淑し、古田が糾弾された日大紛争では、大学執行部側に立って左翼学生と対峙する。

## 敗戦の混乱期に頭角を現した古田重二良

古田重二良は1901(明治34)年6月、秋田県河辺郡下北手村(現秋田市)に生まれた。21(大正10)年8月に秋田から上京し、同年9月、日本大学専門部法律科特科へ入学する。法律を学びながら、柔道部の主将として鳴らした。その点でも青森県から上京し、日大相撲部のエースとして学生横綱に輝いた田中英壽と似ている。

古田は戦後、会頭として新たな学部を次々と創設する。田中英壽は奇しくも古田会頭体制時代に日本大学経済学部に入学し、相撲部で活躍した。田中は日本の私立大学の頂点に君臨した日大中興の祖を仰ぎ見て学生生活を送り、自らも職員となって大学のトップに昇りつめた。理事長の座を得た田中にとって、古田重二良は大学運営における師といえる。

1924(大正13)年7月に日大専門部法律科を卒業した古田は、同郷の法文学部教授圓谷《つむらや》弘の推薦により、翌25年4月に日大高等工学校の事務職員として採用された。大学職員となった田中が相撲部のコーチや監督となり、学内の影響力を増していったように、古田もまた学生時代の柔道部主将から職員となって柔道師範となり、学内に睨みを利かせた。

折しも日大は古田が日大職員になった同時期、大阪に日本大学専門学校を増設し、それがのちの近畿大学となる。近大もまた、相撲部をはじめ運動部を強くして大学を拡大していった。

若き古田の職員時代は、日本社会全体が第二次世界大戦に翻弄された。ことに41(昭和16)年12月に日米が開戦して太平洋戦争が始まり、次第に戦況が悪化すると、学生も戦地に駆り出された。国内の大学は授業どころではなくなり、終戦間際には米B29爆撃機が東京をはじめとした日本の主要都市を次々と破壊した。多くの校舎を失った日大は学部を大幅に縮小したまま、終戦を迎える。

もともと日大では学長や理事長に代わる大学運営のトップとして総裁制を敷いてきたが、戦火が激しくなると総裁ポストが空席になった。終戦直後の46(昭和21)年7月には、理事長制を導入し、総裁空席のまま呉文炳《くれふみあき》が理事長に就任する。古田自身は45(昭和20)年6月に工学部(現理工学部)の事務長に出世している。やがて終戦を迎え、日本中がカオスに陥ると、古田は理事長である呉の側近として、戦後の日大復活に向けて奔走していく。

日本政府がポツダム宣言を受け入れて全面降伏した2カ月後の45年10月、国内では米占領下で幣原喜重郎内閣が成立した。すると連合国軍最高司令官総司令部(GHQ)はまず旧日本軍の勢力を一掃すべく、国内にさまざまな統制を敷く。ことに教育分野では、「日本教育制度に対する管理政策」を発布し、神道教育を禁止した。

しかし、ほどなく第二次世界大戦後の世界情勢が米国の日本占領政策を一変させる。ヤルタ体制下で日本が侵攻した東南アジアの植民地の扱いを協議してきた米英と中ソが対立し、米ソの冷戦時代に突入したのである。50年6月には、日本の植民地だった朝鮮半島の統治を巡って朝鮮戦争が勃発する。GHQは中ソの影響を受けた日本国内の共産主義勢力や労働組合運動の台頭に危機感を抱き、日本国内のレッドパージに乗り出した。

古田重二良はそんな敗戦の混乱期に日大で頭角を現した。その存在感を増していったのは、米国と日本政府が左翼の弾圧に乗り出した時期と重なる。日大は終戦1年後の46年7月、それまで大学の最高ポストとされた総裁を会頭に改め、呉が理事長のまま会頭に就いた。会頭就任のお膳立てをしたのが古田にほかならない。

おかげで古田は48年4月に日大の参与理事、49年2月に評議会会員ととんとん拍子に出世し、さらにこの年の12月には呉会頭の懐刀として理事長に就く。そして明くる50年2月から、日大における教職員のレッドパージの指揮を執っていった。

## 55年体制下の保守勢力結集

東西冷戦の世界情勢を反映するかのように、日本国内には1945（昭和20）年の終戦から50年代にかけ、さまざまな政治勢力が入り乱れてきた。保守と革新それぞれの政党が分裂や合併を繰り返した。革新勢力では、終戦を機に労農マルクス主義の左派と反共の右派、中間派の3派が合体し、日本社会党が発足した。その勢いのまま47年5月には、社会党委員長となった右派の片山哲が他の革新政党を巻き込んで連立内閣を樹立する。

ところが、その片山内閣も1年と持たず48年3月に瓦解し、左右両派の対立により、党内が分裂した。社会党は51年、サンフランシスコ講和条約を巡り、中ソに近い社会党左派と西洋型社会主義を目指した社会党右派に分かれた。が、どちらも選挙の議席が伸びなかったため、両派は55年10月の党大会で再びいっしょになり、新生社会党が誕生する。

これに脅威を覚えたのが保守勢力だ。社会党が再統一したすぐあとの11月には、自由党と日本民主党が合同し、自由民主党が結成された。通称、保守合同だ。

保守合同は、終戦直後に日本自由党を結成し、46年に首相に就くと目された初代総裁の鳩山一郎と、戦後の東久邇、幣原両内閣で外務大臣を務めた吉田茂が中心となって実現した。そして鳩山は初代、吉田は2代目の自由党総裁となるが、反面、二人は米国との距離感が異なり、仲たがいした。

親米の吉田に対し、鳩山は米国から睨まれた。戦前、立憲政友会総裁としてドイツのナチス政策を称賛し、文部大臣時代に京都大学法学者の思想を弾圧した「滝川事件」を引き起こした鳩山は、終戦時の米軍の原爆投下を批判した人物と見なされた。挙句、46年5月に公職追放の憂き目に遭う。

一方、吉田は公職追放された鳩山に代わり、自由党の第2代総裁に就き、46年5月に第一次吉田内閣を樹立した。党人派の鳩山に対し、もともと外交官だった吉田は親米の官僚派と呼ばれ、GHQの占領政策の下、袂を分かったといえる。

GHQが戦犯追及からレッドパージに切り替え、その嵐が吹き荒れるなか、鳩山は51年8月に公職追放を解かれた。が、その後も吉田とは反目した。鳩山は54年、同じく公職追放された三木武吉、河野一郎、岸信介らとともに自由党の反吉田派に呼びかけ、野党の改進党など他の保守系政党とともに日本民主党を結成する。また自由党内でも反吉田派の議員たちが吉田に退陣勧告を突きつけた。結果、吉田は内閣総辞職し、そのあとの国会で鳩山が首班指名選挙で自由党の緒方竹虎に勝って第一次鳩山一郎内閣を樹立した。

保守政党は衝突や分裂を繰り返しながら揺れ動いた。しかし、先の社会党の再結党により、まとまることになる。それが保守合同であり、ここから保守対革新の2大政党時代となって55年体制がスタートする。

日大の古田はこの間、私立大学連盟理事や私立大学審議会会長を歴任し、日大だけでなく国内私学復興の立役者として名を馳せていく。そして58年6月に会頭に昇りつめた。

## 10年で100倍の収入を達成

日大は戦前の旧制大学時代から高等文官試験合格者を数多く輩出し、法学部を中心とした総合大学の基盤を築いた。その間、附属の中学や高校、専門学校などをいくつも設立していたが、戦中から終戦にかけ規模の縮小を余儀なくされる。

終戦を迎えた古田は、戦中に縮小された日大の各学部を復活させようとした。それだけでなく、新たな学部を新設し、各学部の再編に乗り出す。

たとえば51年には、東京獣医畜産大学を吸収して翌年農学部を農獣医学部と改め、52年に経済学部経営学科を商業学科と改称した。その学部再編のなかでも、とりわけ古田は理工学部系の拡充に力を注いだ。福島県に移転した専門部工科を工学部第一部と第二部に改編し、東京・駿河台にあった従来の工学部に物理学科を加えて理工学部と改組し、工学部の工業経営学科を母体にして生産工学部とした。古田時代の新設学科としては、このほか、法学部に経営法学科と管理行政学科、経済学部に産業経営学科、芸術学部に放送学科といったところが加わっている。また会頭に就任した58年には、63年までの5カ年計画を立てて大学の拡大に邁進していった。

この戦後の古田による大学改革は、現在の日大の原型となる。各学部が独自に学校運営できるよう独立採算制を導入し、そのうえで学部の下に附属学校を持つことを認めた。文理学部の傘下に設置した日本大学世田谷（現日本大学櫻丘）高校などは、わかりやすい例だ。

古田はまた施設の拡大も図った。会頭就任前の58年、日本相撲協会から両国国技館を買って日大講堂に改装した。そして会頭就任後の59年には、その日大講堂で「日大創立70周年記念式典」を開催する。そこに昭和天皇、香淳皇后の両陛下をはじめ、首相の岸信介や閣僚を招待し、その権勢を内外に見せつけた。

これらは戦後の45年から48年までに生まれた団塊の世代、第一次ベビーブームによる大学生人口の増加を見越した経営戦略といえる。おかげで日大では、57年に32億円しかなかった大学の収入が68年には３０００億円に達した。およそ10年で１００倍の収入増という計算になり、古田の名声はますます高まった。

参考までに２０２４年6月時点の日本の大学生数を見ると、ダントツの1位が16学部86学科を擁する日本大学のおよそ7万人だ。高校や小中学校の生徒・児童などを含めると10万規模である。卒業生は120万人を超える。現役学生数の2位がおよそ5万人の早稲田大学、3位が3万人の立命館大学と続く。日大と同じようにマンモス大学と呼ばれる近畿大学は6位、東海大学は10位と意外に少ない。

古田のつくったマンモス大学の特徴は、各学部が事実上の単科大学として独立してきたことにある。たとえば法学部には7000人の学生がいる。それは総合大学の旧帝大や国立大学に匹敵する規模であり、経営的にも独立できる。学部の独立採算という意味は、それぞれの学部ごとに学生課があり、学生たちを管理していることを指す。いわば単科大学の集まりが日大であり、古田がそのシステムをつくったのである。日大の理事経験者である岩本彪(仮名)にその仕組みを尋ねたところ、以下のような説明をする。

「OB組織である校友会も全部の学部に置かれています。なので、OBが就職活動などを含めてきめ細やかに面倒を見るわけです。それで人気がある。法学部なら、たとえば他大学の法科大学院で司法試験を受けて落ちた学生が評判を聞いて改めて日大の法学部の司法科研究所に入るケースまでありました。そこではブースを設置した受験体制を敷いていて、卒業生の弁護士が指導する。慶大を出て日大にやってきた学生が司法試験に合格なんてこともありました」

就職指導自体はどこの大学でもやっているが、学生にとっては専門分野の学部ごとの説明会は心強いのだという。

この「単科大学」を束ねているのが、日大本部である。そこにも学生部があり、就職指導をする。卒業生が本部に招かれて就職説明会などをおこなうのだそうだ。本部の就職活動の世話は、総勢120万の卒業生に呼びかけることができるだけに、そのスケールメリットが大きいのかもしれない。

## 日本の私学運営を形づくった

ちなみに先に触れた近畿大学は、日大が1925(大正14)年に大阪で造設した日本大学専門学校と43(昭和18)年創立の大阪理工科大学が、終戦後の新学制により49年に合併した私学である。関東大震災に見舞われた日大が平沼総長、山岡学長の下、大阪に足場を築くためにつくった専門学校が母体となっている。近大のHPなどではなぜかそこには触れず、世耕弘一を大学の創設者としているが、もとをたどれば日大に行き着く。

実のところ初代総長・理事長となった世耕と日大との縁も深い。和歌山県の寒村に生まれた世耕は、新宮市内の材木商に勤めたあと上京して日大に入った。大学卒業後、いったん朝日新聞に入り、新聞記者を経て戦前の32(昭和7)年に衆議院議員に初当選する。そこから終戦後に新たな大学制度がスタートすると、日大傘下の大阪専門学校と大阪理工科大学を合併させ、近畿大学を創設したのである。近大では、初代総長の弘一の引退後、長男である政隆が2代目総長となったが、衆議院議員に転身した。そこで、三男の弘昭が3代目総長となる。元自民党参議院幹事長の世耕弘成は弘昭の息子であり、4代目理事長と参議院議員という二足の草鞋を履いてきた。自民党安倍派の政治資金問題により、理事長退任の声があがったのは記憶に新しい。世耕一族は政治一家であり、近畿大学経営一族でもある。

およそ120万の卒業生を輩出してきた日大に対し、近大も57万の卒業生を誇る。西日本一のマンモス大学である近大の源流は日大といっていい。

そして、そこまで日大を大きくした立役者が古田にほかならない。1966(昭和41)年4月、この古田を身元保証人として日大法学部に入学したのが、元商学部教授の根田正樹である。こう振り返った。

「古田重二良先生は戦後の日本における私立大学の歴史そのものを体現しているような方でした。JR飯田橋駅近くの東五軒町というところにご自宅がありました。私は古田先生と同じ秋田出身ということから、身元保証人になっていただき、そこに住んで大学に通いました」

根田は大学卒業後に商学部教授になる。

「大学に入学するにあたって保証人が二人必要でしたけれど、秋田出身で東京には誰も知り合いがいません。なので、両親が隣人に相談したところ、『郷里の先輩である古田先生に相談してみたらどうか』とアドバイスしてくれ、先生に連絡したのです。それで、古田先生から『うちは寮をやっているのでここに住めばいいよ。俺が保証人のハンコを押してやる』という言葉をいただき、先生の自宅兼寮にずっと住まわせてもらいました。地方出身の学生にとってはありがたかった。たしか3食付きで、ひと月の寮費が6000円だったと記憶しています」

もともと古田は東五軒町にあった自宅を男子学生に提供していたという。ほどなく日大に女子の学生がポツリポツリ入学するようになり、女学生のために5階建ての学生寮に建て替えた。そのため古田一家は矢来町の小さな家に居を移し、5階建て寮の1階を女学生向けの宿舎とし、2階から5階までを男子向けにした。急速に増えた日大生のために自らの私財を提供したのだという。元商学部教授の根田は恩師のことを温かく分析する。

「古田先生は良くも悪くも、いろんな意味で教育に人生を尽くされた方だと思います。あれだけ日大を大きくした功労者に違いありません。私腹を肥やしたわけではなく神楽坂のご自宅も質素でした」

古田は日本に私学助成制度を導入するため、政治力を発揮した。根田はこう言う。

「古田先生は現在の私学運営の仕組みをつくったともいえます。戦後、私学助成金という国の補助制度を政府に働きかけたのも古田先生です。経常費補助金といい、文科省が私学事業団（日本私立学校振興・共済事業団）を通じ私立大学の教員給与を補助しています。その私学助成制度づくりの旗振り役が、古田先生でした。私立大学はある部分において、国立大学の補助的な役割を担っています。私学は一種の社会インフラだから、国も少しは援助しろよ、という発想です。古田先生はそのために首相経験者の佐藤栄作とか、灘尾弘吉という文部大臣と接点を持っていったのだと思います。今でいう文教族の代議士たちと親しくお付き合いし、ずいぶん私学助成を引っ張り出す運動をされました」

古田が「社団法人日本会」を結成した目的の一つもそこだったのであろう。政財界や言論界に独特の保守ネットワークを築いた日本会は、設立代表発起人に文教族議員たちが数多く並ぶ。日本会の総裁は佐藤栄作、会長が古田で、岸信介や田中角栄、福田赳夫、中曽根康弘といった自民党の保守政治家たちが世話人となっていることは前述したとおりである。教育的にも保守・右翼思想を信条とする各界著名人たちの集まりだ。言論人として日本会に参加した山岡荘八は76年10月、日大の発行した『古田重二良伝』に「太陽と地球のごとく」と題し、日本会について次のように寄稿している。

〈(米国による占領下では)当然のこととして国内に思想分裂の襞は大きくなっていった。そしてそれは、日本よりも先に、すでに二分されていた北鮮軍が国境を越えて南朝鮮に雪崩れ込むという朝鮮事変に発展していった。

実は、ここで蹶起したのが、古田重二良氏を始めとする「社団法人日本会」を取り巻く人々だったのである。

「この分では日本も、必ず朝鮮の二の舞を演じさせられる」〉

この日本会ならびに古田体制を目の敵にしたのが、日大全共闘だった。１９６８年４月、日大理工学部教授が裏口入学を斡旋して多額の謝礼金を受領したことが明るみに出て、日大紛争が勃発する。

# 第三章 日大紛争が生んだ怪物

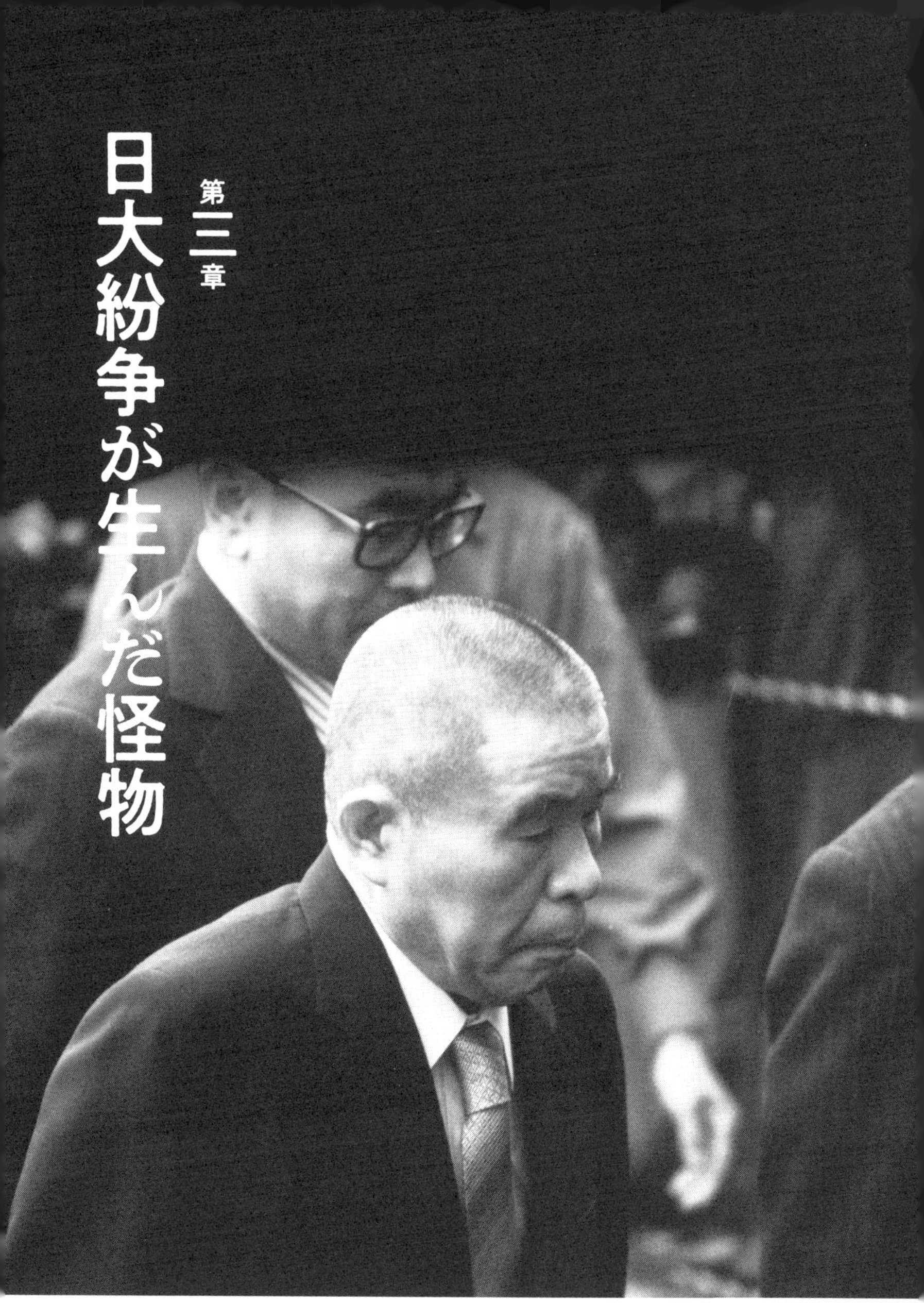

ロッキード事件の児玉ルートの初公判で東京地方裁判所に入る
ロッキード社の秘密代理人・児玉誉士夫（写真：時事）

## 眠れる大学から反米闘争へ

１９６０（昭和35）年6月と70年6月という2度の日米安全保障条約の改定・延長により、日本政府は全国に点在している米軍基地を存続させ、地位協定という治外法権を米軍に与えた。日米安保条約が日本の大学生を刺激し、全国的な闘争に発展したのは言うまでもない。

ひるがえって、60年代半ばまでの日本大学は、学生運動の存在しない学校と呼ばれ、学内は平穏だった。理由は戦後、大学の再興を指揮してきた会頭の古田重二良《じゅうじろう》をはじめとする大学当局による抑えが利いていたからに違いない。既述してきたように、政官財の保守重鎮や右翼、フィクサーたちが集った「日本会」が機能してきたといってもいい。

国公立、私立を問わず、60年代、国内の多くの大学では全日本学生自治会総連合（全学連）傘下の戦闘的な学生自治会が活動していた。だが、日大では、学生による自治会活動が許されなかった。そのせいで日大は日本一のマンモス大学に成長していながら、左翼学生から「眠れる大学」という不名誉なレッテルを貼られていた。

60年代前半までの日大の学生運動は保守の一大勢力に通じた古田会頭に抑えこまれ、左翼学生たちは大学当局の管理下に置かれた各学部の「学生会」で細々と活動してきたに過ぎなかった。しかし、64年8月のトンキン湾事件を機に本格化したベトナム戦争が、学生たちの意識を変える。60年安保の4年後のことだ。

東西冷戦下のベトナムは、社会主義の北ベトナム（ベトナム民主共和国）と南ベトナム（ベトナム共和国）の南北に分断された。米国は軍事支援した南ベトナムを傀儡国家にしようとするが、南ベトナム解放民族戦線のゲリラに手を焼いた。本格的に進軍したものの、ベトナム戦争は泥沼化していく。やがて米国は世界中から非難されるようになり、解放戦線や北ベトナム軍と和平を結んだあと、75年4月には北ベトナム軍が南ベトナムの首都サイゴン（現ホーチミン）を陥落させた。

日大における学生運動の転機は、まさにこのベトナム戦争をきっかけに訪れる。大学生に反米の意識が広まり、日大生のなかにも従来の御用自治会である学生会を変えようと試みる動きが始まった。他の大学と同じく、運動の中心はマルクス、エンゲルスを学んだ経済学部の学生たちだ。折しも66年から経済学部学生会の執行部にいた廣瀬幸一と鈴木一雄という二人の幹部に会えた。なかでも廣瀬は鈴木の1学年先輩にあたり、ともに学生委員会で書記を務めていたという。日大闘争の端緒について説明してくれた。

「私自身はもともと日大の理工学部に入学しましたが、理工学そのものは私の好きな学問ではありませんでした。日本国内の学生運動が盛り上がっていたあんな時代に、日大の学生は大学側に抑え込まれて何にもできない。けれど、理工学部には周りにそういう意識をもった連中がいない。そういう不満があった。『これではあかんな』と思って、3年生のとき経済学部に転入しました」

廣瀬はそのせいで1年留年することになり、5年間大学に通う羽目になる。日大のマルクス・エンゲルス運動は経済学部をはじめとした文系の学生が主流だったため、そこに移ったのだという。

「日大の学生運動は社研（社会科学研究会）や経済研究会といった部活が中心になってやっていました。なので、私も経済学部に移り、すぐに社研に入ってどんどん学生運動に身を染めていきました。そういう経歴があって、同期生の4年生の藤原（嶺雄委員長）を担いで、3年生と4年生で（経済学部学生会の）藤原執行部をつくったんです」

廣瀬たちは東大や法政大などに比べて下火だった日大の運動を盛りあげようとイベントを企画した。廣瀬は今も当時の活動を苦々しく思っているようだ。こう語る。

「それまで日大経済学部の学生会は明らかな大学側の御用組織でした。藤原がそれを変えようとしたのです。経済学部のある三崎町では、11月に『三崎祭』という大学祭が開かれます。その66年の三崎祭に、芝田進午を講師に呼んで講演会を開こうとしました。ところが、大学当局が許可しない。それに対し、みなでキャンパスに泊まり込んで抗議しましたが、あっけなくつぶされてしまった」

芝田は東大文学部哲学科を卒業後、マルクス主義者の哲学者として社会運動にかかわり、左翼学生たちに人気が高かった。日本共産党員であり、ベトナム解放論者でもある。芝田は哲学専攻の助教授で、教鞭をとっていた法政大は学生運動のメッカとして知られていた。日大会頭の古田は左翼運動を警戒したのだろう。大学当局が66年の三崎祭における芝田の講演を許可せず、見送られた。藤原や廣瀬たちは次なる計画を立てた。

## 知られざる日大紛争の前哨戦「4・20事件」

一般にはあまり知られていないが、経済学部学生会における藤原執行部の活動は、日大紛争の走りでもあった。66年の三崎祭の翌67年4月20日のことだ。左翼学生たちのあいだで「4・20事件」と呼ばれる大学当局との衝突があった。実は、ここにのちの理事長になる田中英壽が登場するのである。廣瀬がそれを明かした。

「彼は相撲部にいましてね。私自身は直接彼を知らなかったんです。けれど、彼ら運動部の集団によるわれわれ学生たちに対するリンチは実際に目撃しました。応援団や空手部、相撲部などが中心になって凄惨なリンチがおこなわれた。田中は間違いなくその首謀者の一人だったはずです」

通称「4・20事件」とは、先の三崎祭の芝田講演に続き、藤原たちが経済学部の学生会として計画した67年春の新入生歓迎会での出来事だ。イベントのメインが羽仁五郎の講演だった。羽仁はマルクス主義の歴史学者として知られ、参議院議員や日本学術会議会員を務めてきた思想家でもある。とうぜん会頭の古田をはじめとした大学当局は、羽仁の講演に反対した。が、三崎祭のような正式なイベントではなく、あくまで新入生歓迎のためなので大学当局も表立って手を出しづらかったのかもしれない。その代わり、左翼学生たちを封じ込めるために応援団や空手部といった格闘技系の学生たちを動員し、対策にあたらせたという。講演会の会場は1000人を収容できる経済学部の大講堂だった。廣瀬が言葉を継ぐ。

「羽仁五郎を呼んで講演をさせようとした学生会の藤原には、勇気があったんだね。敵対する応援団をつぶさないといかん、ということで応援団撲滅運動まで始めました。それはかなり功を奏していたと思います。一方で、大学側としては、ほっておけない。そこで奇妙なことが起きました。羽仁が演壇に立って10分ぐらい経つと、会場にビラがまかれ始めました。そこには『応援団をつぶせ』と書かれていたんです。もちろんわれわれがそんなことをするわけがなく、彼らの自作自演でしょう。けれど、それが応援団の連中が、突入するきっかけになりました」

日大の応援団は学生運動つぶしの中心だった。その応援団をつぶせ、というビラをまけば、誰もが学生側の仕業だと思う。大学当局はそれを狙ったのではないか、というのである。廣瀬は大講堂の紛争現場にいた一人だ。こう目撃談を続ける。

「会場に入って見渡せば、ほとんどが黒服(学生服)を着ているではないですか。そのせいでわれわれは後ろのほうの席にしか座れませんでした。なので、おかしいなとは思っていたんだけれど、はじめは運動部の連中に動員が掛かっているなんて知りませんでした。そうして後ろから仲間といっしょに様子を見ていたら、ドドドーッと演壇に黒服が駆けあがろうとした。彼らは講演を邪魔し、そのまま藤原執行部の連中のいる控室に向かいました。私がそのあとを追うと、執行部の学生たちが控室から連れ出され、引きずりまわされている。これはやばいと思った。けれど、黒服が遮ってわれわれは前に進めない。正直、多勢に無勢で、彼らを突破して立ち向かう勇気もありませんでした」

経済学部3階の南側階段がそのリンチの現場だった。廣瀬は茫然と運動部の鎮圧部隊を見届けるしかなかったと悔やんだ。

「経済学部は吹き抜けになっていたから、急いで階段を駆けあがり、上から下を見下ろしました。そうして見ていると、学生会の学生がボコボコにやられているわけです。いちばんひどかったのは藤原委員長で、バットで思いっ切り殴られていました。それを見て私が『おまえら暴力団か』と思わず叫ぶと、いきなり後ろから引っ張られてね。黒服の連中4、5人に囲まれ、背中をガンガン蹴られました。まあ、私は藤原たちに比べれば大したことはなかったけれど、黒服が引きあげていったあとは、学生会執行部の学生が鼻血を流して倒れ、部屋中が荒らされていました。まるで強盗のように、金品なんかも盗られたって言っていました。とにかくひどかった」

4・20事件はもっぱら応援団が中心のリンチ事件だとされる。そのせいで藤原執行部はつぶされ、67年11月の三崎祭も開けなくなったという。田中英壽は66年に入学した経済学部の学生として、神田三崎町の経済学部キャンパスに通っていた。4・20事件に相撲部の田中自身はどうかかわっていたのか。

## 大学ノートに記録された「田中英寿（相撲部）」

経済学部時代の田中の同期生だった日大全共闘幹部の一人、森雄一に会うことができた。森は現在、東京都内で小さな建設会社を経営している。こう記憶をたどった。

「実をいうと、私は静岡県三島にある教養部に入学し、そこを1年で出て1966年に三崎町の経済学部に転籍して進級しましたので、田中より1歳上です。田中は私と同じ青森県の出身でした。たまたま私の転籍した経済学部にいたわけですけれど、具体的な接点はありませんでした。ただ、経済学部時代の日大紛争のときに、私はしばしば大学本部に行く機会がありましたので、田中が学生だった頃の運動部の様子はよくわかりました」

日大本部の大学首脳は左翼学生に対抗すべく、運動部員を市ヶ谷の本部にかき集めていたという。森が当時の状況について次のように説明を加える。

「あの頃の日大本部は、普通の一般学生が出入りするようなところではありませんでした。空手部や相撲部、ボクシング部、応援団といった運動部の事務所が本部に置かれ、部員たちがそこに出入りしていました。まるで本部が運動部の巣窟のようになっていた。それは間違いなく、古田重二良の方針でした。会頭の古田以下、鈴木勝理事が本部で運動部と直結するために運動部の事務所を置き、そこへ部員を呼び寄せていたのです。そのため本部に出入りする運動部の連中はまさしく特別扱い。彼らは本部へ行くと学生課の応接室に通され、職員からお茶まで出されていました。とくに応援団の連中がわが物顔で大手を振って本部を歩いている姿をよく覚えています。妙に風格があるというか、学生には見えませんでした。本部から小遣いまでもらっているのではないか、という話でした」

肝心の田中について尋ねると、こう話した。

「私自身には具体的な活動を見た記憶がありませんが、あとで調べると、田中が相撲部時代にも大学当局側で動いていたことは、当時の記録に残っていました。なので、それは間違いありません」

実は、先の4・20事件の大乱闘については、大学側の記録が残っている。〈日大経済学部1967年　4・20暴力事件調査委員会〉と題された古い大学ノートがそれだ。日大全共闘が後年、そのノートの記録を掘りあてた。こう書かれている。

〈経済学部学生会に対する暴力弾圧事件の経済学部当局の暴力事件調査委員会の議事録である〉

〈個人名が記載されているため、今まで公表がはばかられていたが、今般の事件もあり、２０１８年の日大騒動の解決の一歩となることを望んで、この度公表することにしたものである〉

18年の日大騒動とは、アメフト部の反則タックル事件のことを指す。全共闘の関係者がそれを機に保管されてきたくだんの資料を公開したのだという。そう前置きしたうえで、次のような解説が付いている。

〈赤線にて解説してあるので、各位においては大いに参考にしてほしいと思うものです。

これらの資料現物は、１９６８年６月12日日大全共闘経闘委（経済学部学生会及び学生委員会）が校舎を占拠し、バリケード封鎖のうえ、以後学生の自主管理に入った際、学部当局が残置したものをやむなく学生会で保管していたものである。

ちなみにこの資料現物は、のちの研究資料として、佐倉の歴博（国立歴史民俗博物館）に永久保存資料として保管してあります〉

67年4月20日に経済学部の大講堂で起きた暴力事件の加害者として、写真とともに五十音順に運動部員の姓名が記録されている。その「た」の欄には正式な字体の「田中英壽」ではないが、たしかにこうあった。

〈田中英寿（相撲部）〉

意外なことに大学側に駆り出された運動部員のなかには、応援団や空手部、相撲部やボクシング部といった格闘技系の強面の部員だけでなく、水泳部やテニス部といった荒事とは縁のなさそうな部員もいた。そのなかで大講堂で暴れまわったときの田中の写真も残っている、とノートの名簿脇に記されている。おまけにそこには、左翼学生の制圧に参加した部員の指印が押捺されており、〈田中英寿〉の押印もあった。さながら血判状のようにも見えるかなりの生々しさだ。

会頭の古田が運動部を大学本部にかき集めた理由は、言うまでもなく、左翼学生対策であり、相撲部の田中もその一人だったことになる。

## 古田会頭を退陣に追い込んだ日大全共闘

67年4月のこの4・20事件が、日大紛争の火付け役であると同時に、運動部の乱入の始まりだった。日大では、これを機に学生による自治を謳って議長団が立ち上がる。経済学部学生会の藤原委員長体制に代わって67年には、経済学部で廣瀬の後輩にあたる秋田明大が率いる学生の運動組織が誕生する。それが日大全共闘だ。廣瀬の説明を続ける。

「結局、4・20で学生がボコボコにやられちゃった。学生会の藤原執行部は壊滅し、残った連中でどうしようか、って話し合いました。それで、議長団をつくり、俺と鈴木が書記になって幹部として議長を3人立てたのです。あまり目立つとやられちゃう。言ってみれば議長団の立ちあげは、何とか運動をつないでいこうとした苦肉の策でした。その議長団で選んだ委員長が秋田明大で、これが全共闘運動につながっていくのです」

日大紛争が火を噴いた直接の端緒は、68年1月から始まった東京国税局による理工学部教授の脱税捜査だ。奇しくも60年安保を前に生まれた全学連に続き、左翼学生たちは学部やセクトなどの垣根を越えて活動しようと全学共闘会議（全共闘）という全国の連絡組織を結成した。その時期に重なる。ここから学生運動の2大組織が東大と日大に置かれ、日大全共闘が立ちあがったのである。議長団の委員長だった秋田が、日大全共闘の議長となり、日大でも左翼学生たちが本格的に反米、反日米安保の狼煙を揚げた。

日大全共闘の議長となった秋田明大は、広島県の崇徳高校を卒業して1965（昭和40）年4月、日大経済学部に入学している。経済学部の2年生だった66年に「社会科学研究会」というマルクス・レーニン主義研究のサークルに入り、学生運動に目覚めた。廣瀬の1年後輩にあたる鈴木は秋田の同期生であり、ともに日大全共闘の執行部で活動してきた。廣瀬の話を引き取り、鈴木が自嘲気味に解説してくれた。

「時系列だとそうなりますね。いわゆる今まであった日大の学生会執行部であれば、たぶん大学当局に退いて、そのまま大人しくしていたかもしれません。けれど、議長団をつくったからね。

ただし、議長団は短い間のことで、何の権限もありませんでした。要するに学生会の執行部でもない単なるまとめ役。今だから言うけど、われわれ議長団は学生みなの代表として、『これが決議です』とコンコンと学生課のドアを叩いて伝える役でしかありませんでした。それでも、徹底的に決議して全員一致まで持っていって、何項目かにまとめて大学当局に持ちこんだ。議長団がなければ、全共闘の蜂起もなかったと思います」

秋田や鈴木は4年生になる68年の1月、20億円を超える日大職員の不正経理問題に直面した。日大全共闘蜂起の火付け役となった68年の東京国税局の捜査は、理工学部教授の小野竹之助が裏口入学の斡旋などで蓄えた5000万円の裏金を白日の下にさらす。国税局がその脱税の事実を掘り起こし、捜査の過程で5月までに大学の巨額使途不明金をつかんだのである。当時の新聞各紙はこれを「日大の20億円使途不明金」と一斉に報じた。

国税捜査が日大生の怒りに火をつけ、その矛先は日大中興の祖と崇められてきた会頭の古田に向かった。これが東大紛争と並ぶ日大紛争の起こった経緯である。

はからずも70年の日米安全保障条約延長を前に、日大に限らず左翼学生たちによる運動が全国に広まっていた頃だ。秋田はこの年の5月27日、自ら日大全学共闘会議議長となって、大学本部と衝突していく。9月には、両国の日大講堂で2万5000人の学生を率いて会頭の古田を糾弾し、学生による大学本部に対する団体交渉の要求などを飲ませた。有名な68年9月30日のいわゆる「9・30大衆団交」である。古田体制を糾弾し、会頭の古田を退陣に追い込んだ秋田自身は、その半年後の69年3月、公務執行妨害などの容疑で警視庁に逮捕され、小菅にある東京拘置所で東大全共闘の山本義隆といっしょに収監される。そしてここから日大全共闘は長らく東大と並んで全国の学生運動を牽引していった。

一方、相撲部の田中英壽は日大紛争で自らの存在感を示し、その後の田中帝国の足場を築いたといえる。日大紛争に相撲部が関係しているだけにそれは間違いない。

## 「制圧された学園」

終戦間際から戦後の復興期にかけ、日大では教学のトップである学長と理事会を束ねる学校法人運営トップの理事長の上に「会頭」という肩書が置かれた。他大学には総長ポストがあるが、会頭はそれよりさらに格上のポストと位置付けられる。会頭制度をつくったのが古田重二良であり、本人は2代目の日大会頭となる。戦後、日大を飛躍的に大きくし、日本の私学全体を率いてきた人物だと言い換えていい。

その古田の率いる大学当局は日大紛争において運動部の学生を動員し、ゲバ棒に立ち向かわせた。伝統ある日大相撲部の田中英壽は日大紛争に駆り出された一人であり、のちに日本一のマンモス大学理事長として無類の権勢を誇った田中の原点がここにある。

〈使途不明金問題に端を発した日大闘争は、昨年9月30日、2万5000人を収容した両国の日大講堂で、古田会頭以下の出席理事が退陣の意を表明するとともに、学生自治活動に対する一切の弾圧をやめ、検閲制度の撤廃、思想、集会、表現の自由を承認した〉

『アサヒグラフ』(69年11月28日号)は〈1年半後の日大闘争その2　異常の中の正常化〉と題した特集記事にこう書く。日大紛争から1年ほどのちの連載記事だ。サブタイトルには〈警備員に制圧された学園・農獣医学部〉とある。

日本大学の不正経理発覚から火のついた左翼学生たちによる〝大学改革運動〟は、68年9月に団体交渉の要求を飲ませたうえ、会頭の古田をはじめ多くの理事を退任させる。紛争はいったん左翼学生側の勝利に終わったかに見えた。だが、ことはそれで収まらない。『アサヒグラフ』はこう続く。

〈その(日大全共闘の)勝利は一日限りのものだった。翌10月1日に佐藤首相が「日大の大衆団交は人民裁判だから認められない」と発言。これから以後、国家権力は日大闘争に力でもって積極的に介入しはじめる〉(カッコ内は筆者注。以下同)

佐藤がときの首相だった佐藤栄作を指すのは念を押すまでもない。古田の結成した右翼、保守団体「日本会」の総裁を務め、日大をバックアップしてきた政治介入が、ここでも見られたのである。記事は日大紛争における政治介入について、次のように書く。

〈(日大)理事会はこれに力を得て、約束した第二次団交を拒否して姿を隠す。日大全共闘秋田明大議長に逮捕状が出る。全共闘は一挙に守勢に立たされた。機動隊によるバリケードの解除、体育会系学生の〝決起〟、大学当局の手によるロックアウト、授業再開、正常化……〉

日大本部当局は東京・世田谷区の下馬にある農獣医学部のキャンパスを高さ3メートルの鉄板の壁で囲った。『アサヒグラフ』はそれを〈異常の中の正常化〉と報じている。

農獣医学部の校舎にある北、南、西の三門のうち、大学本部により北門と西門の二つが学生たちの入り口に指定され、大学本部に雇われた警備員が北門と西門に検問所を設け、出入りをチェックした。教職員たちは残る南門のくぐり戸から校舎に出入りしたが、授業どころではなかったに違いない。農獣医学部では、紛争時と同じように、応援団や柔道部、相撲部の猛者がそこに詰めて左翼学生たちの動きを監視し、ときに暴力を振るった。農獣医学部のキャンパスはまるで大学側の要塞だ、と左翼学生たちは揶揄した。

田中英壽はまさにこの時期に経済学部を卒業して日大の補助教員となる。最初に配属されたのが、農獣医学部である。

奇しくも日大紛争は、田中や森のいた経済学部を舞台に燃え盛り、その火が農獣医学部や文理学部に移った。警視庁の機動隊をはじめとした捜査当局や運動部を盾にした大学当局と日大全共闘との衝突は、ここからむしろ激しさを増す。実は左翼学生を制圧した運動部の学生たちは、暴力団とも結びついていた。それが、ワンマン理事長と畏怖されるようになる田中英壽と裏社会との接点となる。

## アウシュヴィッツ校舎に常駐した暴力組織

全共闘議長の秋田が逮捕されたあとも日大の学生運動は衰えることなく、大学当局は手を焼いた。そして逮捕から1年足らずの69年12月には秋田が保釈され、安保延長を巡って日本中が騒いだ70年代に突入する。日大の学生運動はさらに先鋭化し、大学当局との闘いがヒートアップしていった。

田中英壽はこの間の69年3月に経済学部経済学科を卒業し、農獣医学部の体育助手兼相撲部コーチとなっていた。相撲部員ではなく、今度は大学の教員見習いとして左翼学生たちに立ちはだかったという。田中と同学年の日大全共闘メンバー、森雄一が振り返る。

「彼が配属された日大農獣医学部は、アウシュヴィッツ校舎と呼ばれていました。大学当局がバリケードを張ってキャンパスを封鎖し、そこに運動部の関係者だけでなく、本部に雇われた右翼部隊まで常駐して学生たちを排除していったのです」

大学本部は70年安保闘争の対抗策として、右翼部隊を動員した。その右翼部隊について森は言った。

「なかでも先鋭的だった右翼部隊が関東軍でした。戦中、中国大陸に侵攻した日本陸軍の関東軍をもじって68年10月に設立されたといいます。農獣医学部だけでなく、芸術学部の学生が関東軍に襲われたこともありました」

大学本部が田中たち運動部の出身者を教員や職員として採用したのは、現役運動部とのパイプを太くしていく意図もあったのであろう。その一方で、外部の暴力装置まで使ったというのである。その一つが関東軍であり、そこに暴力団関係者だけでなく、他の大学の運動部員まで加わったという。大学側の日大全共闘封じ込めについて、森が憤る。

「われわれは68年の9・30大衆団交で、古田体制に勝利したはずでした。ところが、早くもその年の10月には、佐藤栄作の一言により団体交渉の約束が白紙に戻されてしまう。その後はしばらく互いの活動が小康状態に陥るブランクができました。次にどのような運動をするか、われわれも準備段階として活動を小休止していました。それは大学当局側も同じで、当局はその間、関東軍をはじめとした右翼部隊を結成していったのです」

日大会頭として絶大な力を誇り、盟友の佐藤栄作を総裁に迎えて日本会の旗を揚げた古田は大学を去った。それでいてなお、その威光は残り、左翼学生たちは古田の後ろ盾となってきた日本会の保守政治家やそこに連なる右翼組織を意識せざるをえなかった。日本会はそれほど巨大な組織だった。

先述した日本会の世話人メンバーには、政商と異名をとった小佐野賢治も名を連ねている。ロッキード事件の刑事被告人となる小佐野は、戦中の軍事ビジネスでひと財産を築き、戦後、盟友の田中角栄を支えた。田中もまた日本会の世話人の一人だ。

そのロッキード事件で田中、小佐野と並んで世を騒がせた主役の一人に右翼の大物、児玉誉士夫がいる。児玉はなぜか日本会の世話人名簿には載っていない。だが、古田とは小佐野よりもっと古い付き合いのようだ。

日大では戦前の1937(昭和12)年、総長の山岡萬之助が神道思想家の今泉定助を所長に据え、「日本大学皇道研究所」という教授所を設置した。児玉はそこに入所し、神道を学んだ。日大の古田とはそれ以来の交流があった。二人の深い交流を示す貴重なエピソードがある。

## 児玉誉士夫と古田重二良

終戦の混乱期、日大の理事となった古田が理事長の呉文炳を会頭に祭りあげたことは前に触れた。その古田はやがて自ら呉の後釜に座り、会頭として権勢を振るう。すると、呉は古田のやり方に不満を抱き始め、反旗を翻した。日大紛争の起きる少し前の66年11月のことだ。呉たちはOB会の「日大校友会」を巻き込んで、反古田の狼煙を揚げた。それまで古田が独断で決めてきた日大の重要決定事項に対し、呉のグループが理事たちの合議を経るよう求めたのである。学生紛争前夜のことだけに古田も危機感を抱いたに違いない。古田は折り合いをつけるべく、呉たちと念書を交わした。

実はこのとき仲裁立会人となったのが、児玉誉士夫にほかならない。古田が児玉に相談し、双方が和解した格好だ。が、それもしばらくすると元に戻った。改めて説くまでもなく、戦後、日本の右翼団体をまとめあげてきた児玉はこの頃、関東の暴力団を束ねて「関東二十日会」を結成し、関西の山口組に対抗していた。小佐野や児玉という斯界の黒幕たちと懇意にしてきた古田は政官財だけでなく、そうした裏社会のネットワークにも通じていたのである。

とりわけ古田には関東屈指の暴力組織である住吉会とのつながりが指摘された。その一つが日大紛争で大学側の守護神となった関東軍だ。元日大全共闘の森の言葉に熱がこもる。

「実は関東軍には、住吉連合会(現住吉会)がかかわっていました。そのパイプ役が経済学部出身で元応援団の学生でした。卒業して学生課の課長となって大学に残り、校友会の幹事まで務めた人物です。69年の記録を見ると、住吉会に連なる人物としてくだんの課長の名前が残っているではないですか。大学当局が授業を再開したとき、農獣医学部の校舎を守るため、彼らを使ったのは間違いありません。彼は学内に事務所まで持っていて、やがてあちこちの学部を襲うようになった。そうして動員された右翼部隊は関東軍だけではなく、サクラ親衛隊や桜魂会と呼ばれる過激な暴力組織もありました」

日大全共闘の追及により1969（昭和44）年9月に会頭を退いた古田重二良は、肺癌が見つかり千代田区神田駿河台の日本大学病院の特別室に「古田二郎」の偽名で入院した。会頭の退任から1年あまりのちの70年10月、古田は失意のうちに息を引き取る。

古田は戦後まもなくして、私学助成制度の導入に力を注いだ。それが日大の拡大路線に大いに役立ち、日本の私学全体の発展にも寄与した。70年7月には古田の悲願だった日本私学振興財団が発足し、初年度には132億円が国から助成された。

私学助成はいまや3000億円に膨れあがっている。最大の恩恵に与《あずか》っているのが、例年100億円近く助成されてきたマンモス大学の日大である。

そして日本の政府による助成と同じく古田の築いた日大の運動部と保守、右翼とのネットワークもまた、そのまま大学に残った。日大本部と一体化した彼らは日大全共闘の左翼学生たちと衝突し、闘争は90年代まで続くことになる。田中英壽はそのなかで存在感を発揮していった。田中はその後の日大にどうかかわったのか。森にそこを尋ねた。

「日大では、古田重二良会頭から鈴木勝総長にトップが代わりました。70年以後も学生運動はまだまだ続き、田中は初めに農獣医学部の職員として、本部に認められた。日大紛争が彼の出世の足掛かりになったのは間違いないでしょう。そして、2000年代になると、運動部を所管する保体審（保健体育審議会）の事務局長に就いた。のちに田中とヤクザとの付き合いが明るみに出ましたけれど、それは田中がわれわれを弾圧してきた実績のなかで培われていったものではないでしょうか」

## 裏口入学の帝王

1903（明治36）年生まれの鈴木勝は、27（昭和2）年3月に日大専門部歯科を卒業し、専門部歯科助教授や歯学部教授、歯学部長、理事、学長ととんとん拍子に出世した。古田とともに日大紛争の責任をとって辞任した総長の永田菊四郎に代わり、69年9月に第6代日大総長に就任し、やがて理事長まで兼務して長期政権を築くようになる。

もっとも大学運営という面では、鈴木の評価は決して高くない。日本一の学生数を誇るマンモス学校法人の礎を築いたのは、あくまで古田重二良であり、鈴木は古田の拡大路線に乗ってトップの椅子に座ってきたに過ぎない。それが多くの日大関係者の評価だ。

かつて国税庁は日大紛争の端緒となった20億円の使途不明金問題の元凶が、裏口入学でため込んだ資金だと指摘した。日大では鈴木体制になってなおその体質は変わらず、裏口入学が折に触れて事件化していった。

日大には、長いあいだ「裏口入学の帝王」と呼ばれた教員がいた。日大理工学部の助教授だった石松新太郎である。

「現金で20億円から30億円は用意できる」

教授たちにそう豪語し、実際、自ら稼いだ裏口入学の斡旋手数料を日大関係者たちに分け与えてきた。もとはといえば石松は古田との縁が古く、深い。古田は石松を日大に迎え入れた張本人でもあった。

日大紛争の折、古田や鈴木たち日大本部と対決した中塚貴志という父兄がいた。中塚自身、日大の夜間部を卒業したOBで、息子が理工学部に通っていたことから、父兄会の会長に推された。結果、理工学部の父兄会会長として、68年の日大紛争から14年ものあいだ、大学本部に日大改革を迫り続けた。自著『日大悪の群像』（創林社）に会頭の古田や古田亡きあとの鈴木総長体制で石松とやりあった体験談を赤裸々に書き残している。

〈石松新太郎は九州に生まれ、東京薬学専門学校（明治薬科大学）を出たことになっている。この頃からすでに愚連隊的な青年で、のちにすこぶるつきのワルになる要素は充分に備えていた。彼と古田氏は、戦後の混乱期から昵懇の仲だった。戦災のためほとんど食うにも困る状態で、日大再建に走りまわる古田氏を助けるため、薬剤士の石松は牛込のあたりで薬局を開いた。この薬屋のおかげで古田氏はとりあえず急場をしのぐことができたといわれている〉

石松は戦後の混乱期、「ネオ・ムシチョコ」なる寄生虫殺傷薬を大々的に売り出し、ひと儲けして財を築いたといわれる。「ネオ・ムシチョコ」はチョコレートに虫下しを混ぜただけのいかにも怪しい薬なのだが、石松はそれを全国の小中学校に売り歩いた。会頭となった古田は終戦間もない頃、この石松に頼って日大の財政を立て直したとされる。その恩に報いるため、石松を理工学部の教員として日大に迎え入れた。古田と石松の二人は、まさしく互いに利用し合った間柄といえる。石松は日大古田体制を築くにあたり、反古田派の封じ込めにも奔走した。先の中塚は古田亡きあとの日大について、自著でこう指摘している。

〈古田＝悪玉、反古田＝善玉という単純極まりない図式で、当時の日大問題を把えることは間違いであろう。それが証拠には、古田重二良氏が昭和四十五年十月に死去したことによって、日本大学はより良くなったかと言えば、古田亡きあとにこそ、いっそう日大の腐敗は深まり、「東京ゼミ」事件をはじめ数々の不祥事を発生させたのである〉

ここにある東京ゼミ事件とは、１９７３（昭和48）年から79年までの7年にわたる大学受験予備校「東京ゼミナール」理事長による私大の裏口斡旋入学事件である。日本大学医学部に裏口入学させるべく、２０００万円を預けた父兄が78年12月、息子の不合格を機に裏金の返還を訴え出た。そこに警視庁が目を付け、摘発する。事件では15もの大学を対象に捜査が繰り広げられ、大学教授や政治家秘書、検察官、入試ブローカーにいたる23人が検挙された。東京ゼミナール理事長が26億７０００万円の斡旋手数料をせしめていたことも判明し、歴史に残る裏口入学事件として、世に聞こえている。

もっとも事件の端緒となった日大の裏口入学は、徹底解明にはいたっていない。「裏口入学の帝王」と呼ばれた石松新太郎に捜査の手が届いていないからだ。

石松は日大理工学部助教授という肩書と同時に、「兼松商事」なる企業経営者の顔を併せ持っていた。80年代に「サラ金」と酷評されて社会問題化した高利貸しである。国鉄（現ＪＲ）渋谷駅に近い宮益坂のビルにその会社があった。

石松は裏口入学で得た斡旋料を原資にサラ金を始め、日大の教授や職員に貸し付けてきたといわれる。それも中塚著『日大悪の群像』に書かれている。

〈石松は自分の妾だった女性（のちに籍を入れ本妻に）を会社の秘書にし、夜は夜でその女性が働いている料理屋で古田氏以下、日大幹部を引き連れて、ドンチャン騒ぎを繰り返していた。石松はこうして「兼松商事」を拠点として猛威を振るったのである〉

## 1000人パーティーの参加者

日大紛争の折、父兄会の会長として会頭の古田に立ち向かった中塚は、古田に石松と手を切るよう何度も迫ったが、結局それができなかったという。こうも書く。

〈日大紛争の直接のキッカケともなった、日大本部の二十億円の使途不明金発覚事件で、日本大学に国税庁の本格的な手が入った時、古田会頭は日大の金を思うにまかすことができなくなった。だが、古田氏には政治家にバラまくウラ金がいる。学内をおさえるのもとにかくカネだ。そこで石松高利貸助教授の登場となるわけである〉

石松自身にも、政界とのコネクションがあった。石松はロシア帝政期から始まったソビエト連邦によるシベリアへの領土拡張について自ら『ソ連対外侵略史』(国民出版)を出版し、81年2月に新宿の京王プラザホテルで出版記念パーティーを開いている。石松が56歳のときだ。1000人を超える盛大なパーティーの発起人には、錚々たるメンバーをそろえている。

自民党からは元通産大臣の河本敏夫や元郵政大臣の小宮山重四郎、元労働大臣の石田博英、小杉隆、江﨑真澄、粕谷茂、与謝野馨といった代議士、新自由クラブからも代表の河野洋平と山口敏夫、参議院議員では元参議院議長の安井謙や日大出身の元法務大臣、田沢智治、安西愛子といったところも名を連ねた。とりわけ石松は古田に倣って自民党に太いパイプを築こうとして党本部に趣味の悪い虎の剥製を寄贈し、しばらくそれが飾られていたという。

くだんの出版パーティーの眺めは壮観というほかなかったであろう。ひざ元の日大からは総長の鈴木勝や副理事長の柴田勝治、常務理事の宮島善高や佐賀直光をはじめ、各学部の部長が勢ぞろいした。また、相撲界では音羽山周治や押尾川将能、放駒輝門、二子山勝治、佐渡ケ嶽慶兼、花籠昶光といった名だたる親方、芸能界からも三國連太郎や大村崑、佐良直美や宮城千賀子などが駆け付けている。右翼でいえば、頭山満の孫の頭山立国や児玉誉士夫の側近だった西山広喜、国士舘大総長の柴田梵天や日蓮宗中山法華経寺管長の武井日進、さらには元警視総監の小倉謙や秦野章（当時参議院議員）などの姿もあった。

東京ゼミ事件の裏口入学事件に戻ろう。なぜ石松は摘発されなかったのか。

事件では79年、日大理工学部の教授が東京ゼミナール理事長の窓口となって9000万円の謝礼を受け取り、各学部の入試問題を横流ししていたことが明るみに出る。これが明くる80年2月に起きた早大商学部の不正入試事件に発展した。実はこのとき入試問題を盗み出した東京工業大学（現東京科学大学）附属高校の教諭は、日大理工学部OBの経営する進学塾経営者に模範解答の作成を依頼していた。くだんのOBが石松の経営する高利貸し「兼松商事」の役員の一人であり、石松の盟友とされた参議院議員の田沢智治の秘書をしていた事実まで発覚する。

田沢は56年3月に日大法学部を卒業して職員となり、古田の懐刀と呼ばれた。石松が政界に送り込んだといわれ、自民党参議院議員として法務大臣を務めている。日大理事や日本会の理事長を歴任し、裏金事件の関与も囁かれた。そうしたネットワークが明るみに出て、一連の裏口入学シンジケートの元凶は日大の石松ではないか、と目されたのである。

さすがに日大総長の鈴木も石松に関する疑惑を放置できず、理工学部に通称「石松調査委員会」なる調査機関を設置した。しかしそれもお手盛りの調査でしかなかった。結局、石松に対しては「助教授としての定年を延長しない」という処分に落ち着いたのである。

くだんの出版パーティーは事件から5年経ったあとの出来事で、まさに無罪放免された石松にとっては、祝勝会のようなものでもあった。だが、その裏口入学の帝王は思いもよらない形で命を落とした。

## 救いのない事件

石松新太郎は艶福家で、何人もの愛人を託っていた。一人目の愛人は新宿にある芸妓遊びをする待合茶屋の女将で、二人目が九段で「土筆」という小料理屋を営んでいた。三人目が前述した高利貸し「兼松商事」で秘書をしていた女性だ。当人はそのうえもう一人、四谷荒木町の芸者を水揚げした。

裏口入学や高利貸しで荒稼ぎしてきた石松はその一方で、吝嗇《りんしょく》だった。愛人となった女性たちに手当を渡すどころか、みな水商売を続けさせている。初めの愛人と目された待合茶屋の女将には100万円のダイヤの指輪をプレゼントしたという。が、別れたあとは執拗に追いかけ、指輪を取り返したともいわれる。

そんな苦労を強いられてきた四人目の愛人は一人の子供を生んだ。石松にとっては実の息子であり、海外留学までさせている。海外留学から帰国した息子は、母親に対する石松の仕打ちに我慢ができず、何度も別れるように進言した。しかし、母親は石松の暴力を怖がり、思いきれなかった。最初の愛人からダイヤの指輪を取り返したときも、石松は高利貸しの取り立てで使っているその筋の男に頼んでいたのだ。だが、息子は母親の恨みを忘れなかったのであろう。思い余って父親に手をかけたのである。

出版パーティーからわずか9カ月後に惨事は起きた。81年11月16日、思い悩んだ息子が鉄パイプを手にし、父親を襲った。早朝に家を出たところを滅多打ちにし、息子は血の海に茫然と立ち竦んだ。その場で焼身自殺しようとしたのだろう。撲殺現場は一面血の海で、そこには灯油がまかれていた。だが、死にきれなかった。

まさに救いのない事件というほかない。息子はすぐさま逮捕され、懲役8年の実刑判決が下った。

しかし日大はこの事件から何も学んでいない。日大の光と闇は、中興の祖古田重二良から鈴木勝に引き継がれ、やがて田中英壽の時代が訪れる。

# 第四章 ワンマン理事長「田中英壽」の原点

1988年12月、日本大学相撲部監督時代の田中英壽（写真左）（写真：時事）

## 私学独特の組織のあり方

日本の高等教育は敗戦後の新制大学制度により、大学創立ブームを迎えた。旧帝国大学と旧制高校が大学に衣替えしたうえ、全国の都道府県に一つずつ国立大学が置かれた。評論家の大宅壮一が「駅弁大学」と揶揄した大学乱立時代である。

私大もこのブームに乗った。日大会頭の古田重二良《じゅうじろう》が私学振興を唱えて次々と学部を新設し、それぞれの学部の独立採算制を敷いて大学経営を安定させ、学生数が爆発的に伸びる。早稲田や慶応は大学の拡張だけでなく、官僚や政治家を送り出すことによっても学校の名声を高めたが、日大はもっぱら運動部に力を入れた。多くの私学経営者は競い合うように古田路線に倣った。近畿大学や東海大学、帝京大学などは、まさに日大をモデルとして全国展開していった私立大学といえる。

日大ではそんな古田亡きあと、古田の導入した会頭ポストが廃止され、もとの総長制に戻った。永田菊四郎を挟んで総長となったのが、東京医学歯学専門学校医学科を卒業して歯学部長や学長を歴任した歯科医の鈴木勝である。鈴木は古田の拡大路線に乗って日大を運営するが、古田のカリスマ性や政治力には遠くおよばない。先に書いた東京ゼミ事件をはじめ、不祥事に揺れ、学校経営は盤石とはいかなかった。

多くの私立大学では、理事長と学長というツートップの上に総長という最高位のポストを置いている。理事長は理事や常務理事で構成される理事会トップ、学長は各学部の講師や准教授、教授や学部長たちの教学部門のトップに位置付けられる。会社組織に置き換えれば、平取締役が理事、常務取締役が常務理事、代表取締役社長が理事長、准教授や教授が執行役、学部長が常務執行役、代表執行役員が学長という位置付けになろうか。総長はその二つの機関を取りまとめる持株会社の最高経営責任者（ＣＥＯ）のような存在だ。

ただし、大学はあくまで教育機関であるため、制度上は職員より教学部門を重く見ている。そのトップである学長は、教授や学部長の経験者でないと就任できない。職員では総長という最高位のポストに就けないのである。つまり私大では形の上で学長が尊重されるため、総長の多くが学長経験者となる。そこで職員出身である古田のひねり出した策が、会頭という特別なポストの新設だった。

古田は終戦時に工学部の事務長となり、そこから理事や理事会長を歴任した。総長の呉文炳の側近理事として、呉を会頭ポストに据え、１９５８（昭和33）年６月には、古田自身が会頭という特別な地位に昇りつめたのである。それは古田が教員のエリートである教授や学部長経験者ではなく、事務方の職員から出世してきたからにほかならない。総長に就けないので会頭ポストを新設したのであろう。

その古田亡きあと総長になった元学長の鈴木は74年10月から理事長を兼務し、81年9月まで総長を務める。組織の財政を握っている理事長と教学部門の両方のトップに立ち、12年間もその椅子に座った。その次の理事長が柴田勝治だ。日大高等師範部国語漢文科（現日本大学文理学部）に入学し、学生時代はボクシング部のライト級ボクサーとして活躍した。日本アマチュアボクシング連盟会長、日本オリンピック委員会（JOC）委員長などを歴任している。柴田は93年9月まで12年も理事長を務めてきた。だが、古田と同じように教授経験がないので総長にはなれなかった。

柴田時代の総長は日大法学部出身の高梨公之と工学部出身の木下茂徳だ。高梨が90年8月まで、木下が93年8月までの任期となっている。柴田時代の総長である高梨と木下は、経営の手綱をとる理事長ポストを握られていたため、学内における存在感が薄かったといえる。

教学のトップである学長と学校運営のトップである理事長では、事実上、財布を握っている理事長に権力が集中する。わけても日大では、理事長が総長を神輿に担いで学校運営を思いどおりに操ってきた時代が長かった。理事長なら職員でも昇りつめることができるからだ。

田中英壽は鈴木総長から柴田理事長時代にかけ、大学職員として着実に力をつけていった。そうして理事長になると、総長ポストを廃止し、学長を操りながら大学に君臨してきた。出世のあり様や学内の権力掌握術は、日大専門部法律科を卒業して職員として大学トップに昇りつめた古田によく似ている。

## 「アマ相撲界の大鵬」の原風景

田中英壽は終戦の明くる１９４６（昭和21）年12月６日、青森県北津軽郡金木町に生まれた。現在の五所川原市金木町である。父親を多橋、母親はトキ江といい、英壽は二人の兄と姉の次に誕生した三男である。英壽の下に妹が一人おり、本人は五人きょうだいのなかで育った。

田中家は戦前から町で四番目に数えられる大地主として栄えた。小作人たちを大勢雇って20町歩の広大な田畑で米や野菜を育ててきたとされる。１町歩は10反、１万平米、１００アールだから、田中家はおよそ20万平米、６万坪以上の田畑を所有してきたことになる。田中の生まれた前年に日本が敗戦を迎え、米占領軍のおこなった農地解放により田中家の田畑は5町歩までに減った。だが、父親の多橋は戦後いったん手放した農地を再び買い戻して8町歩に回復させる。

大きな庭には30羽の鶏が飼われ、１日に15個の卵を産んだ。終戦間もない都会の子供たちは食うや食わずで、餓死者が続出したが、青森の田中家では食料がふんだんにあり、暮らし向きに困ることはない。田中英壽はそんな豪農の三男として奔放な少年時代を送った。

金木町は文豪太宰治の生誕地であり、今もファンが訪れる。田中本人は幼い頃から太宰の生家に遊びに行き、『斜陽』や『走れメロス』などの代表作を読んだ。意外に感じるかもしれないが、のちに日大相撲部で名を馳せた田中は文学少年でもあった。

田中は52年4月、金木町立蒔田小学校に入学すると、相撲を始めた。きっかけは卵だったという。

〈毎日、真っ黒になって遊び、夕方、カラスと一緒に自宅に帰り着く頃はもうおなかが背中にくっつくぐらいペコペコです〉

田中本人が自叙伝『土俵は円　人生は縁』(早稲田出版)に、小学生になったばかりの思い出を次のように書いている。

〈さあ、待ちに待った楽しい夕食です。ふと横を見ると、上の兄2人の前には、触らせてももらえない真っ白な生卵が一つずつ置いてあり、私の前にはなんにもないんです。まだほんの子供ですから、「なんでだ」となりますよね。

「オフクロ、あんちゃんたちには卵がついているぞ。オレにも食わせろ」

と私は真っ赤な顔をしてオフクロに言いました。すると、オフクロは、

「うんにゃあ、あんちゃんたちは相撲やってるから、体力をつけんといかん。お前は遊んでばっかりいるんだから、食わんでいい」

と言うんです〉

東北地方のなかでも青森県はとりわけ相撲の盛んな地域であるが、田中の通った蒔田小学校には相撲部がなかった。当人が細身だったこともあり、小学校時代の田中は野球部に入った。しかし雪深い東北で野球はさほどメジャーなスポーツではなく、部員も少なかった。

「野球なんかのために体力をつけなくてもいい」

母親のトキ江は、野球部に入った三男をそう突き放した。

父親の多橋は相撲の経験こそないが、軍隊で銃剣道五段を取得していた。その血を受け継いだ田中家の息子たちは、体格的にも恵まれている。田中家の長兄は定時制金木高校の相撲部に所属し、国民体育大会に出場するほどの有名選手でもあった。次兄も兄に倣って中学生のときから相撲を始めている。

そして田中自身は卵欲しさに二人の兄から相撲の稽古をつけてもらうようになった。そんな牧歌的な少年時代を送ってきた。

## 全国高校選抜大会で準優勝

産経新聞が発行する夕刊紙『夕刊フジ』でかつて相撲記者をしていた大見信昭は、田中の自叙伝作成を手伝っている。1943年生まれの大見は日大のOBで、田中の3歳先輩にあたる。こう話した。

「あの本は、ベースボール・マガジン社の『相撲』という雑誌に連載していた田中さんの半生がもとになっています。『あれを書きなおして本を出したいので協力してほしい』と日大から頼まれたのです。本の発行は02年6月で、発行部数がいきなり3万部だったと記憶しています。田中さんはまだ日大理事の一人に過ぎませんでしたけれど、すでに学内では豪腕で知られていました。本が出て2、3ヵ月後には新宿の『ホテル海洋』の2ホールを貸し切って出版パーティーを開きました。会場は数千人の来客で超満員、日大相撲部員が受付に座り、日大出身の関取もいっぱい来ました。僕はスポーツ界、相撲界を取材して長いですけれど、あれほど大きな出版パーティーは初めてでした。田中さんは名刺代わりに来賓へ本を配っていました。だから版元の早稲田出版も大喜びでしたね」

大見はいわゆるゴーストライターだ。単行本に書いていないエピソードも明かしてくれた。

「田中さんの郷里で太宰治の出身地として知られる金木町には、『斜陽館』という太宰記念館があります。そこに、金木町出身の有名人ゆかりの品を飾るコーナーがありました。田中さんは『この本を斜陽館に飾ろうと思ってんだよ』と話していました」

小学生の頃、兄から相撲の稽古をつけられて育った田中は62（昭和37）年4月、青森県立木造高校に進んだ。そこから本格的に相撲に目覚め、頭角を現していく。

今でこそ、関東の埼玉栄や明大中野（明治大学附属中野）、山陰の鳥取城北、四国の明徳義塾といった私立の強豪が高校相撲界を席巻し、そこからプロの大相撲に入るルートが定着している。だが、かつては地方に相撲の名門公立高校が数多く存在した。青森県立木造高校もその一つだ。

木造高校は田中の入学する前の年に全国高校相撲選手権で優勝している。田中の入学時のキャプテンは岩城徹という高校相撲界の有名人だった。岩城は法大を卒業後、母校の木造高校相撲部監督として、のちの小兵力士、舞の海を育てた人物だ。舞の海は田中が監督を務める日大相撲部から角界入りした田中の弟子でもある。田中は、その岩城キャプテンから直々に相撲部入りを誘われ、相撲に打ち込んだ。

田中の入部間もない62年8月、全国の選抜大会が青森県十和田市で開催された。そこで新入部員の田中は不調だったレギュラーの代役として団体戦に出場する。その大会で田中は連戦連勝し、木造高校は団体戦の決勝まで勝ち進んだ。決勝の相手はのちに大関栃東を輩出した明大中野高校だった。このとき田中は明大中野で将来を嘱望されていた臼井仁志と対戦している。臼井は田中と同じ1年生だったが、体重60キロ台の田中に対し、１４０キロという巨漢だった。2年生にして高校横綱となり、角界入りしたあとに十両となり、栃葉山を名乗る。

このときの団体戦の結果は明大中野が優勝し、木造高校は準優勝に終わるが、田中は予想に反し、選抜大会決勝で臼井に勝った。田中の相撲人生はここから開けたと言っていい。ちなみにいっとき相撲ブームを巻き起こした若貴兄弟が明大附属中野中学に入学するのは、田中が臼井と対戦してから20年以上もあとのことだ。

## 石川の輪島博より強い

田中はやがて高校相撲界に名を轟かせるようになる。が、そこへ難敵が現れた。輪島博、のちの第54代横綱、輪島大士である。

二人の初対決は田中が高校2年生だった1962(昭和37)年の夏だった。青森県の板柳町でおこなわれた1年生と2年生に限った高校の選抜大会である。輪島は田中より1学年下の48年1月生まれ、当時は石川県の金沢高校1年生だった。ともに個人戦と団体戦に出場し、田中は個人戦で輪島に勝利したものの、団体戦では輪島に敗れた。そこから二人はライバルとなり、親しい付き合いを始めたようだ。田中は輪島の下宿先だった金沢高校相撲部監督の家に泊まったこともあった。田中自身、このときのエピソードを先の自叙伝『土俵は円　人生は縁』で次のように紹介している。

〈輪島の部屋で枕を並べて一晩寝たんですが、(中略)寝る前、輪島が白い紙に一生懸命、自分の名前を書いているんです。

「何やっているんだい」

と私が聞きますと、

「先輩、サインの練習ですよ。ボク、高校を卒業したらプロの世界に行こうと思っているんですよ。絶対、出世してみせますから。そのときのためにいまからこうやって練習しているんです」

と真剣な顔で言うんです〉

実際の輪島は高校を卒業してすぐに角界入りしたわけではなく、田中の後を追うように66（昭和41）年4月に日大に進学する。1学年違いの二人は日大相撲部の両エースとしてともに学生横綱となり、大学相撲界をリードしていった。

言うまでもなく二人は、大学卒業後に進む道が分かれる。かたや田中は大学に残って相撲部のコーチや監督となり、ついに日大の理事長になった。こなた輪島は角界入りして横綱に昇りつめる。田中と輪島、学生時代はどちらが強かったのか。そこはいまだ相撲界でも意見が分かれる。

田中自身は輪島が日大相撲部入りした頃のことを自叙伝にこう書く。

〈輪島が（日大に）入学してくると、「オイ、やろう」と真っ先に新入りの輪島を稽古相手に指名したんです。（中略）10番やって8、9番は私の勝ちでした。圧勝ですね〉

先輩力士が後輩を指名して仕合をする、相撲界でいう申し合わせ稽古だ。

〈大学の2年になると、私は急激に力をつけ、あちこちの大会でいい成績をおさめ、優勝もボツボツし始めていました。

そのことが輪島との稽古によってハッキリ裏付けられたかたちになり、

「オレも強くなったもんだなあ」

と大いに気を良くしたものです〉

この言葉どおり田中は、日大の3年生のときに学生横綱となる。さらには、日大卒業後の69年と70年、そして74年と3度もアマチュア横綱に輝いた。34のアマチュアタイトルを総なめにした実績を誇っている。

そんな田中がプロの相撲取りにならなかった理由は、さまざまに語られてきた。「175センチの身長では通用しないと悟った」、あるいは、「輪島と対戦して敵わないと感じた」といった説が、まことしやかに伝えられてきた。だが、当人の底意は必ずしもそうではなかったようだ。先の元ベテラン相撲記者、大見が説明してくれた。

「田中さんは本当に強かった。あの輪島でさえずっと田中さんに一目置いていたものです。日大の1年先輩ということもありますし、輪島は田中さんに勝てなかった時期がありました。だから、田中さんの心の奥底には『俺がプロに行ったら輪島以上に活躍できる。輪島があれだけやれるんだから』という悔しさがあり、それが折に触れて見え隠れしていました。輪島は大学卒業後、プロに入って日の出の勢いで駆けあがっていきました。一方で田中さんは、日大の職員になると同時に相撲部のコーチをしていました。しかし苦しい時代がありました。相撲部のコーチ兼大学の教職員は、体のいい小間使いみたいなものだったそうです。事務局の仕事を早めに切りあげたあと、相撲部へ行って夜の稽古をしなければならなかったといいます」

田中には輪島に対するある種の嫉妬があったのかもしれない。田中がプロ入りせず、職員として日大に残った理由の一つには、橘《たちばな》喜朔《きさく》という保健体育事務局長の勧めがあったとされる。元日大理事の大嶋悟（仮名）が打ち明ける。

「いわば田中理事長にとって橘氏は恩人といえるでしょう。もともと田中さんは農獣医学部の体育教員として大学に採用された。ところが橘さんが田中さんの才能を見いだし、『仮にこのまま教員として出世しても、よくて助教授、最高でも教授止まりだぞ。だったら、職員になって大学のトップを目指せ』とアドバイスをしたわけです。橘さんは保健体育事務局長として相撲部の面倒を見てきた。橘さんにしてみたら、学生横綱だった田中さんがよほど可愛かったのでしょうね。で、橘さんが根回しして田中さんを職員として採用しなおしたのです。田中さんは周囲に『輪島より俺のほうが強かった。輪島は相撲しかできないけれど、俺は大学で偉くなる道を選んだんだ』と鼻息が荒かった。事実、本人の人生にとって職員になったのは、幸運の始まりだったのではないでしょうか」

田中にとっては時代の運という巡り合わせもあった。67年の4・20事件から火のついた大学紛争がその運をもたらしたといえるかもしれない。相撲部の猛者田中は紛争現場で実力を発揮した。日大全共闘のメンバーだった森雄一は自らつくった年表を眺めながらこう振り返る。

「田中の経歴でいえば、69年3月に大学を卒業して農獣医学部の体育助手となり、相撲部コーチ、監督を経てそのあと2000年に保体審（保健体育審議会）の事務局長をやってから、本格的にのしあがっていったように見えます。彼が出世できた原点は、学生を弾圧した実績であり、それが認められた。そこにはヤクザとの付き合いもかなりあったのだろうと思います」

アウシュヴィッツ校舎と揶揄された日大農獣医学部キャンパスの封鎖事件は前に触れたので繰り返さない。アマチュア相撲の道を邁進する一方、大学職員でもあった田中は、古田重二良以来、日大に連綿と続いてきた組織運営の手法を学び、継承していった。そしてかつての恩師、古田重二良をも凌ぐワンマン理事長となる。

## 分岐点となった日大紛争

1965（昭和40）年4月に日大経済学部に入学した田中は、3年生のときにその後の人生を決定付ける大きな分岐点を迎えた。その一つが、前述した学生横綱のタイトル奪取であろう。そしてもう一つが、68年に起きた日大紛争である。日大紛争は田中が入学した経済学部で火が付いた。自叙伝『土俵は円　人生は縁』でも、短くこう触れている。

〈3年になると、あの有名な「日大闘争」が始まり、およそ1年半というもの、大学の構内には闘争中を示す旗が何本もひるがえって、授業らしい授業はほとんどありませんでした。とてもできるような状況ではなかったんです〉

さすがに相撲部員として左翼学生の封じ込めに奔走したとは書いていない。だが、先に記したように日大本部に残された資料には、応援団員や体育会系学生とともに大学執行部の用心棒になった相撲部の「田中英寿」の姓名が記録されている。左翼学生たちが田中を大学側の手先のように見てきたのも事実だ。自叙伝にも田中と大学側との関係について少しだけ書いている。

〈授業を受けて、単位をもらわないと卒業はできませんので、夏、大学側は、埼玉県の所沢市の工場を借り、机とイスを並べただけ、という即席教室で集中講義をやり、私もそれに出席してなんとか所定の単位は取得しました〉

左翼学生にとっては、学生運動の燃え盛るさなか、大学側の用意した講義に出席すること自体が裏切り行為に映ったに違いない。実はそんな日大本部執行部と田中の関係を知るうえで、見逃せない写真が、くだんの自叙伝に掲載されている。

〈学生横綱祝勝パーティにて〉とキャプションのついたスリーショットのスナップ写真がそれだ。短髪で学生服姿の若い田中青年が3人の真ん中に立ち、畏まっている。瓶ビールを両手で握り、談笑している左右の二人に酌をしようとしているように見える。写真には、左側〈恩師・橘喜朔先生〉、右側〈古田重二郎《ママ》先生〉というキャプションが付いている。

改めて説明するまでもなく、古田は首相の佐藤栄作をはじめとした自民党の保守政治家と気脈を通じ、右翼組織「日本会」を率いて日大紛争のときに左翼学生の標的にされた。また、橘はその古田体制下で保健体育事務局長として相撲部の後ろ盾となり、田中を日大にとどまって職員になるよう勧めた張本人である。自叙伝には、このスリーショットの下に、田中と輪島博が橘を囲んでいる写真も載っている。橘は田中にとって文字どおりの恩人だ。

田中英壽は4年生のときに相撲部のキャプテンとなり、日大紛争渦中の69（昭和44）年3月に大学を卒業すると、東京・世田谷区下馬にあった農獣医学部の体育助手という教員見習いとして日大で働き始めた。そこはアウシュヴィッツ校舎と呼ばれ、高いバリケードに囲まれた大学本部側の牙城でもあった。もっとも田中の肩書である体育助手の教員見習いは名ばかりで、実態は農獣医学部の〝守衛〟であり、日大本部のボディーガードだった。

田中は教員見習いの傍ら、大学卒業後もコーチとして相撲部に籍を置き、杉並区の阿佐ヶ谷にある相撲部の合宿所近くにアパートを借りて稽古を続けながら、下馬の農獣医学部に通った。

そして日大紛争が収束すると、田中は教員見習いから市ヶ谷にある大学本部の保健体育事務局の職員に転じ、そこに通うようになる。本部体育局への異動の便宜を図ったのがほかでもない、保健体育事務局長だった橘だという。

## アメフト部監督の紛争現場証言

日大紛争からずっとあとになり、保健体育事務局時代の田中の部下となった職員の一人に、元アメフト部監督の内田正人がいる。日大文理学部を卒業した内田は79(昭和54)年4月に日大に就職し、保健体育事務局に配属されて田中と出会った。田中に引き立てられ、最終的に常務理事まで兼務するが、２０１８(平成30)年5月に起きたアメフト部の反則タックル事件で引責辞任した。

その内田に会うことができた。タックル事件の真相については章を改めるとして、まずは田中との邂逅から尋ねた。次のように重い口を開く。

「田中理事長体制については功罪あります。私自身、田中理事長に可愛がられてきたこともあり、これまで口を閉ざしてきました。しかし現在の日大を見るにつけ、そこにかかわってきた者として本当のことを話す責任があるのではないか。そう思い直しました」

内田は文理学部の職員として日大に採用されたとの報道もあるが、そうではなかったようだ。田中と内田の邂逅は最初に赴任した保健体育事務局時代のことだという。保健体育事務局は日大の看板運動部を統括してきた保体審の事務局である。内田が続ける。

「私は大学に就職してすぐ昭和54年に保健体育事務局に配属されました。そのときの直属の上司が田中先生だったのです。田中先生はかつて(保健)体育事務局長だった橘先生を親分と崇めていて、先生から『輪島は大相撲に行け、田中は日大に残れ』とアドバイスされたのは有名な話です。日大紛争のとき、まだ私は大学にいなかったので、詳しくはわかりません。ただ、相撲部の田中先生はあまり紛争の現場に行かなかったと聞きました。もっぱら応援団や剣道部、空手部の部員がそこに出張っていったそうです。たとえば空手では、芸術学部剛柔流空手部というのがあって、そこが現場を取り仕切っていたらしい。さすがにトップクラスの選手は、あまり紛争現場に駆り出さなかったのかもしれませんね」

たしかにこれまでさんざん黒い噂が報じられてきた割に、田中本人が日大紛争で大立ち回りしたという記事は見あたらない。表舞台に登場しないのは、学生横綱になったばかりの田中が左翼学生の前に立ちはだかれば、ビッグニュースになることを大学側が恐れたからかもしれない。そこは慎重になったようだ。内田はこうも言った。

「日大紛争の現場における田中先生の活躍は知りません。ただ、先生から聞いた当時の話もいくつかあります。たとえば紛争現場に行けば、大学本部側からアルバイト料が出ていたそうです。あの頃の大学の経理は無茶苦茶で、入学金やら授業料やらが本部に入ると、いったん段ボールに入れて現金を保管していたといいます。左翼学生がデモをすると、その金を使っていたらしい。実際に段ボールに入っているお札をつかみ出して運動部の学生にアルバイト料として配り、人を集めていたんだそうです」

文字どおりの「つかみ金」である。内田が田中から聞いた話を続けた。

「応援団の連中が中心になってそれを受け取り、そのなかからピンハネして他の学生に渡していたらしい。配る相手は日大の運動部員だけに限らなかったみたいで、ときには国士舘とか、他大学の学生に声をかけ、アルバイト料を払って動員していたといいます。そんな有様ですから、さすがに有名選手はそこに加わらなかったのではないでしょうか」

運動部のアルバイト料支払いは、「バリケードの設置手当」や「宿直手当」などといった名目で大学側が支出していたという。それを運動部の幹部がピンハネするといった仕組みだったそうだ。

## 暴力団と保健体育事務局の腐れ縁

日大紛争の折、大学本部の用心棒として活躍した運動部の総本山が保健体育事務局である。日大に残って職員になった田中は、そこで頭角を現していった。それも間違いない。

そしてその保健体育事務局には暴力団との接点もあった。内田が局の成り立ちについて、次のように解説してくれた。

「田中先生の心酔する橘先生が日大運動部全体に絶大な影響力がある一方、保健体育事務局や運動部そのものは住吉会やその系列の右翼団体などと深くつながっていました。たとえば現役時代にボクシング部で活躍した村中隆夫先生は右翼団体に所属していたことこそありませんが、本人は（住吉会系小林会の）小林楠扶会長との縁がありました。運動部の学生や保健体育事務局の先生方（幹部職員）にはそういうつながりがあり、日大紛争で駆り出されたのでしょうね」

日大全共闘の幹部だった森雄一の話していたように、「関東軍」や「サクラ親衛隊」、「桜魂会」といった暴力組織が、学生紛争の現場で左翼学生の制圧部隊となった背景もそのあたりにあるのだろう。内田の言った小林は、のちに指定暴力団「住吉会」に改められる住吉連合会で本部長を務めた斯界の大物ヤクザである。小林はボクシングや芸能興行の仕切り役であり、政界の黒幕として勇名を馳せた小佐野賢治や児玉誉士夫などとも懇意にしてきた。小佐野は日大会頭の古田が結成した「日本会」のメンバーに名を連ね、小林は日本最大の右翼団体「日本青年社」を創設した。まさに表と裏で日本を動かしてきた大立者たちが、日大という私学組織の地下水脈で結ばれていたように感じるというほかない。

日大保健体育事務局はその名称どおり、運動部の有名選手たちが大学に職を求めるにあたり、職員として配属される部署だった。裏社会の影のちらついてきたそこが、会頭の古田重二良や保健体育事務局長の橘喜朔時代から大学組織の中枢として機能してきたといえる。

住吉連合会の小林に連なるというボクシング部の村中は、学生時代に全日本ウェルター級1位にランクインした輝かしい戦績を残している。全日本大学王座決定戦で11回の優勝を果たしている名門日本大学のボクシング部の長い歴史のなかでも、屈指の名選手として知られる。日大を卒業した村中は相撲部出身の田中より一足先に大学に採用され、保健体育事務局の職員として日大に残って後進の指導にあたるようになった。元アメフト部監督の内田が最初に配属された日大保健体育事務局では、田中が内田の上司で、その上司が村中という関係だったという。

「私が就職したときの田中先生は、たしかまだ保健体育事務局の主任だったと思います。その上がボクシング部出身の村中課長、さらに森山憲一事務長、山本厚課長という二人がいて、トップの局長が浜中一泰先生でした。就職したばかりの私自身の体験でいえば、あの（元安藤組組長の）安藤昇さんが局にやって来て、お茶を出したこともあります。学生や他の職員がいないときは、新米の私がその係になるのです。浜中局長がしばしば安藤さんをお連れするので何度もお目にかかりました。昔は局自体にそういう関係がありました。森山先生はのちに高校相撲界の強豪である埼玉栄の理事長になりました。また森山先生は長崎出身で、学生時代には芝浦にある住吉会の大親分の家に住み込んでいたこともあったみたいです。親分が飼っていた愛犬の散歩係をしていたと聞きました」

安藤は終戦間もない混乱期に法政大学の前身である法政予科を中退して愚連隊を結成し、渋谷を中心に暴れまわった。作家の安部譲二も安藤組の組員だった時期がある。安藤は東京出身だが、地方から上京した同世代の私学生にも似たようなケースが多かった。明治大学を卒業したあとに就職先に困り、その筋の厄介になったのが高倉健だ。福岡出身の高倉にも、住み込み先の住吉会系組長宅から東映の撮影所に通った時期がある。喫茶店でプロデューサーの目に留まり、俳優デビューを果たしたのは有名な話だ。終戦の混乱期から高度経済成長期に入るまでの日本では、それほど私大や芸能・スポーツ界と暴力団組織が密接な関係にあった。内田はさすがに言葉を選び、やや迷いながら説明を続けた。

「森山先生も大学時代に組長宅の住み込みをやる傍ら、応援団の部長をしていました。応援団には古田重二良先生、加藤修先生（元日大理事）、森山先生という系譜があり、加藤先生は日大紛争の頃からの応援団のボスで、その弟子筋が森山先生でした。それで森山先生は卒業して大学の本部に就職し、私がいた頃には保健体育事務局の次長になっていたわけです」

田中が日大職員として活躍できた原動力は、やはり相撲である。日大相撲部のエースとして活躍し、アマチュア相撲界のタイトルを総なめにした田中英壽は、「アマ相撲の大鵬」の異名をもつ。学生時代から会頭の古田重二良や保健体育事務局長の橘喜朔に目をかけられ、特別待遇を受けてきた。田中が成り上がる初めの段階は、相撲部員や主将、コーチであり、左翼学生を抑え込んできた実績もそこに加わったといえる。

田中は1969（昭和44）年に発足した鈴木勝総長体制の下でも、職員として着実に力をつけ、大学本部の首脳陣に認められる。田中の出世の次の段階が保健体育事務局の事務局長として運動部を束ねてきた時期であろう。

田中英壽は1973（昭和48）年から保健体育事務局に勤務し、99（平成11）年9月に理事を拝命した。このあたりで飛躍する足掛かりをつかんだ。きっかけは瀬在兄弟の総長就任である。

## 瀬在幸安総長実現に向けた暗躍

日大の歴代総長には、二人の瀬在がいる。一人が9代目総長の瀬在良男だ。1926（大正15）年、長野県に生まれ、50（昭和25）年3月に日大法文学部文学科を卒業している。卒業後は文理学部教授として哲学者の道を歩んだ。もっとも、彼の総長在任期間は93年9月から96年8月までの1期3年間でしかない。

そして次の10代目総長が瀬在幸安だ。瀬在良男の4歳違いの実弟である。瀬在兄弟はそろって日大総長に就いている。弟の幸安は60年3月に医学部大学院医学研究科博士課程（外科学）を修了して医学博士となる。米国オレゴン大学のフルブライト奨学研究員に選ばれたあと、心臓外科医として斯界にその名を轟かせた。日大では医学部教授や医学部長、兄の総長時代に副総長となる。96年9月に総長に就任し、そこから05年8月まで実に3期9年にわたる長期政権を築いた日大屈指の実力総長である。

田中の出世は、この瀬在幸安時代に顕著に見られた。この時代に日大理事を経験した岩本彪（仮名）が打ち明ける。

「私にとっては、瀬在さんよりむしろ古田後の理事長になった柴田勝治先生が印象深いですね。アマチュアボクシングの名選手として、ＪＯＣの委員長まで務めた立派な方でした。田中氏と違って世間を味方につけ、無茶苦茶なことをせずに学校を隆盛に導いた方です。その柴田先生が長いこと理事長を務めたあと病気になり、意識もないような状態のなか、日大の駿河台病院で息を引き取ってしまいました。そのあとに総長になったのが瀬在のお兄ちゃん（瀬在良男）でした。お兄ちゃんは真面目な哲学者ですから、大学運営も任せられる、と理事たちの意見が一致し、総長と理事長を兼務することになりました。トップがいたほうが大学の運営上いいだろうという判断でしたね」

93年に総長となった瀬在良男は96年夏、総長任期の改選を迎えた。瀬在の場合は理事長を兼務しているので本来はその必要がないが、原則として総長が理事長を選ぶ。つまり理事長人事も総長の胸三寸となる。

絶大な権限を持つその総長ならびに理事長は、理事の投票により決定される。が、総長在任期間に他の理事が交代すると、総長・理事長の予備選挙がおこなわれる。そしてこのときも予備選挙が計画された。そこで予想外にも実弟の瀬在幸安が立候補したのである。元理事の岩本はこう話した。

「もともと良男先生が総長の2期目に臨もうとした選挙は、本人の当選が確実と見られていました。ところが、予備選をしようとなったとき、弟の瀬在幸安先生がとつぜん手を挙げた。良男先生は驚かれたわけです。幸安先生は有名な心臓外科医で、若いし活力もあった。それで、お兄さんが選挙を降りてしまいました。そうして最終的には理工学部の和井内(徹)先生、法学部の柳澤(弘士)先生らとの選挙戦になり、幸安先生が勝って総長の椅子を手にしたのです」

このとき瀬在幸安陣営で選挙を取り仕切ったのが、田中英壽だった。日大では各学部の学部長が自動的に理事となり、そこにいたる学部長選がある。その学部長選では事務局職員の投票が大きくものをいうのである。学部長選の投票権は課長以上の中堅幹部職員に与えられ、総数は2800人前後にのぼる。

その職員票を束ねてきたのが田中にほかならない。先に書いたように田中は、日大の学校運営に大きな権限を持つ保健体育事務局で主任、課長、次長と順調に役職を重ね、事実上、局を取りまとめてきた。他の学部の事務局長からも一目置かれた田中は、各学部の事務局にも睨みをきかせるようになる。そうして幹部職員に働きかけ、学部長たちの理事票を束ねて兄の良男を引きずり降ろすべく、弟の幸安を神輿に担いだ。幸安の後ろ盾として、学内の理事票を取りまとめたのだという。元理事の岩本が言葉を足す。

「田中氏にしてみたら、幸安先生を唆《そそのか》して総長にすれば、さらに自らの出世の道が開けると考えたのでしょう。総長選の結果、幸安先生が総長、理事長には森田賢治先生が就任しました。森田先生は1923（大正12）年生まれのお爺ちゃんで、戦後、日大経済学部を卒業して公認会計士になったけれど、人のいい穏健派。田中氏には総長と理事長を分ければ、総長の権利を殺《そ》げるという計算も働いたのでしょう。田中氏にとってはそのほうが幸安先生を操りやすい」

第10代瀬在幸安総長体制の下、田中は出世街道を駆けあがった。99年9月に理事となり、翌2000年には念願の保健体育事務局長に就く。01年には、校友会本部の事務局長となり、そこから校友会本部長や副会長となる。まさに次々と重要なポジションを得ていき、02年9月には学校法人ナンバー2の常務理事に昇進した。

そこまで田中が出世できたのはなぜか。その力の源泉は大きく二つあった。一つは運動部が所属する保健体育審議会（保体審）とそれを管轄する保健体育事務局、そしてもう一つが校友会の掌握である。保健体育事務局と同時に、田中は世界中にいる120万人以上の卒業生を束ねる日大校友会を支配してきたといわれる。校友会の存在について、詳しくは章を改めるが、この二つが田中の出世の道を開くエンジンとなったのは、当人のプロフィールが如実に物語っている。

参考までにいえば、保体審に所属する運動部には、監督やコーチのほか部長がいる。日大では、各運動部の部長に各学部の学部長、副部長は本部の部長や学部の事務局長クラスが兼務する慣例があった。時期により多少の違いはあるが、たとえば次のような具合だ。アメフト部の部長は文理学部長、野球部は生産工学部長、ゴルフ部は医学部長、バレーボール部は歯学部長、馬術部は旧農獣医学部の生物資源科学部長、陸上部は国際関係学部長、スキー部は商学部長、スケート部は危機管理学部長、ボート部は法学部長、空手部は経済学部長……。相撲部の監督は田中でも、部長は工学部の学部長が務めてきた。元理事の岩本が補足する。

「運動部の部長ポストの人選や振り分け方については、各部の活動拠点に近いなどという曖昧な理由で、明確な基準はありません。実態は、保体審や保健体育事務局の実務面を押さえている田中氏の胸三寸だったといったところでしょう」

保体審に所属してきた運動部は年に数回、「部長・副部長・監督・コーチ会」と銘打って原宿の中国料理「南国酒家」で全体の会合を開く。中華料理のフルコースが振るまわれるテーブルを囲みながら、互いのコミュニケーションを図るという趣旨だ。もとより教学部門の学部長たちは運動部出身ではない。だが、試合に足を運び、有名選手から「部長」と持ち上げられれば、気持ちのいいものだそうだ。たしかに水泳部の部長が池江璃花子と学内ですれ違い、「こんにちは」と挨拶されれば、心地いいだろう。これもまた、田中の人心掌握術・人脈づくりの一つなのであろう。運動部の部長に推薦された学部長は、たいてい田中シンパになった。

相撲部の総監督として、数多くの教え子を角界に送り込んだ田中の手腕は、学内にとどまらず、やがて広く政官財、果ては裏社会にまで聞こえていった。日大幹部職員の安永貞夫(仮名)が、保健体育事務局や運動部中心のシステムの欠陥について指摘する。

「相撲部やアメフト部をはじめとする日大の運動部は、本部の保健体育事務局や保体審の下にぶら下がってきました。本来、大学の運動部は教学部門に置かれるべきです。しかし日大では本部直結の保体審が、相撲部やアメフト部などのメインの運動部を監督下に置いてきました。それ以外の運動部やサークルは各学部の学生課が管理してきましたが、主要な運動部は本部の直轄でした。学部長だけが部の責任者である部長でしたが、運動部を本部の直轄部隊にしてきたのは、日大紛争から続いてきた古田体制の名残りだったのかもしれません」

相撲部はもとより、主要な日大運動部に目を光らせてきた田中は、05年7月に校友会会長に就く。日大職員として出世の階段を駆けあがっていった。

そして瀬在幸安とも袂を分かち、08年9月、ついに理事長に昇りつめる。瀬在との暗闘の末、古田を凌ぐ日大のワンマン理事長が誕生するのである。

保体審ならびにその事務局と位置付けられてきた保健体育事務局は、18年のアメフト部の反則タックル事件を契機に改められた。ここから保体審は形の上で理事長ではなく教学の長である学長が管理する「競技スポーツ部」となる。が、本部の管轄という点では変わらず、看板の付け替えに過ぎなかった。とうぜん田中支配は続いた。

第五章

# 地下水脈に通じた田中帝国の誕生

1991年7月、戦後最大の経済犯罪と呼ばれたイトマン事件の主役として逮捕された許永中。幻となった「2008年大阪五輪」プロジェクトで日大常務理事だった田中英壽と許は連携していた（写真：共同通信社）

## 日大を支配する保体審と校友会

田中英壽が理事長に選出された2008年は、奇しくも日大闘争から数えて40年にあたる。師と仰いだ古田重二良《じゅうじろう》体制が1969年に幕を閉じ、田中は古田の築いた巨大な私学運営の手法を引き継いだ。かつての古田時代と同じように、田中は大学トップとして政官業から右翼・暴力団にいたる地下水脈とつながり、そこには巨大な利権が渦巻いた。日大はやがて田中帝国と呼ばれるようになる。

学内では相撲部やアメリカンフットボール部を中心にした保健体育審議会（保体審）傘下の主要な運動部の関係者が幅を利かせ、会員120万を超えるOB組織の校友会が大学運営に大きな影を落とした。前章に書いた瀬在幸安総長の担ぎ出しにも、運動部を束ねる保体審と校友会が機能したといっていい。校友会の統治により大学を支配するやり方は、古く古田会頭や鈴木勝総長体制の頃から日大に連綿と続いてきた。田中はこの二つの組織を掌握することにより、大学を支配する。ワンマン理事長の座を盤石にし、5期13年の長きにわたり学内外で絶大な権力を振るってきたのである。

世界中に会員がいる日大校友会には、桜門会という正会員で組織されたＯＢ会もある。校友会は学内に置かれた16学部別の支部をはじめ、全国47都道府県に張り巡らされた地域支部、さらに建設、通信、サービスといった業界ごとの職域別の校友会、10カ所ある海外の特別支部などにより構成されている。支部それぞれが施設を所有して会報を発行し、毎年日大本部に集まって全国校友大会を実施する。校友を深めるための会報は卒業生だけでなく、現役の学生にも配布され、学生の就職活動や卒業生の経営する企業のビジネスにも役立ってきた。

学校法人は文科省や自治体などの所管省庁に「寄附行為」制度を申請しなければならない。一般の会社における定款のような規則だ。学校法人には５人以上の理事と２人以上の監事を置かねばならないという決まりがあるが、それも寄附行為制度に則っている。その寄附行為に、日大校友会の会則が明記されている。

たとえば16の学部ごとに置かれている校友会支部長は、日大を卒業してから25年以上経っていないとなれない。しかし歴史の浅い危機管理学部とスポーツ科学部には、そんな古参のＯＢがいないため、支部長は教職員がその任に就いてきた。また北海道、東北、東京を除く全国の地域支部長には、関東、東京、甲信越、中部、近畿、中国、四国、九州・沖縄の各地域ブロックから１～２人が選ばれる。日本大学校友会会則の第７条には、その校友会を取り仕切る役員規定もあり、会長１名、副会長42名以内、監事若干名、常務委員80～１５０名、委員１５０～３００名と記されている。校友会トップの会長は役員のなかから選ばれる決まりだ。田中英壽はその会長になり、120万のOBを掌握した。

日大には他の私学同様、大学運営を決める理事会のほか、それをサポートする評議員会が置かれている。理事は2024年9月現在で23人、評議員は49人いる。理事、評議員ともに、原則として教授や学部長、日大附属高校の校長といった教学部門、学部の事務局から派遣される幹部職員で構成されるが、それだけではなく、校友会からも理事や評議員が送り込まれる。評議員は25～40人程度、さらにそのなかから7～8人が理事となる。そして校友会出身者が、大学運営における重要決定事項のキャスティングボートを握る。それだけに学部長や事務局長も校友会に気遣ってきたのである。

日大校友会には卒業者個人や支部などの団体に所属する正会員のほか、在学生も準会員として扱われ、さらに会員推薦による特別会員などもいる。正会員と準会員は年会費を納めなければならないが、数が多いだけにトータルの金額は莫大だ。年会費は所属する支部や部会などによって異なり、平均的な年会費は1万円前後だという。仮に7000人の学生がいる法学部なら、在学準会員から1万円を徴収しただけで、年間7000万円の会費が集まる単純計算になる。もとより大学を卒業した正会員はその何十倍もいるわけだから、数十億円の資金が集まる。ものすごい組織である。田中の側近として日大本部に勤務してきた理事の一人、辺見隆太（仮名）は校友会の内部事情に詳しい。

「学部ごとの校友会支部は、ばらばらに会費を集めるので財政事情に差が出ます。いちばん豊かなのが、学生数の多い理工学部と医学部でしょう。医学部は学生数が少ないけれど、集まる一人あたりの額が違う。医学部や歯学部の親や学生は裕福ですから、校友会も会費を集めやすいのです。医学生は卒業して医者になるとき、一人あたり年に10万円ぐらいを平気で払います。年に200人ほど卒業しますから、10万円として2000万円。裕福だから理工学部と医学部の校友会支部には、事務局に専任の職員を雇っています。なおかつ医学部校友会は生命保険の代理店までやっていますので、そこでも資金ができる」

学部ごとに置かれている校友会支部は、奨学金制度や資格試験報奨制度を通じて寄付を募る。集めた資金の8割方を現役学生の支援にまわす一方、余剰資金もけっこうある。それがゴルフ会や懇親会と称する校友会幹部の遊興費に化けるのだという。

古田なきあとの日大では、いっとき校友会という巨大組織を完全に統治できるような力のあるリーダーが途絶えた。田中はそこを見逃さなかったといえる。日大幹部職員の安永貞夫(仮名)は田中が校友会に食い込んだ経緯について、次のように話した。

「田中先生が校友会本部の事務局長となった01年頃、日大校友会は最も混乱していたのではないでしょうか。瀬在幸安総長の2期目の途中だったと思います。校友会それぞれがばらばらに動いて会費すらろくに集めないところもありました。支部によっては運営予算を大学本部から受け取って成り立っていた。その大半が打ち合わせと称する校友会幹部たちの飲み食いに消えている始末。ＯＢの年寄りたちが好き勝手にやるインナーサークルと化していました。そのくせ校友会は依然として評議員や理事を選出する権利があり、大学運営にもいちいち口を出す。それで余計に混乱していました」

田中英壽はそこをとらえ、自らの存在感を示したという。安永が続ける。

「校友会事務局に乗り込んだ田中先生の動きは、目を見張るものがありました。本人もまだ50代半ば過ぎでやる気満々。『校友会を改革する』と声をあげ、本部で毎週のように改革に向けて会議を開催し、次々と手を打ちました。全国各地の支部の会合に精力的に顔を出す一方、上京してきた地方の役員や幹部とも気軽に酒を酌み交わし、あちこちに『田中シンパ』を生んだ。そうして着々と自らの権力基盤を固めていったのです」

瀬在幸安が総長3期目に突入した02年9月、田中は理事から常務理事に昇進した。さらに校友会の本部事務局長から会長の座を射止める。運動部の総本山である保健体育事務局、保体審に加え、巨大ＯＢ組織の校友会を握った田中は、ここから大きく飛躍する。

## クリントンに5000万円のギャラ

田中が神輿に担いだ瀬在幸安は、日本初の冠動脈手術に成功した心臓外科医として知られた。医師として非常に優秀であるが、大学の財政や運営面には、あまり関心がなかったようだ。私大は私学助成という税金の恩恵に浴している高等教育機関である。他方、企業と同じくトップには経営感覚が欠かせない。大学運営にもビジネス感覚が必要である。だが、総長になった瀬在はそこにあまり関心がなかったのかもしれない。そのせいで、幹部たちの不満が募っていったようだ。元理事の辺見が言葉を足す。

「結局、瀬在幸安さんは自らの名声のために日大を引っ掻き回しました。有名人好きで、米国のクリントンやソ連のゴルバチョフを日本に呼んで日大の大講堂で講演会をやらせています。二人にかかるギャラが、それぞれ日本円で５０００万円と法外でした。おまけに彼らはスタッフとともにファーストクラスの飛行機で日本にやって来て、宿泊は帝国ホテルのスイートルーム。それだけ優遇してもクリントンなどは自分の親友の奥さんが亡くなったと突然言い出し、講演をドタキャンしたことまでありました。瀬在さんはそれに懲りず、クリントンを呼ぶんだから、呆れました。挙句、名誉学位までプレゼントするんだからね」

たしかに瀬在は著名人との交流を好んだ。米大統領をジョージ・W・ブッシュに譲ったばかりのビル・クリントンの記念講演は02年5月に開かれた。日大側はその1年前の01年5月に講演を依頼していたが、友人の不幸を理由にいったん9月に延期された。折悪しくその９月11日にニューヨーク同時多発テロが起き、日大講演はさらに半年以上ずれ込んだ。ようやく念願かなってクリントンを招聘した瀬在は、日大会館で満面の笑みをたたえ、日大名誉法学士を授与した。米大統領の名誉学士はアイゼンハワー以来二人目となる。

また、ソビエト連邦最後の指導者であり、ソ連初の大統領となったミハイル・ゴルバチョフはノーベル平和賞を受けたあと、瀬在が03年11月に日大に招いた。「9・11以降における国際社会」と題した基調講演のあと、瀬在はゴルバチョフにも市ヶ谷にある日大本部の日大会館で名誉学位（国際関係博士）を贈呈している。おまけに瀬在は翌04年5月、モスクワの国際問題研究機関「ゴルバチョフ財団」の総裁に就任したゴルバチョフを訪ね、日大で開設を予定していた総合研究大学院の国際諮問委員会委員を委嘱した。それだけでなく日大は海外の研究機関との提携の一環と称してロシアの学者を日大に招聘し、彼らに一人あたり年間1000万円を超える報酬を支払ってきたという。

心臓外科の名医だった瀬在は経営感覚の乏しい大学トップだった。もっとも神輿に担いだ田中にとってはそのほうが都合はよかったのかもしれない。幸安総長の後ろ盾となって放漫経営を見逃してきた一方で、田中自身もまた、やりたい放題だった。

## 許永中神社に刻まれた二人の田中

瀬在兄弟の総長時代、理事や校友会事務局長、常務理事や校友会会長と要職を歴任してきた田中は、その存在を学内に轟かせた。あの許永中との関係が取り沙汰されたのは、まだ兄の瀬在良男が総長だった頃にさかのぼる。それは日本のバブル景気が消し飛び、経済事件が頻発した時期と重なる。始まりは戦後最大の経済犯罪と呼ばれたイトマン事件だ。日大の田中はここにも登場した。

大阪地検特捜部が１９９１（平成３）年7月、住友銀行グループの老舗商社イトマン前社長の河村良彦や前常務の伊藤寿永光らとともに、在日韓国人実業家の許を逮捕した。事件の主役として注目された許は、逮捕・勾留されたあと、保釈される。そこから新たな行動を起こした。母国で開催された88年ソウル五輪の成功を見た許は、生まれ故郷の大阪で08年夏の五輪開催を計画する。そこに田中が力を貸したのである。

許は大阪五輪における目玉の新種目にアマチュア相撲を加えようとした。このとき石油卸商社「石橋産業」が許の金主となる。許は石橋産業のオーナー一族と会った初対面の宴席で、彼らの目の前に10億円もの現金を積んで言った。

「ひとまずこれを自由に使うてください」

実のところ10億円は、許がそれまでに買い占めた中堅ゼネコン「新井組」の株式などを担保に金融機関から借りた金だった。許はオーナー一族に石橋産業グループの若築建設と新井組との合併を持ち掛け、そのための政官界工作資金として用意したのだと嘯いた。石橋産業側はこの突拍子もない行動に度肝を抜かれ、許に従っていく。そのあと借金でクビがまわらなくなった許は96年4月から6月にかけ、石橋産業の振り出した179億円の手形を詐取した。これが世に聞こえた石橋産業事件の始まりとなる。

そして許はこの石橋産業事件でもう一つ舞台装置を用意した。それが2008年大阪五輪開催構想だ。許永中は石橋産業のオーナー一族に大阪五輪の夢を語り、五輪の競技種目に相撲を加えようと角界にも働きかけた。結果、日大相撲部の総監督をしていた田中英壽と稀代の経済犯が結びつくのである。

かつて「迎賓館」と称された数寄屋づくりの許の大邸宅が、JR大阪駅から20分ほど歩いた中崎町にあった。敷地面積にして5000坪以上あった豪邸の玄関先に広い駐車場があり、そのわきに「不動照人」と彫られた大きな石碑が建っていた。細い道路を隔てた向かいには鳥居もある。正式名称は「茶屋町西向不動尊」だが、近所の住人はここを「許永中神社」と呼んだ。

その鳥居を潜ると、父親の愛人が信仰していた不動明王が睨みを利かせていた。神社の建立は96年12月となっている。そこにはいくつもの石碑や石灯籠が並び、石碑に寄進者の姓名が刻まれていた。

〈田中森一、山段芳春、吉永透、井手野下秀守……〉

いずれも許と因縁浅からぬ人たちである。東京地検特捜部OBの田中森一は00年3月、石橋産業事件で許とともに東京地検に逮捕されたヤメ検弁護士だ。06年に懲役3年の高裁判決を受け、08年3月に刑が確定した。吉永透は元大阪地検特捜部長で、イトマン事件以来、許の刑事弁護人を務めてきた。山段芳春は京都の金融界を牛耳る黒幕、井手野下秀守は石橋産業事件捜査の渦中に亡くなった元住友信託銀行役員だ。

そして石碑には、田中森一以外にもう一人の田中も刻まれていた。

〈境川尚、田中英寿、金雲龍……〉

繰り返すまでもなく、大相撲の境川親方に続いたのが、日大相撲部監督をしてきた田中英壽である。田中も許の迎賓館に招待されていた一人で、石橋産業が巨額の手形を振り出したひと月ほど前には、日大の田中が許の自宅を訪ねている。事件の被害者として石橋産業グループオーナーの義弟である林雅三が東京地検特捜部に提出した陳述書には、以下のような記載もあった。

〈96年3月に大阪の許永中の自宅を訪ねた際、相撲協会の境川理事長と田中常務理事（注＝当時は理事）が同席しており、許は08年のオリンピックは大阪開催が有力だが、自分は大阪に国技館を作ろうと思っている……〉

田中と同じく石碑にある金雲龍は、韓国オリンピック委員会（KOC）会長にして、国際オリンピック委員会（IOC）の元副会長というアマスポーツ界の大物だ。02年サッカーの日韓ワールドカップ開催の立役者でもある。彼らはアマチュア相撲を新種目に加えようとした許の大阪五輪構想には、欠かせない存在であった。

許永中神社は一連の事件後、迎賓館とともに取り壊されて今はない。かつてその寄進者にはほかの名もあった。〈田中英寿〉と並んでいたのが夫人の〈田中優子〉(本名・征子)だ。そしてここには〈瀬在幸安〉の文字も刻まれていた。先に書いたように石碑の建立は96年12月だから、瀬在総長の1期目がスタートした3カ月後にあたる。折しも2000年以降、許永中や大阪五輪構想について日大の学内では瀬在に関する新たな醜聞が広がっていった。

田中と許の関係が取り沙汰されたときに対応した日大理事の一人、岩本彪(仮名)に会うことができた。こう明かす。

「実は、この件は民放テレビ局のスポーツ担当記者に漏れ、記者が日大に取材にやってきました。ところが瀬在先生は、石碑にご自身の名が彫られていることを知らなかったといいます。ひょっとすると、寄進は田中氏の一存でやったのかもしれませんが、田中氏に聞くと、瀬在先生も了解済みであるかのような話をしていました」

## 大阪五輪のためのIOC工作

日大における五輪関係者の著名人といえば、水泳の古橋廣之進が真っ先に思い浮かぶであろう。古橋は日大法文学部時代の1949（昭和24）年8月、ロサンゼルスでおこなわれた全米選手権に招待され、次々と世界記録を打ち立てる。日本人の得意な平泳ぎではなく、自由形の選手として大会に出場し、400メートル4分33秒3、800メートル9分33秒5、さらに長距離の1500メートルでも18分19秒0という驚異の記録を弾き出し、米国選手を圧倒した。現地の米紙が「フジヤマのトビウオ」（The Flying Fish of Fujiyama）と絶賛したものだ。世界的スイマーとしての功績が認められた古橋はその後、日大の名誉教授となり、日本オリンピック委員会（JOC）の会長に就いた。

一方、田中は相撲という五輪競技にない分野からの選出枠で、94年にJOCの理事になったばかりだった。JOC内ではむしろよそ者扱いだったといえる。だが、許は五輪構想においてレジェンドの古橋には近づかず、田中を取り込もうとした。それは裏社会に通じる自分自身と同じ匂いがしたからかもしれない。実際、田中はすっかりその気になり、大阪五輪のために奔走した。

五輪開催に向けた交渉相手は、IOC会長のファン・アントニオ・サマランチである。しかし、田中にはサマランチと交渉できるほどの伝手などない。そこで田中と許は韓国KOC会長とIOC副会長を兼務する金雲龍にサマランチとのパイプ役を頼んだ。金は外交官出身で日本語も流暢に話せる。許の盟友でもあった。

「今度の大阪五輪では、日本の国技である相撲を競技に入れたいと考えています」

そう頼んだ田中や金に対し、サマランチの反応は芳しくなかった。

「相撲は華やかではありませんね。けれども、競技として盛んなのは日本と韓国くらいじゃないですか。それに選手たちは病気ではないか、ともいわれています。あんなに太っていて糖尿病は大丈夫？」

もちろんジョークだろうが、田中には残念な言葉に聞こえた。日大の理事たちにサマランチと会ったときの会話について、先の岩本が言う。

「ＪＯＣのなかでも、非オリンピック競技推薦の理事は立場が弱い。けれど、田中氏もオリンピック競技に相撲を入れたい一心でした。それで、許永中を通じてＫＯＣ会長の金雲龍さんに近づいたのだと思います。佐田の山が日本相撲協会の理事長だった頃、なんでも大阪湾の人工島、舞洲でオリンピックをやる、と許永中が計画を立て、建設会社も決めていたそうですから」

だが、大阪五輪の計画はとん挫した。周知のように夢洲《ゆめしま》にはその後、２０２５年大阪・関西万博とＩＲ（カジノ統合型リゾート）の構想が浮上し、万博の開催会場となる。

## 相撲五輪のための金雲龍と瀬在の密談

許永中と田中英壽にとって、相撲五輪構想は共通の夢だったに違いない。許はイトマン事件で逮捕される前から相撲興行に興味を持ち、熊本にある吉田司家に接触してきた。

相撲通のあいだで知られる吉田司家と相撲とのかかわりの始まりは、初代当主の吉田家次のときの平安時代末期にさかのぼる。家次は後鳥羽天皇の宮中相撲の行司に任じられ、江戸時代に肥後熊本藩細川家の家臣となった。これ以降、力士や行事は熊本の吉田司家からその免状を授かってきた。横綱になるにも吉田司家の承認を必要とされ、歴代の横綱は熊本の吉田司家で土俵入りをして初めて認められてきた。

そんな吉田司家の25代当主である長孝がバブル経済の崩壊後、許永中に伝来の宝物を3億円で売り払ってしまったのである。許は相撲の総本山であり、地方巡業にも影響力のある吉田司家を乗っ取り、相撲界に楔を打とうとしたのであろう。そのあたりから日本相撲協会理事長だった境川尚に近づいた。改めて説明するまでもなく、境川は現役のしこ名を「佐田の山晋松」といい、出羽海部屋に所属した第50代横綱である。出羽海部屋を継いで相撲協会の理事長になったあとに境川と名跡を交換し、出羽海智敬改め境川尚を名乗るようになる。それが96年のことで、許永中神社が建立された年である。

その1年前の95年6月、まだ出羽海だった境川は終戦50周年記念として、太平洋戦争の激戦地だった硫黄島を慰問した。この慰問を計画したのが許永中にほかならない。許は当時、人気絶頂だった貴乃花と曙の両横綱を引き連れ、境川とともに自衛隊の航空機を仕立てて硫黄島に渡った。両横綱は硫黄島で慰霊の土俵入りをしている。慰問団一行で記念撮影をおこなったスナップには、関取に交じって許本人も隅に写っている。

それらは、すべて大阪の相撲五輪のためだった。世界中にはそれぞれの国にオリンピック委員会がある。委員になるのは大変な名誉のようにとらえられているかもしれないが、実はそう難しくない。実際、イトマン事件の刑事被告人だった在日韓国人の許もまた、KOCの委員だった。それはロビー活動の賜物という以外にない。

やや旧聞に属するが、「大阪国際フェリー」という日韓定期航路を開設した許永中は、86年のミスユニバース世界大会の韓国選考審査委員になっている。日本にたとえるなら、ミスニッポンの代表選考会のメンバーだ。おまけに許は自ら選考したミスコリアたちを日本に呼んでパーティーを開いた。86年10月の韓国の女性誌『週刊女性』のカラーグラビアにその模様が紹介されている。

〈日本に招待されたのは八六年度のミスコリア六人。それに、八四・八五年度のミスコリアたちまで加わった。総勢十人もの美女軍団が日本最大のパレードである「八六年大阪御堂筋パレード」に参加した。おまけに美女たちは帰国する前に東京に立ち寄り、中曽根首相を表敬訪問した〉(10月19日発行同誌)

その集合写真を見ると、「MISS　KOREA」のたすきをかけた韓国美女たちが中曽根康弘を囲んでいる。純白のチョゴリをはじめ、緑や赤、黄と色とりどりの民族衣装をまとってにこやかに微笑む美女たちの真ん中で、中曽根本人が嬉しそうに薄ら笑いを浮かべていた。もとより首相表敬の仕掛人もまた、許永中である。

一方で、許永中神社の寄進者となっている日大総長の瀬在幸安は、大阪の相撲五輪計画とどのようなつながりをもっていたのか。そう問うと、先の岩本は次のように答えた。

「瀬在先生が総長になる少し前でした。96年の前半だったかもしれません。『野村永中っていう人を知っていますか』と先生から尋ねられたことがありました。彼は日本名と韓国名を使い分けていましたから、まだ許永中という本名を知らなかったのでしょうが、どこかでその名前を聞いたのでしょうね。そのあと赤坂にある『ざくろ』というしゃぶしゃぶ屋に連れていかれました。すると、そこには田中氏と極真空手の松井館長がいて、金雲龍さんとも引き合わされました」

極真会館の松井章圭は許と同じ在日韓国人で、許のボディーガードをしていた時期もある。何かにつけ許が目をかけてきた同胞だ。先に書いた大阪・中崎町の邸宅の隣には極真会館の支部が置かれ、許はときおり道場に顔を出した。岩本が金雲龍との会談について思い起こした。

「さすがに許さんはその場にいませんでした。けれど、金雲龍さんと田中氏が瀬在さんに相撲のすばらしさを切々と説いていました。金雲龍さんはすごい人だなと感心した覚えがあります。受け取った名刺が韓国の金泳三大統領の特任大使でした。許永中みたいな政商は、そういう人を抱えてきたんじゃないですかね。金さんは『私は五尺六寸、十八貫で、むかし日本で相撲をやっていました』という調子で熱心に話していました」

ちなみに許の盟友と呼ばれた金雲龍は、04年に横領や背任の容疑で韓国検察に逮捕されて実刑判決を受け、IOC委員の辞任に追い込まれた。

とどのつまり、瀬在幸安は総長になる前から田中英壽や許永中に搦めとられていたということではないか。前述したように田中英壽は瀬在の総長時代に常務理事に昇格し、ますます権勢を振るうようになる。

## 350ページにおよんだ調査報告書の中身

日大運動部を管轄する保体審や保健体育事務局を支配してきた田中英壽の原点が相撲だったことは、繰り返すまでもない。タニマチによって支えられているプロの角界と同じように、アマ相撲界にもカネが乱れ飛んできた。元理事の岩本はその現場にも遭遇しているという。

「田中氏にはやたらカネがありました。大学の運動部といっても、プロに進めるのは野球と相撲くらいしかない。そのなかで、とくに相撲界のスカウト合戦は熾烈を極めます。相撲部屋にはそれぞれタニマチがついていて、カネが潤沢にあります。田中氏は学生横綱やアマチュア横綱をはってきたアマ相撲界の有名人ですから、各部屋はその下で鍛えられた部員が喉から手が出るほどほしい。その日大部員をスカウトするにも、菓子折りだけというわけにはいかないですから、そこには金銭が発生します」

田中英壽が育て、角界に送り込んだ日大相撲部員は数多い。学生横綱の久島海や小兵力士の舞の海、人気のあった遠藤などはみな田中の愛弟子だ。元理事の岩本が続ける。

「田中氏が理事長になる少し前でした。田中氏が相撲部屋から大金をもらっている、という苦情が学校に殺到しました。たまさかそこへ許永中との関係が明るみに出た。大金を手にした田中氏が妙なカネを瀬在先生に上納しているのではないか、なんて投書やタレコミまで届くようになりました。それで、瀬在先生としても放置できませんでした。そうして学内に調査委員会を立ち上げたのです」

奇しくも、許が00年3月に石橋産業事件で逮捕され、政官業や相撲界にいたる裏工作が評判になった頃だという。瀬在総長の3期目に入ったばかりの02年秋口、投書をもとに日大の調査委員会が立ち上がった。皮肉にも田中自身は瀬在総長が3選した9月、理事から常務理事に昇格し、ますます学内を闊歩するようになっていた。それへの反発かもしれないが、なかには核心を突くような投書もあったという。岩本の話を聞いていると、日大に複雑に絡み合う裏社会と相撲界の水面下の動きが目に浮かんだ。

「総長の瀬在先生が自ら弁護士8人で構成した調査委員会を設置しました。東京地裁で判事としてロッキード事件を担当した半谷（恭一）弁護士が委員長になり、理事や事務局長たち大学関係者はもとより、ゼネコンやその出入り業者といった外部の関係者からも聴き取りをしました。10カ月ほどかけ、報告書は350ページにおよんだ。けっこうな調査でした」

昨今は団体、企業を問わず、組織に不祥事があるたびに第三者の調査委員会を設置する傾向がある。調査委員会は検事や裁判官あがりの弁護士で構成され、信用性を持たせている。ただし、必ずしも第三者委員会は万能ではない。それどころか、現実には、不祥事の実態や原因の解明にはほど遠く、曖昧な調査結果に終わるパターンがほとんどである。日大元理事の岩本も同じような感想を抱いていた。こう言葉を足す。

「調査委員会のレポートは『われわれは捜査機関ではない。だから田中氏を黒とは断定できない。黒に近い灰色だ』という結論でした。本来、田中氏から徹底的に聴き取りをしないといけないのだけれど、調査委員会は『田中氏は忙しいといって逃げる』と言い訳していました。それで、やむなく調査責任者の一人でもあった森田賢治理事長が『せめて田中氏に自宅謹慎を命じるべきだ』と主張し、担当理事がそれを田中氏に言い渡しました。けれど、結局のところまったく効果がありませんでした」

自宅謹慎を命じられた田中は平然と日大に出勤した。それを咎めようとした理事もいたが、当人は空とぼけた。

「日大には、常務理事に関する自宅謹慎なんて罰則規定はないでしょう。規則にあるのは職員に対する自宅待機だけだ。だから、私にはあてはまりません」

もっとも総長の瀬在をはじめとする日大首脳が常務理事の田中のクビに鈴をつけられなかった理由は、第三者委員会の限界だけではあるまい。それは別のところにあったような気がする。

瀬在が96年に総長に就任して3期目の終盤にあたる05年に入ると、許永中神社のことが日大常務理事会でも問題になる。日大の常務会には、総長の瀬在と理事長の森田、副総長や常務理事、監事といった面々が集った。さすがにこのときは瀬在自身も、さまざまな事件に登場してきた許永中という黒幕の存在を知っている。すでに許と田中の関係がマスコミに報道されていただけに、瀬在をはじめ首脳たちはその危うさに気づいていた。

「瀬在先生ご自身も、許永中の建立した神社に寄進し、石碑にお名前が刻まれているとのことですが、いかかでしょうか」

常務理事会でそう問われた瀬在は懸命に弁明した。

「柱（石碑）に僕の名前があるなんて知らなかったんです。それは田中君がやったことだから」

すると、常務理事の田中が口を挟んだ。

「しかし先生、（神社の）奉加帳にもご自身で署名しておられますよ。それでいて、知らなかったというのは通らないのでは……」

この事実が命取りになり、瀬在は4期目の総長選出馬を断念せざるをえなくなったのである。

かといって、常務理事の田中がすぐに瀬在に代わって日大のトップに就けば、世間の目がうるさい。田中自身もそう考えたのであろう。田中は瀬在に代わる新たな神輿を担いだ。

それが理工学部長の小嶋勝衛副総長だった。1940（昭和15）年、東京に生まれた小嶋は65年3月に日大理工学部建築学科の大学院修士課程を修了し、理工学部教授、理工学部長、副総長と教学を歩んだ工学博士である。小嶋は2005（平成17）年9月、瀬在のあとを受けて第11代総長・理事長に就任した。とうぜん学内では田中英壽の傀儡と見られた。

# 第六章 裏社会との腐れ縁

六代目山口組組長の司忍(本名・篠田建市、写真:時事)

## 失敗した田中排除

田中英壽を常務理事に引き立てておきながら、瀬在幸安は裏社会と通じて強引にことを進めようとする田中のやり方に一定の警戒心を抱くようになる。元日大理事の岩本彪(仮名)は、そんな瀬在の相談にも乗ってきた。

「瀬在先生は9年務めた総長のうち、最初の3年間は田中氏と良好な関係でした。しかし、2期目にあたる次の3年のなかで、とくに最後の1年は、田中氏の悪い噂が瀬在先生の耳に届くようになりました。すると、心は離れていくものです。そこで、田中氏とともに常務理事にした法学部出身の野崎良一さんと田中氏に後継を競わせた。おかげで野崎さんは力をつけ、逆に田中氏は彼を疎んじるようになりました。そうこうするうちブラック新聞に野崎さんのスキャンダルが出るようになった。それは田中氏の仕掛けではないか、と囁かれたものです」

組織によくある後継争いの類だろうが、日大の場合はそれがかなり醜い。野崎はいっとき理事長候補の一人と目された。

ところが05年に入ると、事態が動く。日大カザルスホールの建設談合疑惑が取り沙汰され、計画担当の野崎がやり玉にあがったのである。日大が主婦の友社から買収した音楽ホールを日本大学カザルスホールとして再開発しようとした計画だ。それは談合という刑事事件にこそ発展しなかったが、そこから野崎の理事長就任の芽が消えた。

そして田中の担いだ小嶋勝衛が05年6月の総長選に出馬する。しかし瀬在は諦めず、自らの後継者として東大から生物資源科学部教授に招聘した佐々木恵彦を推した。佐々木は東大農学部の元学部長であり、理事長になる資格は十分あったかもしれない。

「佐々木先生は次の総長に相応しい。私が推薦するからみなで応援してあげてほしい」

瀬在が理事たちの前でそう一席ぶち、実際に佐々木は総長選挙に立候補した。しかし、選挙の結果は小嶋の勝利に終わる。岩本がこのときの状況を説明した。

「日大の総長選は理事の投票によって決まりますが、実態は理事の後ろ盾になっている職員と教員の意向が大きい。そのため、票集めをするにも日大出身者が有利になります。それで小差でしたけど、佐々木先生は負けたんです。田中氏は瀬在先生の動きもわかっているから、是が非でも小嶋先生に勝たせたかった。結果、小嶋先生が総長になりました」

とどのつまり、職員と教員の両方を束ねている田中に瀬在が屈したといえる。瀬在は総長選から2カ月あまりのちの8月31日付で総長を退任し、9月1日から田中の推した小嶋に総長の椅子を譲り、小嶋が第11代日大総長の座を手に入れた。もっとも日大理事のあいだでは、先述した田中に関する第三者委員会の調査報告書が燻り続けた。岩本はこう悔やむ。

「6月の時点で小嶋総長体制が決まったわけですから、瀬在先生はそのあとの2カ月のあいだ引継ぎをしなければなりませんでした。そこで、瀬在先生は田中氏に関する調査報告書を小嶋新総長に託しました。小嶋先生に、『この調査は第一段階だから、このあときちんと完遂してください』と口添えして手渡したそうです。ところが調査はさらに進むどころか、第一段階の調査報告書でさえ、一向に表に出てこない。理事のあいだからは、『小嶋先生は総長室の金庫のなかに報告書をしまい込んだままではないか。総長選で田中に面倒を見てもらっているので逆らえないんだ』と囁かれる始末でした」

それどころか田中は、新たな小嶋総長人事によって森田に代え、常務理事から理事長への昇格を期待していたともいわれる。だが、その計算は狂った。小嶋は森田を退任させ、自ら理事長を兼務するようになったのである。岩本はそのあたりを冷静に分析する。

「小嶋先生は総長選のときには『僕が総長になったら、田中君が理事長だ』と調子のいいことを言っていたそうですが、総長になった途端、理事長を兼務すると言い出した。田中氏にとってはアテが外れた思いだったでしょうね。それで、小嶋先生は1期だけ総長を務めたあと田中氏に引きずり降ろされたんです」

もっとも反田中の動きはこれだけではなかった。やがて日大は政界を巻き込んで揺れていく。

## 幻に終わった「菅義偉」従弟の理事長就任

田中英壽は3年後の08年、総長選に酒井健夫を担ぎ出した。1966（昭和41）年3月に日大農獣医学部（現生物資源科学部）を卒業した酒井は、小嶋体制で05年9月から学部長と理事を務めてきた。林真理子理事長体制が発足すると、学長としてカムバックしてアメフト部の薬物事件に塗《まみ》れるが、このときは田中が総長に据えたのである。

工学博士の小嶋前総長と同様、酒井も獣医学博士という学者であり、田中はコントロールしやすいと見たのであろう。酒井担ぎ出しのきっかけは、東京の奥座敷として知られる湯河原の新年会だった。08年正月のことだ。以下、関係者の証言をもとに再現する。

「あけましておめでとうございます。大事なお願いがあります。正月早々ですが、これからお目にかかれないでしょうか」

芸術学部の学部長だった野田慶人から田中のもとに電話が入った。

「俺は家族といっしょに湯河原にいるから無理だな。あとにしてくれよ」

そう断った田中に対し、野田は食い下がった。

「お寛ぎのところ申し訳ありませんが、大事な要件なのでそちらに参ります。実は生物資源（農獣医学部）の酒井先生が今度の総長選挙に出たいとおっしゃっています」

それを聞いた田中は湯治場に酒井と野田の二人を呼び寄せた。

「田中先生のお力をお借りできませんでしょうか。そうすれば総長になれる……」

小嶋に裏切られたと考えている田中にとっては渡りに船だ。酒井に向かって言った。

「それは構いません。ただし条件が一つだけある。あなたが総長になったら、俺を理事長にしてください」

とうぜん酒井もその場で条件をのんだ。ここから田中が動き出した。日大本部に近い東京・市ヶ谷にマンションを借り、総長選に向けた「選挙対策室」までつくった。半年ものあいだそこで総長選の票集めをしてきたという。

しかし、いったん田中の理事長就任を約束した酒井には、田中のとはもう一つ別のグループがバックアップしていた。日大商学部出身の自民党代議士である古賀誠、それに古賀を政治の師と仰ぐ菅義偉たちだ。このとき二人は、古賀が党4役の選挙対策委員長、菅が選対副委員長というコンビでもあった。

政界ではあまり知られていないが、秋田出身の菅には菅脩という日大商学部出身の従弟がいる。58(昭和33)年卒の古賀と同じく、菅脩も58年商学部卒で、ともに商学部校友会の理事や会長を務めている。2024年11月現在は古賀が商学部校友会の名誉顧問で、菅が最高顧問となっている。

菅は東京都の職員から水道コンサルタントの「オリジナル設計」を興し、株式上場益を日大商学部に寄附している。ともに商学部校友会の大立者として学内で名が轟いている。この二人に加えて酒井には、文理学部出身の読売新聞元社長の内山斉も付き、3人が総長選で酒井に味方した。

田中と古賀という強力な後ろ盾を得た酒井は、08年6月の選挙で小嶋に勝利し、9月に念願かなって総長に就任した。だが、そこから田中と約束した理事長ポストを巡ってひと悶着ある。酒井は田中との約束を反故にしようとした。先の岩本が打ち明ける。

「酒井先生が田中氏に逆らった理由の一つには、文科省の指摘がありました。6月の総長選で選ばれた酒井先生は高等教育局長に挨拶に行った。そのとき局長から『大きな大学だから、頑張ってください。おめでとうございます』と激励されたのはいいのですが、『まさかあの方が理事長にはならないでしょうね』とクギを刺されたらしい。実は小嶋さんの総長就任のときもそうでした。文科省はよほど田中氏の悪名を気にしていたのでしょう。だから酒井先生は担がれたことを承知のうえで田中氏を理事長にできなかったのです。酒井先生は総長になったあと、いっさい田中氏の電話に出なくなり、田中氏はカンカンに怒っていました。で、酒井先生は他の理事に根回しすることもできないまま、最初の理事会に臨んだのです」

そして酒井は田中に代え、菅脩を理事長に据えようとした。むろん自民党の古賀一派にはそれを伝えていたのだろう。つまりここから古賀・菅とともに田中排除に動いたのである。総長に就任して最初の理事会が08年9月10日に開かれた。

「おかげさまで総長になりました、ついては理事長を商学部校友会長の菅さんにお願いしたいと考えています」

最初の理事会でそう発言した。しかし、田中が黙っているわけがない。

「それはおかしくないですか。理事の総意とは思えませんが」

田中はここで自ら理事長候補として名乗りを上げた。

もとより理事会には、自民党選挙対策委員長の古賀や読売新聞元社長の内山も出席していた。二人は校友会から推薦された大学本部の理事でもあった。そうして午後1時から開かれた理事会は大揉めに揉め、夜の8時までぶっ通しで議論が展開された。

はからずも08年秋といえば、首相の福田康夫が民主党に追いつめられ、麻生太郎に政権のバトンを渡すタイミングでもあった。古賀は党の選対委員長として多忙を極めていた。半面、日大の理事会は当人にとってもことのほか大事だったのであろう。

「私も古賀先生も忙しいなか、こうしてここにいるわけです。だからこれ以上、議論しても仕方ないでしょう。理事長は投票か挙手で決めたいと思いますが、いかかですか」

通常、理事長は総長が指名すれば、それで決まりだ。だが、このときは理事長選に切り替わった。そうして日大を支配してきた田中と、自民党の実力者や読売新聞元社長を味方につけた菅の一騎打ちとなる。むろん新総長の酒井は後者に乗った。

総長選にしろ、学部長選にしろ、大学の幹部選挙は多数派工作に成功したほうが勝つ。当時の理事は32人、酒井陣営は7票前後を固めていた。そのうえ古賀が肩入れしているので、理事の投票に持ち込めば勝てると踏んだようだ。

しかし、その思惑は外れた。田中はふだんから「若葉会」なる学部長の懇親会を主宰し、料亭で宴を繰り返してきた。現在、日大にある16学部は当時まだ14しかなかったが、それぞれの学部長は日大の理事を兼ねる。つまり若葉会は理事会における集票マシンの役割を担ってきたといえる。理事の大半を従えている田中が投票に負けるわけがない。7票の酒井に対し、田中は半数を優に超える20人近い理事票を抱えていた。すでに選挙前に勝負ありだ。

「理事長は田中先生以外にいない」

そう演説をぶつ理事が相次いだ。結果は案の定、棄権票も合わせて18対12、事実上、田中の圧勝に終わる。そして酒井総長の下、晴れて田中が理事長に就いたのである。

理事長選後の田中は投票時に約束を反故にして反旗を翻した酒井を許すわけがなかった。総長選でも理事票の大半を握る田中の威光が大きくものをいう。結果、第12代総長になった酒井体制もまた前任の小嶋と同様、任期1期3年、2011(平成23)年8月末に幕を閉じた。ただし先に書いたように教学部門の経験のない本人は総長にはなれない。田中はいったん酒井の後継に歯学部長の大塚吉兵衛を総長として立てた。そのあと田中は、総長制そのものを廃止する。

## 田中支配の完成、「不問」に付された脱税

大塚が総長に就いて1期目の中盤にあたる13年4月、日大は総長制から学長制に移行した。もともとより制度変更を主導したのは、理事長の田中英壽である。

高等教育機関という性格上、学長は理事長より高い序列に位置付けられているが、事実上、学校経営を統べる理事長が実権を握っているのはこれまで述べてきたとおりだ。日大をはじめ多くの私大では、その理事長の上に総長を位置付け、ときに総長が理事長や学長を兼務した。日大でもそれは同じである。

つまり裏を返せば、総長がいなければ、理事長が学内を牛耳ることができる。現在の林真理子理事長、大貫進一郎学長体制もそうなっている。

田中はそこを狙ったのであろう。日大では、総長制が廃止されたこの時点から、理事長の田中支配が完成したといっていい。それは理事長の座を追われる21年12月まで続いた。

もっとも、それで大学トップに君臨し続けた田中の悪評が消えたかといえば、むしろ逆だった。それだけ田中に対する反発も根強かったのだ、と再び元理事の岩本が語る。

「14年8月には、東京国税局の税務調査が入りました。学内のタレコミがあったのは間違いないでしょう。税務当局の狙いは田中氏個人の所得税違反という容疑だと聞かされました。誰が国

税に垂れ込んだのか、と田中氏が犯人捜しを始め、学内が大騒動になりました。最終的な税務署の処分までには1年以上かかりました。あのときは田中氏が巧妙に対処したのでしょう。学校が税負担する形にして乗り切ったように記憶しています。田中氏は無傷でした」

税務調査をした担当部署は、30人が所属する東京国税局課税第2部資料調査第3課だった。通称、「リョウチョーの2の3」と呼ばれる公益法人に対する調査部隊であり、ここからマルサの査察に発展するパターンが多い。

この税務調査により、田中関係の三菱東京UFJ銀行口座の存在が明るみに出た。具体的には相撲部のある阿佐ヶ谷支店にあった「日本大学相撲部　代表者田中英寿」名義が一つ、日大本部近くの市ヶ谷支店にも二つの口座が発見された。おまけにSMBC日興証券市ヶ谷支店(当時)の「田中英寿」名義の個人証券口座まで見つかった。

「相撲部屋のスカウト資金を株式投資にまわしているのではないか」

国税当局は相撲部屋と田中との関係からそう睨んで洗い出そうとしたようだ。事実、億単位のやり取りも確認されたという。だが、およそ1年5カ月におよぶ調査期間を経て田中については修正申告のみで事実上不問に付されている。

ところが、それは数ある日大疑惑の氷山の一角に過ぎなかった。このあたりから田中ならびに日大に関する醜聞がたびたび世間を賑わすようになる。たとえば田中と暴力団との交友もその一つだ。田中英壽と山口組や住吉会幹部とのツーショット写真は国会でも議題になった。

## 「六代目山口組組長」とのツーショット写真の真贋

銃刀法違反の罪で東京・府中刑務所に服役していた六代目山口組組長の司忍(本名・篠田建市)は2011(平成23)年4月9日、5年4カ月の懲役を経て刑期満了となり、刑務所から出てきた。マスコミが待ち構えるなか、皮製のハットを目深にかぶり、サングラスをかけた司は出迎えた黒塗りの高級車に乗り込んで都心へ向かった。警視庁組織犯罪対策部の捜査員が当時を振り返る。

「実は司は出所したあと、日大の板橋病院に入院しています。たしか7階の特別室だったと思います。このとき理事長に就任したばかりの田中も入院していました。それで、われわれは、二人が示し合わせてそこに入ったのではないか、と見たわけです。仮に司が身分を偽って入院していたら、詐欺容疑で逮捕することもできたけれど、そこまではしませんでした」

これ以降、暴力団員が身分を偽ってゴルフをし、詐欺容疑で逮捕される事件がたびたび見受けられた。警視庁の組対班もそこを狙ったのかもしれない。警視庁だけでなく全国の暴力団担当刑事は、日本最大の暴力団である山口組の動向を探ってきた。

前述した田中と日大に対する東京国税局による調査と前後し、国内外のマスコミ各社に写真入りの告発文が届いた。そこに同封されていたのが、田中と司のツーショット写真である。アルコールでも入っているのか、二人はともに上機嫌でカメラに向かって笑っている。国内メディアにとってはあまりにも衝撃的な写真だけに、「合成写真かもしれない」としり込みし、いっさい報じられなかった。反面、海外のメディアは違った。奇しくも２０２０年の東京五輪パラリンピック開催が決まったあとだけに、むしろ外紙の報道は熱を帯びていった。

13年9月、２０２０年大会の開催都市に立候補していた日本の五輪招致委員会が、アルゼンチンのブエノスアイレスで開かれた国際オリンピック委員会（ＩＯＣ）総会に臨んだ。そこで東京がライバルのスペイン・マドリードやトルコ・イスタンブールなどに勝利し、五輪の開催地に選ばれる。招致委員会委員長だった日本オリンピック委員会（ＪＯＣ）会長の竹田恒和がＩＯＣ委員に働きかけた功績と讃えられた。このとき日大の田中はＪＯＣの理事から昇格して副会長に就いており、五輪招致にも深いかかわりを持っていた。

それだけに外紙は、田中と裏社会との交わりについて騒いだのである。インターネット上に山口組組長とのツーショット写真を公開し、追及した。たとえば「ブルームバーグ」のタイトルは、〈東京オリンピックの勝者はギャングだ〉、「デイリー・ビースト」のそれは〈ザ・ヤクザ・オリンピック〉だ。

そして日本の国会もそれに反応した。14年4月、衆議院の文部科学委員会が開かれた。そこで民主党の牧義夫が外紙のネット記事を持ち出して文部科学大臣の下村博文に迫った。

「このまま東京五輪を迎えていいのですか。田中氏がJOC副会長のままで」

日本の大手新聞やテレビが沈黙するなか、外紙はネット上でますます煽った。

「写真はホンモノだ。牧議員は独立調査委員会の設置を求めている」

香港の『サウス・チャイナ・モーニングポスト』にいたっては、矛先を日本のマスコミに向けた。

「どこも書かないのは、率直に言って怖いからだ」

文科大臣の下村はJOCならびに日大に調査を命じると約束し、国会における野党追及をかろうじて切り抜けた。

すると以前と同じように日大は、第三者による外部調査委員会を設置した。だが、例によって埒が明かない。

「写真は偽造された合成だ」

そう弁解する田中に対し、それを覆す証拠を見つけることもしない。結果的にこのときもことの真相は闇に葬られた。ちなみにJOC会長だった竹田ものちにIOC委員に対する贈賄の疑いでフランス当局から追及されたが、それもうやむやになっている。

しかし、名だたる暴力団組長との黒い交際はこれだけにとどまらなかった。第四章に書いたとおり、日大運動部には関東の指定暴力団である住吉会幹部との腐れ縁もある。その因縁は最近まで連綿と続いてきた。この時期には山口組とともに、田中と住吉会会長との交友も注目された。それでいて田中本人はそのまま17年までＪＯＣ副会長の要職にとどまっている。

## 黒い交際「新年恒例」の山口組カレンダー

暴力団事情に詳しくなくとも、東京を根城にする住吉会に対し、山口組が神戸や大阪を縄張りにしてきたことは誰もが知っている。この二つの組織が日本の暴力団社会の先頭を走ってきたといっていい。関西発祥の山口組が東京に進出したのは、１９８０年代後半のバブル経済期であり、ここから東西の２大暴力団組織は東京を舞台に熾烈な抗争を繰り返してきた。

これまで見てきたように終戦後、飛躍的に大きくなり、日大紛争を経てマンモス学校法人グループを形成するようになった日大は、その過程で首都圏の住吉会やその系列右翼団体の力を借りてきた。そしてバブル経済期の山口組の東京進出以降も、裏社会との交流を広げていった。強固に見えた田中英壽理事長体制は、そうした負の遺産の上に築かれたのであろう。それゆえ黒い交際がときおり顔を出した。半面、日大の黒い交際は田中だけに限った話ではない。古参の日大幹部職員、田畑三千年（仮名）は、山口組との付き合いはバブル以前から始まっていたと話した。

「私の知っている日大附属板橋病院の元事務長は住吉会だけでなく、山口組幹部と非常に親しくしていました。田岡一雄三代目山口組組長時代の若頭だった山本健一さんがお茶の水の日大駿河台病院に入院していたこともある。またバブル時代には、五代目の渡辺芳則組長時代の若頭だった宅見勝さんもそこに入院していました。ひと昔前までの駿河台病院は、まるで大物ヤクザが駆け込む病院のようになっていて、病院の関係者は彼らの入院の段取りをすると、謝礼をもらえるんだそうで、ずい分羽振りよくしていました」

六代目山口組組長の司が府中刑務所から出所したあとに日大駿河台病院に入院したのも、ある意味、日大と裏社会の慣習だったのかもしれない。またくだんの事務長のいた日大医学部附属板橋病院といえば、後述する井ノ口忠男や籔本雅巳の背任事件の舞台となったところだ。およそ1000床のベッド数を誇るマンモス病院である。田畑は日大医学部の附属病院に勤めてきた経験もある。田畑はこう振り返った。

「私の知っている板橋病院や駿河台病院の事務長はオーストリッチの高そうな革靴を履いているし、身に着けている服はオーダーメイドの高級スーツ。出勤時の鞄はルイ・ヴィトンやグッチで、腕時計はキンキラキンのピアジェやロレックスといった感じ。誰が見ても、まともなサラリーマンの買えるような品物ではありませんでした。日大附属病院の事務担当者には、ある系譜がありました。板橋病院の事務長がトップで、部下である課長が他の附属病院の事務長になり、教えを乞う。日大における板橋病院の次のランクが都心にある駿河台病院で、そういうつながりのなかで大物ヤクザが入院してきたのではないでしょうか」

事務方トップの理事長が自ら黒い交際を繰り返してきたのだから、医学部の事務方がそれに倣ってきたのもむべなるかな、である。その病院の事務長たちは、田中が理事、常務理事、理事長へと出世の階段をのぼると、せっせと田中に貢物をしてきたという。もとより貢物の原資は正規の大学給与では賄えない。田畑が苦笑する。

「あるとき、田中理事長の奥さんの経営する阿佐ケ谷の『ちゃんこ料理たなか』に行って驚きました。店の何周年かの記念だったと思います。祝いの花が店頭にたくさん飾られていました。そのなかでも板橋病院の事務長が贈った豪華な胡蝶蘭の鉢植えがひと際目立っていました。胡蝶蘭を数えると7本もある。1本1万円として7万円くらいする鉢植えでしょう。それだけでなく、店には山形県の銘酒『十四代』や山口県の『獺祭《だっさい》』といった田中理事長好みの高級日本酒が樽で贈られていました。彼らはいったいいくら使っていたのでしょうか。そしてその金はどこから出ていたのでしょうね」

日大相撲部から数多くの関取を大相撲に送り出してきた田中は、必然的に角界との付き合いが広がった。大相撲では2カ月に1度の年6回の本場所だけでなく、そのあいだに全国を巡る地方巡業もある。巡業や興行先における角界と暴力団の腐れ縁は、長いあいだの因習でもあった。山口組との関係でいえば、大阪の3月場所や名古屋の7月場所には、組幹部が砂被りと呼ばれる土俵前の特等席に陣取ってきた。六代目組長の収監中、司忍の出身2次団体である弘道会幹部の名古屋場所観戦が問題になったこともある。弘道会の子分たちがテレビ画面を通じて刑務所にいる親分に元気な姿を見せよう、と砂被り席に座っていたそうだ。

司はその弘道会会長の跡目を若頭の高山清司に譲って05年7月、六代目山口組組長を襲名した。これ以降、日大相撲部の監督やコーチには、歴代山口組組長が載っているカレンダーが贈られてきた。先の田畑は実際、その現物をプレゼントされたという。

「日大相撲部には、いったん大相撲に入って引退したあと、教職員として出戻っている関係者もいます。彼らが相撲部屋や暴力団幹部とのパイプ役となり、カレンダーなんかを配っていたみたいです。かなり前ですが、近所でガラの悪い住民から理不尽なクレームがついて困っていることを話したら『これを玄関に飾っておけば安心ですよ』と山口組のカレンダーをもらいました。実際、玄関先に山口組のカレンダーを飾ったところ、家にやって来たその住民は見るなりギョッとして何も言わなくなってしまいました。あれは助かりましたね」

## 相撲賭博とスカウト料

相撲界と暴力団の関係でいえば、2010(平成22)年の八百長、賭博事件を思い起こす。日大出身の佐渡ケ嶽部屋の大関、琴光喜啓司たちが5月の大阪場所中、プロ野球賭博をしていた。事件はそこから相撲界そのものの八百長や相撲賭博に発展した。事件後、将来を嘱望され、横綱一歩手前までいっていた琴光喜をはじめ、何人かの関係者が角界を永久追放される。日大を激しく揺らした相撲賭博事件だ。田畑が思い起こす。

「このとき日大相撲部と角界のパイプ役として評判になったのが、木瀬部屋でした。暴力団に相撲の観戦チケットを横流ししていたとされ、部屋が取りつぶしになった。部屋の所属力士は北の湖部屋（現山響部屋）に引き取ってもらったそうです。この事件の前に両国の国技館で相撲部のコーチから木瀬親方を紹介されたことがあります。そのときも彼らはしきりに八百長の話をしていました」

田畑は後日、くだんの相撲部の関係者から八百長のカラクリを説明されたという。

「八百長は勝ち星を売り買いします。たとえば十両の力士だと白星の相場が30万円くらいらしい。それも、売りっぱなしのケースとあとから買い戻す場合では値段が異なるそうです。たとえばAが5月場所でBに白星を30万円で売るけれど、次の7月場所でBに20万円を払って白星を買い戻す約束をしているとか。そういうやりとりもある。売りっぱなしだと50万円が相場だそうです。幕内だと星の勘定が一桁違うといいます」

野球界や相撲界の八百長や賭博は長年燻ってきた。もっぱら『週刊ポスト』や『週刊現代』が報じてきたが、公益財団法人の日本相撲協会は頑なに否定し、『週刊現代』を名誉棄損で訴えて勝訴した経緯もある。それが２０１０年になって野球賭博の捜査過程で、明るみに出たのである。

琴光喜らによる大相撲の白星の売り買いは関係者から押収した携帯電話のメールを解析するなかで発覚した。メールで負け方や勝ち方の指示までしていたという。

それでいて相撲協会は、以前の報道とは異なる「新たな問題だ」という姿勢を貫いた。白星の売り買いをする賭博行為については、今も否定し続けている。

賭博まではいかなくても、プロスポーツには金銭のやりとりは付き物だ。以前の相撲部屋は地方巡業の際、地元の名士の伝手を頼り、金の卵を発掘しようとしてきた。しかし、近年の部屋の親方は高校や大学の指導者のもとへ通い、逸材を探すようになった。相撲部屋の親方衆にとって名門日大相撲部を率いてきた田中は、最も頼りになり、なおかつ神経を使う指導者の一人だ。それだけに、金銭にまつわるさまざまな評判が取り沙汰されてきた。田畑が明かす。

「琴光喜が佐渡ヶ嶽部屋に入門する際も、田中監督に大金を払ったのではないか、と噂が立ちました。3000万円だ、いや5000万円だ、といった調子でした。けれど、相撲部の関係者に確かめると、仲介者がほとんど中抜きして、田中さんの懐にはまったく入っていないといっていました。相撲部屋のスカウトでは、高校や大学の監督だけではなく、親兄弟も説得対象ですから、相撲部屋の周辺にはいろんな輩があいだに入るみたいです。田中監督はそれほど相撲界では有名人ですから、知らないうちに名前を使われることもたくさんあったそうです」

ときに田中のもとには、日大相撲部の出身でない、外国人力士のスカウトの相談まで舞い込んだ。06年三月場所に初土俵を踏んだジョージア出身の栃ノ心剛史の角界入りも田中の仲介によるものだという。田畑がこう記憶をたどった。

「栃ノ心と春日野部屋をつないだのが田中監督に間違いありません。レスリングの選手だった栃ノ心はほとんど相撲経験がないまま、世界ジュニア相撲選手権に出場したのですが、初めは田中監督も気にかけていなかった。ところが、実際に春日野親方に連れられてその相撲を見たところ、ほれ込んでしまった。で、春日野部屋から指導をお願いします、と言われて、500万円が届けられたそうです。そのなかから100万円くらい抜き取ってあとはコーチ陣に配ったらしい。田中監督は巷間言われているほど、カネに汚くはないのです」

田中にはけっこう庶民的なところもあったという。田中の側近たちは、そんな田中がある意味で変わったのは、夫人のせいだと口をそろえる。田中優子こと田中征子だ。東京・阿佐ヶ谷の「ちゃんこ料理たなか」の女将であり、日大の運営にも口を出してきた。田中帝国の女帝と呼ばれた優子は、いわゆる相撲女子の走りでもある。もとは学生横綱の追っかけだった。

その見た目どおり、理事長時代の田中は剛腕で知られた。それでいて家庭はカカア天下だったといわれる。当人は夫人の優子に頭が上がらなかったと話す日大関係者も少なくない。

## 演歌歌手からちゃんこ屋の女将に

日大田中帝国の女帝は、どんな人物なのか。前述したように本名を征子というが、関係者は優子と呼んできた。旧姓は湯澤だ。自宅とちゃんこ料理たなかのある湯沢ビルは、もともと優子の実家で、両親といっしょに暮らしてきたという。田中の側近として長らくちゃんこ屋に通っていた元日大職員の橋田健司(仮名)が夫婦の関係を説明してくれた。

「優子さんは女性ばかり4姉妹の末っ子として生まれています。生家は長野県の下駄屋で、のちに両親が上京してあのビルを建てたといわれていますが、真偽は不明です。あそこはもともとお母さんが経営していた喫茶店だったそうです。お姉さんたちがよそへ嫁いでいくなか、なぜか優子さんだけが実家に残ったらしい。それで彼女の代になって喫茶店を『五平』という青森の郷土料理を出す居酒屋に改装し、最終的にちゃんこ料理屋に変えて経営するようになりました。店を出す前にはいろいろあったようです」

優子は飲食店を経営する前に演歌歌手としてデビューしている。そのため歌手養成の専門学校にも通った。彼女自身、雑誌『女性自身』のインタビューにこう答えている。

〈テイチクからレコードを6枚ほど出して、5～6年(歌手を)やった〉

歌手時代の優子は三波春夫の前座を務め、大月みやこたちといっしょにドサまわりをしてきたと書く記事もある。もっとも実際のところは、不明な部分が多い。先の橋田はこうも言った。

「優子さんにはいっときキャバレー勤めをしている時期があったともいわれていました。たしか店の名前がムーランルージュ。新宿あたりにあったのでしょう」

売れない歌手時代のことである。演歌歌手が経験してきた1970年代のドサまわりは、地方のキャバレーが中心だった。そのため、キャバレー勤めという話になったのかもしれない。不動産登記で確認すると、1976年7月には、のちにちゃんこ料理屋となる湯沢ビルが建設されている。優子はこの間の74年に田中と結婚し、ビルが新築されたときには所有権の2分の1を得ている。その後、両親から相続した形で、湯沢ビルの所有者となっている。おそらく優子の両親は湯沢ビルを優子に所有させる代わり、ビルの敷地を3人の姉たちに分け与えたのだろう。80年1月に3人の女性がそれぞれ土地を相続し、07年7月になって優子が改めて姉たちからすべての敷地を買い取っている。

つまり二人が知り合ったのは、ちょうど優子がキャバレー勤めや歌手をやめて阿佐ヶ谷の実家に戻った頃であろう。実家の両親が喫茶店を経営していた60年代後半にさかのぼる。折しも青森県から上京した田中が日大経済学部に入学したのが65年4月であり、69年3月に大学を卒業して農獣医学部に勤め始めたのは、先に書いたとおりだ。

実は演歌歌手を断念して相撲部の追っかけになった優子が最初に夢中になったのは、別の相撲取りだったとされる。優子の住む阿佐ヶ谷には、田中のライバルだった元横綱輪島の入門した花籠部屋があった。むろん輪島はまだプロではなく、田中と同じ日大相撲部員だったが、優子は近所の花籠部屋に通い、相撲ファンになったという。花籠部屋の元関脇、若秩父に夢中になっていたが、同じ阿佐ヶ谷には日大相撲部の合宿所もあり、優子は若秩父から田中に乗り換えたようだ。日大紛争を経て二人は出会い、結ばれた。

優子はそこから両親が建てた湯沢ビルで田中の郷里である青森料理の居酒屋を開き、さらにちゃんこ屋の経営に乗り出した。もとよりちゃんこ屋の経営は、田中と日大相撲部を支えるためである。

## 「薬の運び屋」とあだ名されたゴマすり事務長

ちゃんこ料理たなかを開いた優子は、登り龍の刺繍が縫い込まれたチャイナドレスを着て、常連客をもてなした。また、当人は歌手への憧れからも離れられなかったのだろう。何十年も経たのちの2016(平成28)年、「松山空港」というデュエット曲のCDを作成して関係者に配った。元側近の橋田が記憶をたどる。

「大学の関係者はちゃんこ料理を食べたあと、奥さんから『行くわよ』と誘われ、近所の『カラオケルーム　サウンドイン』というカラオケ屋に行って歌を歌う、というのがお決まりのコースになっていました。30人近く入れるパーティールームに職員や業者を引き連れてね。職員はノルマとして1曲、奥さんは美空ひばりが得意で、最後は必ず『松山空港』のデュエットでした。日大の職員はそのために一生懸命歌を練習してね。常務理事になった人はみな『松山空港』の歌詞を覚え、優子さんといっしょに歌わなければなりません。理事長は『俺は寝る』と自宅に残って付き合わないことが多かったけれど、そんなときでも奥さんはご満悦でした」

続いてこうも言う。

「優子さんはひと月に2回、板橋の日大附属病院に通っていました。循環器内科と腎臓内科で診察を受けるためで、病院には夫人付きの担当職員がいました。優子さんは診察が終わると、薬も受け取らず、阿佐ヶ谷の自宅に戻る。あとから夫人の担当職員が調剤薬局で薬を受け取って毎回自宅まで運んでいました。その担当者は資材課の主任のときから優子さんのお気に入りでした。資材課は調剤薬局に出入りするので、薬の調達をしやすいのです。それで彼は異例の出世を遂げました」

優子は心臓疾患と糖尿病性の腎臓症を抱えてきたといわれ、診療と治療薬が欠かせなかった。そのため日大附属病院に通い、担当職員は医学部内で「薬の運び屋」とあだ名されてきたという。さらに橋田は語る。

「彼は四大卒ではなく、短大しか出ていないので、夫人にゴマをするのが手っ取り早い出世の近道だと考えたのでしょうね。実際、出世はすごく早かった。主任から課長補佐になり課長まで出世するのに、早いケースでも5～6年はかかります。でも、彼だけは課長補佐歴わずか10カ月で課長に昇進し、さらに課長から2年で板橋病院事務長にまでとんとん拍子に駆けあがったのです。課長歴は8年くらいがあたり前なのに、特別扱いとしか言いようがありません」

田中は日大を支配するため、大学の人事において学歴より忠誠心を重視した。側近と呼ばれる幹部職員のなかには、短大だけでなく高卒も多い。大卒を優遇するより、そのほうがいっそう感謝されるからだ。

ベッド数1000床を超える日本大学医学部附属板橋病院には、医師や看護師、事務職などおよそ900人のスタッフが働いている。医師を除くその職員900人のトップが事務長であり、組織上では看護師長なども部下になる。優子の薬をちゃんこ屋にせっせと届けるだけで事務長の地位に昇りつめられれば、文字どおり「お安い御用」だったに違いない。「薬の運び屋」事務長は、部下の事務職員や秘書たちにこう命じてきたという。

「理事長の奥様が診察にお見えになって検査結果が出るまで40分ほどかかる。なので、そのあいだは事務長室にお連れするように。お茶と菓子を必ず用意しておくこと」

もっとも、この「薬の運び屋」事務長は、田中の脱税事件後の22年10月1日付人事で医学部の「特任事務長」という部下なし仕事なしの窓際に左遷されてしまう。

もとより田中夫人に気を使うのは、事務方ばかりではなかった。内科、外科、婦人科を問わず、優子の診察は必ず教授が担当する。優子はもともと心臓に不安を抱えていたため、とくに循環器内科の診療は欠かせなかった。したがって循環器内科の医師は病院内でもエリートコースとされた。循環器内科の教授が病院長になることもめずらしくなかった。そのときには、多忙な病院長自らが優子を診てきた。

田中に仕えてきた橋田は、田中夫妻には意外な側面があるとも話した。夫婦そろってのパチンコ好きは有名だ。元側近の橋田は田中夫妻の飲み会に何度も付き合ってきた。

「夫妻ともども金銭への執着はかなり強かったと思います。そのくせ食生活は庶民的なところがありました。田中理事長が好きな食べ物は焼鳥、焼きトン、焼肉、餃子、そば、うどん、ラーメンといったB級グルメでした。市ヶ谷の日本大学校友会館の近くにあった『瓢箪《ひょうたん》』という立ち食い蕎麦屋が大好きで、わざわざ職員にテイクアウトを頼んでいました。一連の事件で逮捕された井ノ口や医療コンサルタントの吉田徹也もよくいっしょに食べていました。スーツは英国屋のオーダーですが、普段着はジャージでした。奥さんは阿佐ヶ谷駅前にある喫茶店のナポリタンやグラタン、ドリアがお好きでした。業者や職員を引き連れていくカラオケボックスにはドリンクバーとソフトクリームのマシンがあって、糖尿病で腎臓が悪いのに奥さんはクリームソーダをよく飲んでいました」

田中英壽にはこの糟糠の妻のほかに愛人もいたが、それはひた隠しにしていた。

## 理事会の別動隊「レディス桜門会」

田中英壽は自叙伝『土俵は円　人生は縁』に書いている。

〈恋愛結婚ということになるんでしょうが、実態は経済力のある彼女におんぶにだっこですよ。彼女と一緒にいれば、お茶代も飯代もまったく不要でしたから。その浮いたおカネで部員たちの面倒を見れます。

実は結婚式を挙げるまでの1年間、私は、彼女の家に転がり込んで同棲していました〉

学生時代に出会い、日大を卒業してからも、田中は優子の資金援助を受けてきたおかげで、金の苦労がなかった。先の橘田健司も言う。

「田中先生は大学を卒業してから職員として正式に採用されるまで、非常勤の体育助手でした。給料が少なくて食えない時期があったんです。その生活を支えていたのが、ちゃんこ屋を経営する優子夫人でした。おかげで田中先生は給料をまるまる遊興費に使い、相撲部の幹部や職員を飲み食いに誘ってきたのですから」

そのちゃんこ料理たなかは、田中の出世に応じて儲かるようになった。とくに理事になって以降の経営は、日大関係者で成り立っていたようなものでもある。大学の職員はもとより、高校相撲部の監督や大相撲の力士、さらには大学の出入り業者までが、ちゃんこ料理たなかに日参してきた。相撲部の部員のアルバイト先になってきた半面、大学関係者から支払われる店の収益が、まわりまわって日大における田中の地位を支えてきたといえる。

そして女帝と異名をとった優子は、単なるちゃんこ料理屋の女将にはおさまらなくなる。次第に大学運営にまで口を挟むようになっていった。夫の田中が校友会を権力の拠り所にしてきたように、妻の優子もまた「日本大学校友会レディス桜門会」をバックにしてきたといわれる。レディス桜門会は日大校友会傘下のOG組織である。07年に作成された設立規約は、次のように会の趣旨を謳っている。

〈レディス桜門会は日本大学を愛する女性・男性卒業生や学校関係者などが学部を超えて集い、講演会など様々な活動や交流を通じて男女共同参画に関する意識を深化させつつ、母校の発展に貢献することを目指している〉

日大OBの校友会と同じく、基本は日大を卒業したOGの集まりである。HPを覗けば以下のようにも書いている。

〈学部横断的な日大女性卒業生・学校関係者の会として2007年(平成19年)に西村美枝子(経済学部昭和27年卒、元日本大学評議員)名誉会長が発起人となり設立された。翌08年度より桜門会として役員総会で承認され正式に発足し、現在に至る〉

昨今は女子の大学進学率もずいぶん高くなったが、終戦から高度経済成長期にかけた頃の女学生はめずらしかった。そのせいもあるのだろう。レディス桜門会では年長者が少ない。初代会長は1952年卒の西村美枝子で、副会長には61年に短大栄養科卒の平井千枝が就任した。レディス桜門会は奇しくも田中英壽が理事長になった08年、会員数わずか15名でスタートしている。

レディス桜門会のメンバーはそこから大きく広がった。08年中には、文科省の女性研究者支援モデル育成事業に認定された「キャリアウエイユニバーサル化日大モデル」の教員が会員となり、さらに経済学部や文理学部、法学部、医学部、歯学部、薬学部、国際関係学部、生物資源科学部、芸術学部といった各学部の女性教員が特別会員、事務局の関係者も賛助会員となる。事務方トップの常務理事をはじめ、16学部ある学部長の理事たちの夫人がこぞってメンバーとなり、ピーク時の会員数は80人を超えた。

田中優子はやがてこのレディス桜門会を取り仕切るようになる。レディス桜門会は原則として日大あるいはグループの短期大学卒業者を会員資格としてきたが、優子自身がそうではない。しかし事実上、理事長夫人を囲む会と化した。会員資格もなし崩し的になる。大阪の広告代理店「エルフ・エージェンシー」を経営してきた橋本稔子は、優子の特別推薦枠で会員になっている。言うまでもなく、のちに背任事件を引き起こした元理事の井ノ口忠男の実姉である。

そしてレディス桜門会はさながら理事会の別動隊のようになり、優子は学校運営や人事にまで口を差し挟んだ。夫の田中がことさらアメフト部OBの井ノ口を重用してきたように、夫人の優子もまた、橋本稔子をそばに置いて使った。彼女は日大田中帝国の女帝の懐刀として、日大本部にエルフ・エージェンシーのオフィスを置き、大学経営に深く入り込んだ。

そこから田中夫妻の威光を笠に着た大阪出身の姉弟が、数々の不祥事を引き起こしていく。

第七章

# 不祥事

日大危機管理学部の新設に影響を及ぼした亀井静香（写真：時事）

## 日歯連事件の裏金工作と日大との接点

瀬在幸安の総長3期目の末期だった2004（平成16）年春先のことである。政治団体「日本歯科医師連盟」（日歯連）による自民党に対する闇献金が、政界を激しく揺さぶった。日歯連は日本歯科医師会傘下の政治団体であり、両組織の幹部は重複している。その歯科医師会の会長選を巡り、日歯連が政界に歯科医師会の候補者を送り込むべく、自民党に裏金工作を仕掛け、世にいう日歯連事件が猖獗《しょうけつ》を極めた。

東京地検特捜部が捜査した結果、自民党最大派閥である橋本派「平成研究会」（平成研）の会長代理だった村岡兼造をはじめ、橋本派の会計責任者や歯科医師会幹部たち16人を贈収賄や政治資金規正法違反の容疑で摘発した。日大出身の日本歯科医師連盟会長、臼田貞夫が事件の主役の一人である。

臼田の前任の日歯連会長で橋本派所属の中原爽が参院選を控えた01年7月、臼田は元首相の橋本龍太郎や元党幹事長の野中広務、元党参院会長の青木幹雄という政界の重鎮3人と東京都内の料亭で密会した。中原は日本歯科大を卒業したあと、日大医学部に入りなおして卒業している。

日本歯科医師会会長を経て95年に自民党参議院議員に転身し、平成研入りした。文字どおりの歯科医師会議員であり、臼田にとって中原は、大学と歯科医師会両方の先輩にあたる。

自民党橋本派の重鎮たちと密会した後任の日歯連会長臼田は、その前任会長の選挙のために1億円の小切手を橋本派の幹部たちに渡した。古典的な裏金工作事件である。

料亭で手渡した1億円についてはは翌年になって事実が洩れ、経理処理の必要性に迫られた臼田はやむなく橋本派に領収書の発行を要求した。だが橋本派は02年3月に開いた橋本派の幹部会で、領収書を出さずに収支報告書に記載しない裏金処理を決める。

結果的にそこを特捜部に狙われ、政治資金収支報告書の不記載罪に問われる羽目になるのである。日歯連事件により、橋本派の会長代理だった村岡が在宅起訴され、歯科医師会長だった臼田には、懲役3年、執行猶予5年の有罪判決が下される。

臼田は歯科医師免許まで剝奪された一方で、橋本や野中、青木という橋本派の重鎮3人はお咎めなしとなり、事件は禍根を残した。現在の派閥の政治資金パーティーを巡る政治とカネ問題に通じる裏金事件である。

日本の歯科医師の世界では、歯学部と松戸歯学部という2学部を擁する日大が強大な勢力を誇る。そして、日大の田中もまた、検挙された日歯連事件の臼田と密接なかかわりがあった。元日大理事の岩本彪(仮名)は、このあたりの事情に通じている。次のように説明を加えた。

「日歯連会長の臼田さんは田中理事長とずっと懇意にしていました。いわばご近所づきあいです。臼田さんが杉並区の荻窪で歯科医院を開業していて、田中さんは阿佐ヶ谷に住んで奥さんがちゃんこ屋をやっている。それで互いの奥さんを交えてしょっちゅう飲んでいました。歌は田中さんもうまいけど、昔プロの前座をやっていた奥さんはその比じゃない。臼田さんも聞きほれていました」

臼田は日大校友会長まで務めていた。岩本が続ける。

「もともと臼田さんを校友会長に担ぎ出したのが事務局長だった田中さんでした。田中さんは事務局長として後ろからコントロールしていたほうが目立たないと思っていたのかもしれません。総長3期目の終わり頃、瀬在総長が田中さんを警戒するようになりました。このとき田中派にまわって校友会長として瀬在攻撃を始めたのが臼田さんでした。そこへ図らずも日歯連事件が起きたのです」

日歯連事件により臼田が東京拘置所に収監され、田中が後任の校友会長になる。その臼田はあの亀井静香とも因縁浅からぬ間柄だという。それが先の日歯連事件にも影を落としているようだ。

橋本龍太郎から小渕恵三、森喜朗、小泉純一郎と自民党内で政権が移っていくなか、2000年代に入ると、IT・ファンドバブルの好景気が勢いを失い、政界では最大野党の民主党が存在感を示し始めた。郵政民営化を旗印に掲げる小泉政権に対し、亀井は反規制緩和の守旧派と目され、小泉と反目する。03年10月、党内60人の志帥会（亀井派）の旗を掲げて会長となり、それなりの力を見せていた。岩本はそのあたりの政界事情と日歯連との関係にも詳しい。

「臼田さんが中原さんの後釜の歯科医師会会長になったのは、ちょうどその頃のことでした。臼田さんは、勢いのあった民主党の集まりに呼ばれ、うっかり自民党より先に挨拶に行ってしまったんです。『これからは民主党を大事にします』なんて調子でリップサービスした。それが亀井さんのところに筒抜けになり、カンカンに怒ってしまった。『歯科医師会はけしからん』と自民党内で言いふらし、臼田さんはそれをなだめようとして党内でいちばん力のあった最大派閥の橋本派に近づいた。そのために1億円を使ったわけです」

## 吉田松陰の教え「危機管理学部」と政界

田中英壽が理事長として権勢を振るった日大では、理事や有力OB、取引業者たちが東京・杉並区阿佐谷の湯沢ビルの「ちゃんこ料理たなか」に足しげく通った。先に書いたように店の女将の優子が日大関係の常連客をカラオケに誘うことも多く、そのとき田中本人は3階の自宅に引きこもった。もっとも、ときにほろ酔い気分になると、常連客を引き連れて2次会に誘うこともあった。場所は同じく「カラオケルーム　サウンドイン」で、30人ほど収容できるいちばん大きな部屋に入るなり、田中は決まって言った。

「よし、歌うぞ、『吉田松陰』を入れてくれ」

日大の教授たちは田中から指示され、カラオケのコントローラーを手に星野哲郎作詞、浜口庫之助作曲「吉田松陰」を入力した。演歌歌手の尾形大作が歌う幕末シリーズの1曲だ。

「時と命の　全てを賭けた、吉田松陰　憂国の、夢草莽に　果つるとも〜」

田中の名調子が広い部屋に響く。阿佐ヶ谷のカラオケボックスでは、そんな光景が幾度となく繰り広げられた。

田中は明治維新の父と謳われた吉田松陰を仰ぎ見てきた。こう周囲に吹聴してきた。

「俺は松陰先生の教えに従って大学運営を心がけてきたんだ」

実は2016（平成28）年4月、世田谷区の三軒茶屋キャンパスに新設した危機管理学部は、松陰の提唱した国家の安全保障を学生に学ばせよう、と田中が新たに設置したのだという。少なくとも田中自身、幕末の英雄に思いを馳せ、側近たちにそう語ってきた。

もとはといえば、現在危機管理学部のキャンパスがある三軒茶屋（世田谷区下馬）の敷地には、獣医学研究科が置かれていた。そこが手狭になったため神奈川県藤沢市に移転し、長年空き地になっていた。

2008年に理事長に就いた田中は、2019年に大学創立130周年を迎えるにあたり、新学部の設置に取り組んだ。それが、三軒茶屋に危機管理学部とスポーツ科学部という2学部を新たに設置する計画だったのである。ちなみに獣医学研究科は、前身が世田谷区の下馬にあった農獣医学部の大学院専攻課程である。第三章に書いたように農獣医学部は田中の最初の赴任先だ。10年に生物資源科学研究科に改組され、生物資源生産科学、生物資源利用科学、応用生命科学、生物環境科学、生物資源経済学の5専攻を加えた巨大学部となり、現在は日大の看板学部の一つになっている。危機管理学部の新設について、日大の幹部職員、安永貞夫(仮名)が説明してくれた。

「田中元理事長が130周年記念事業として新学部の危機管理学部をつくろうとしたのは、歴史的な理由もありました。もともと山口・長州藩出身の日大創設者である山田顕義は吉田松陰の弟子として、松下村塾で学んだ人物でした。兵学者、軍学者、思想家であり、孟子の思想を研究して教えていた松陰は、山田に法律学校の必要性を訴え、山田が日大をつくった経緯があります。田中元理事長は、大学創設者である山田とその師である吉田松陰のことを知り、危機管理学部の設置を思いついたのだと聞いています」

吉田松陰の薫陶を受けた山田顕義は大村益次郎に兵学を学び、戊辰戦争をはじめとした幕末の戦闘で名を成した。明治維新後、初代司法大臣となった山田は、もとは軍人だが、遣外使節団でヨーロッパの法律に触れ、近代社会における法的な考えを身に付けた。

松陰や山田は今でいうシビリアンコントロールの重要性、さらに軍事と法律を融合させた国家の安全保障や危機管理の必要性を唱えたという。かつて田中の側近でもあった安永は、松陰の教えに田中が着目したことについて、こう推し量る。

「田中元理事長がどこまで危機管理や安全保障の本質や意味を理解していたかは疑問です。しかし吉田松陰が大好きだったのはたしかでしょう。カラオケ屋に行って尾形大作の『吉田松陰』を歌っていたのも、田中先生らしい。けっこう純粋なところがありましたから」

もとより吉田松陰や山田顕義の高邁な教えを田中英壽が習得し、危機管理学部の設置を着想したとは思えない。されど、日本の大学に滅多にない危機管理学部という学部のネーミングそのものの発想は絶妙といえる。その危機管理学部の名付け親が亀井静香である。

## 亀井静香の天下り200人リスト

日大の危機管理学部は日本で初めて設置された学部ではない。日本初の危機管理学部は、千葉県銚子市の千葉科学大学である。言うまでもなく学校法人「加計学園」が運営する私大だ。千葉科学大は故・安倍晋三が「腹心の友」と呼んだ加計孝太郎が関東に進出しようと目論んで開学した。日大の危機管理学部設置に先立つこと12年前の04年4月のことだ。千葉科学大学の危機管理学部は日本初どころか、アジア初を謳っている。

周知のように、加計の悲願は獣医学部の設置であり、当初は千葉科学大学にそれを新設しようとした。そのため盟友の安倍も力を貸した。しかし、文科省や日本獣医師会が獣医学部の新設に猛反対する。その反対を押し切るパワーはなく、千葉科学大学は獣医学部の新設をあきらめた。２０００年代初頭の安倍には、それに代わって開学したのが、危機管理学部なのである。

そして、その千葉科学大を取材する過程で見え隠れした政治家の一人が、亀井静香だった。東大経済学部を卒業し、民間企業勤務を経て警察庁入りした亀井は、他のエリート警察官僚と同じく、警備、公安畑を歩んだ。そこから自民党国会議員に転じ、福田赳夫の率いる派閥「清和会」に所属した。清和会はそのあと福田から安倍晋太郎に領袖が移り、亀井は息子の晋三とも親しくなる。亀井本人は派閥の領袖が三塚博に代わると、三塚と対立して派を飛び出すが、その後も晋三とは交遊を続けた。安倍のことを個人的に「シンゾー」と呼んできたほど二人は親しかった。

加計学園が千葉科学大学の計画を立てたとき、危機管理学部の新設というアイデアを出したのが亀井にほかならない。つまり亀井は、加計学園と日大という二つの私学に新設された日本でめずらしい危機管理学部の両方に首を突っ込んでいるのである。この点について、危機管理学部の開設に詳しい日大教授の花房弥夫（仮名）に尋ねた。

「日大で田中理事長が危機管理学部の設置を言い出したのは、２０１０年代初め頃だったと記憶しています。ただ、もともと亀井さんには、田中理事長と直接のパイプがなかったように感じます。千葉科学大学の危機管理学部は警察官や消防士になれるようなコースをつくろうとしたようですが、あくまで獣医学部がメインでした。なので、そもそも本来の安全保障やテロ対策、自然災害対策といったオールハザードアプローチの危機管理学を学ぶ機関でもない。その意味からしても、日大と加計学園ではまったく成り立ちが異なります」

学術的な観点から見れば、加計学園の危機管理学部と日大のそれではレベルが異なる、と言いたいらしい。しかしこの頃、日大の田中と亀井のパイプがなかったか、といえば、それも違う。先述したように、田中は日大校友会会長を務めてきた日本歯科医師会会長の臼田を後ろ盾にしてきた。日大出身の臼田は選挙対策のために政界工作をした2000年代初頭の日歯連事件のとき、自民党の亀井から呼び出され、それ以来、亀井とも懇意にしてきた。

つまり04年の加計学園の危機管理学部開学当時には、すでに日大の田中、臼田、政界の亀井というトライアングルができあがっていたように感じる。日大の危機管理学部新設は、それが機能したと見たほうが正解ではないだろうか。実際、日大では、亀井に通じる警察OBやその周囲の人脈が学部内で幅を利かせていった。先の花房はそれ自体を否定しない。

「12年くらいからでしょうか。どうやってつながったのかはわかりませんが、新学部の開設に携わっていた文理学部の森昭雄教授が、いつの間にか亀井さんからの指示と称して日大の教授や職員にあれこれ指図するようになっていました。やがて森教授が田中理事長の命を受けて新学部構想の教員トップとして立ち回るようになり、そのあたりから亀井さんやその周辺の人たちが学部にどんどん入ってきました」

11年3月に発生した東日本大震災後、民主党政権がレイムダック状態に陥り、自民党の政権奪還が既定路線となっていく。自民党の政権カムバックと日大の危機管理学部の開学計画は同時に進んだ。12年12月、亀井が「シンゾー」と呼び捨てにしてきた安倍晋三が首相に返り咲く。安倍は06年の第一次政権のときとは打って変わり、やがて官邸一強と恐れられるほどの強力な権力基盤を築いた。

そして日大理事長の田中は第二次安倍政権が発足すると、危機管理学部の新設の動きを加速させていった。日大教授の花房は文科省とのやりとりも覚えている。

「田中理事長は当初、三軒茶屋キャンパスに危機管理学部一つあればいい、という発想でしたが、スポーツ科学部を加えて2学部あったほうが文科省も認可を下ろしやすいとなった。法学部と文理学部が中心になって具体的なカリキュラムをつくり、そこに担当教授を登用しようとしました。田中理事長はここで亀井代議士に相談していたのかもしれません。文科省と折衝を重ねるなかで、危機管理とスポーツ科学という2学部の申請を決めた2013年頃からは、亀井さんがあからさまに学部計画に口を出すようになっていました。その時期には危機管理学部のカリキュラムが固まり、亀井さんが『こいつを教授に使え』と推薦してきました。警察や防衛関係の役人、それに評論家もいたけれど、その数がなんと200人もいるではないですか」

亀井静香は２００人の天下りリストを日大に突き付けてきたのだという。だが、文科省がそれを認めるわけがない。花房が続ける。

「亀井さんの言っていたことは無茶苦茶なのです。われわれは講師を含めた危機管理学部の教員定員を35人と計画してきました。そうでなければ文科省も認めない。亀井さんの２００人リストの大半は教授候補。おまけに國松（孝次元警察庁長官）さんにはアドバイザリーボードというポストを用意しろという。加藤直人文理学部長（のちに第14代学長）と森教授が中心になって新学部の開設を担いましたけれど、二人はほとんど亀井さんに翻弄されっぱなしでした。だから志ある教授たちで、どうやって亀井リストを排除するか、と苦心しました。１９５人ぐらいを棚上げという形で納得させたけれど、５人は入り込んできた」

新設された日大の危機管理学部には、警察や防衛分野の元キャリア官僚が教授陣に名を連ね、評判を呼んだ。５人を挙げれば、山梨、栃木、埼玉の各県警本部長を歴任した金山泰介、元埼玉県警本部長だった茂田忠良、公安関係者でいえば、元内閣情報調査室内閣参事官で、陸上自衛隊研究本部総合研究部第1研究課長だった吉富望、法務省の公安調査庁調査第2部第2課長と東北公安調査局長を歴任した安部川元伸などだ。すでに退職した教授もいるが、この人たちが亀井リストのうち、排除できなかった天下り組なのだろう。おまけに亀井の介入は学部の幹部人事だけではない。花房が言葉を足した。

「気が付くと亀井さんは、田中理事長の首根っこをがっしりつかんでいました。元警察庁の子飼いの役人をどんどん送り込みつつ、利権を握ろうとしたのでしょう。危機管理学部が開校すると、亀井さんのファミリー企業であるＪＳＳ（ジャパン・セキュリティ・サポート）という警備会社が、三軒茶屋キャンパスの警備を担うようになっていました。また、亀井事務所の秘書の娘も職員として雇った。今もＪＳＳは警備を担っています。大学側は現在少しずつＪＳＳの業務を減らそうとはしていますが、大変です」

日大の危機管理学部設置は16年4月のことだ。この日大危機管理学部に深くかかわった政治家がもう一人いる。12年から15年にかけたこの間、文科大臣として日大の危機管理学部とスポーツ科学部の新設認可を下ろした下村博文だ。新設された危機管理学部は田中英壽の牙城となり、そこに政官界のネットワークが連なってきた。

## 加計学園と日大「共通」の政治家

下村博文は安倍晋三の側近として知られた。奇しくも、日大理事長の田中と六代目山口組組長とのツーショット写真が流出した際、野党に追及されたことは前に書いたとおりだ。安倍派四天王と呼ばれた下村は、のちに四国の愛媛県にできた加計学園岡山理科大学の獣医学部設置にもかかわり、日大とも奇妙な接点がある。

16年4月2日午前11時、三軒茶屋キャンパスに新設された危機管理学部とスポーツ科学部の開学式には、豪華なゲストが招かれた。祝辞を述べた五輪担当大臣の遠藤利明をはじめ、日大医学部出身の元環境大臣、鴨下一郎、元警視総監の野田健、法務省や防衛省、国交省の元キャリア官僚の顔もあった。開学式が終わると、理事長の田中英壽をはじめとした大学関係者はそのままバスで移動し、渋谷のセルリアンタワー東急ホテルに向かった。学部新設の祝賀パーティー会場のメインテーブルに座ったのが、元首相の森喜朗と元運輸大臣の亀井静香、元警察庁長官の國松孝次たちだ。野田が乾杯の音頭をとり、華やかな宴が始まった。出色のスピーチをしたのが自民党文教族議員のドンだった森だ。

「本来なら国がやるべき危機管理教育を、私学の日本大学が担うのは大変立派なことです」

長らく癌を患っている割にスピーチの声には張りがあり、話もうまい。森はかつての清和会の同僚議員である亀井に対し、親しみを込めて「亀ちゃん」と呼んだ。

「田中理事長から亀ちゃんに、『新学部をつくるにはどうしたらいいか』と相談があり、亀ちゃんから私や國松さんも協力してよと言ってきたのです」

それまで14だった日大の学部はこれで16になり、通信教育学部を含めると17学部に増えたことになる。新たな学部の開設は28年ぶりであり、それを実現した田中英壽は中興の祖古田重二良《じゅうじろう》に比肩するまでの日大トップに数えられた。

少子化が叫ばれて久しい昨今、文科省をはじめ日本政府はなかなか私大の新学部開設認可を下ろさない。たとえば獣医学部の新設を目指した加計学園の千葉科学大も、危機管理学部という目新しい学部を設置したから認められた経緯がある。千葉科学大はその後経営難に陥り、地元銚子市に大学ごと買ってもらう公立化を持ち掛けている。

日大はいわば千葉科学大の二匹目のどじょうを狙ったことになる。前述したようにその認可を下ろした下村博文は2012年12月に発足した第二次安倍晋三政権で文科大臣となり、15年10月までその職にあった。森の率いた清和政策研究会の所属であり、安倍が派閥の会長を継いだあとには安倍の側近代議士として安倍派四天王の異名をとった。下村は15年に東京五輪会場の国立競技場建設を巡って揉め、安倍が暗殺されたあとは清和会の後継争いや派閥のパーティーの裏金問題で森と反目する。もっとも日大の学部開設認可は、五輪開催の前なので森との諍いは関係ないかもしれない。

先に書いたように下村は、日大の田中と山口組の司とのツーショット写真が流出した際、文科大臣として田中の日大理事長やＪＯＣ副会長の続投を許している。黒い交際が取り沙汰されてきたトップをいただく大学が新たな学部の開設に漕ぎつけるのは、容易ではなかったに違いない。田中本人は山口組組長とのツーショット写真を合成だと言い張ってきた。だが、14年２月には、国内２番目の暴力団である住吉会会長、福田晴瞭といっしょにホテルニューオータニで98年に撮った新たな写真まで流出し、『週刊文春』の2月13日号がそれを報じている。取材に対し、日大広報は文春にこう答えるのみだった。

〈「十六年前のことなど、理事長は古すぎて全く覚えがないと言っています。従ってコメントのしようがありません」〉（『週刊文春』より）

つまり下村は田中の黒い交際をやり過ごし、危機管理学部を認可しているのである。認可対象の学部がよりによって危機管理なのだから、もはやブラックジョークという以外にない。

一方、政界で日大危機管理学部新設に深くかかわってきた亀井静香はといえば、警察庁時代の後輩にあたる元長官の國松に声をかけ、学部の設立を協議してきた。國松は元検事総長の原田明夫や元自衛隊統合幕僚会議議長の西元徹也、元外務省北米局長の佐藤行雄といった大物官僚たちを学部の設立協議に引き込んだ。結果、古巣の警察、防衛、外務省の役人を送り込んだのは前に書いたとおりだ。

ちなみに危機管理学部の1階エントランスホールには、大きな1枚の絵画が飾られている。縦2メートル50センチ、横4メートル50センチ、絹谷幸二が富士山を描いた油絵だ。その絵は亀井が日大に売りつけたものだといわれる。花房は憤慨する。

「絵については、はじめ亀井さんの知り合いの画商から1億円でどうか、と吹っかけられました。ですが、私立大学が億を超える絵画を購入するとなると、文科省はいい顔をしない。だから、少しだけ値切って9900万円で買い取りました。売買手数料も発生していると思いますから、実際には億を超えていますけれどね」

買取価格はあくまで日大側の提示ということになっているが、言い値に近い。

## アメフト反則タックル事件の真相

黒い交際、危機管理学部開学に続いて、この数年、世間を騒がせた日大の〃不祥事〃といえば、2018(平成30)年にアメリカンフットボール部が引き起こした反則タックル事件が思い浮かぶ。5月6日日曜日の日大「フェニックス」対関西学院大「ファイターズ」の定期戦でのことだ。パスを投じたあと、無防備な状態だった関西学院大のクオーターバックに日大のディフェンス選手が背後から強烈なタックルを見舞った。その映像がテレビのワイドショーに何度も流れ、世間が大騒ぎしたのは記憶に新しいところだろう。

「あの酷いタックルは監督やコーチからの指示に違いない」

日大の指導陣に批判の矛先が向かい、監督の内田正人をはじめ、コーチが総退陣した事件である。タックルをした日大選手の反則には違いない。ただし誤解を恐れずにいえば、あの程度のタックルはさほどめずらしくない。ラグビーでいえば、レイトタックルという反則だ。ラグビーの試合では、シンビンというイエローカードが出て10分間の退場、あるいはレッドカードが出て数試合の出場停止で済んだ可能性もある。

実際、映像を見る限り、この日の日大と関学のアメフトの試合でも本人の退場で済ませ、関学側もそれ以上クレームをつけてはいなかった。審判団が日大選手に注意する場面もない。定期戦当日の当事者たちは誰も騒いでいないのである。それどころか、試合後には何事もなかったかのように、日大と関学とのあいだで恒例の懇親会まで開かれている。にもかかわらず、なぜ世間があれほど騒いだのか。そこがいまだ謎なのである。

騒動に火が付いたのは、試合の明くる5月7日月曜日の午後1時過ぎだ。

「日大殺人タックル」

そう題されたセンセーショナルな動画がインターネット上に流れ、炎上した。そこから事態が一変する。定期戦から2週間後の5月21日、タックルを受けた関西学院大のクオーターバックの選手が警察に被害届を提出し、父親が会見を開いた。

「タックルした選手がなぜあそこまで追い込まれたのか。真実を聞きたい」

この会見を受け、タックルをした日大のディフェンス選手も22日、東京・内幸町の日本記者クラブで記者会見した。

「コーチから、『クオーターバックをつぶしにいくんで僕を使ってくださいと監督に言いにいけ』、と言われました。(中略)私は監督に対して直接、『相手のクオーターバックをつぶしにいくので使ってください』と伝えました」

そうしてディフェンスの選手は反則タックルを繰り返し、退場になる。記者会見では、試合後の控室での監督、コーチ陣とのやりとりも明かした。

「私が監督に対し、『もうフットボールはできない』と言うと、監督は、『あのとき退場になって、おまえの処罰は終わっているんだから、いい、世間は監督を叩きたいだけでおまえじゃない、気にするな』と言われました」

会見を開いた日大ディフェンス選手には、「指示されてやっただけ。潔い」と同情する声があがり、批判の矛先は監督やコーチ陣に向かった。そして明くる23日、監督だった内田正人とコーチの井上奨が日大本部で会見に臨んだ。

「関西学院大学アメリカンフットボール部のけがをされた選手の方、そしてそのお父さん、お母さん、ご家族の方に対しましては、誠に申し訳ございませんでした。昨日、会見されました、あのような気持ちにさせてしまい、非常に私といたしましても申し訳なく、反省している次第でございます。指導者といたしまして、誠に申し訳ございませんでした」

内田が反省と謝罪の弁を述べ、すぐに質疑応答に移った。

「誰の指示で起きたことなのか、あらためて内田監督、教えてください」

そう問うテレビ記者に対し、内田が答えた。

「こういうタックルをしろという、そういうようなことを、信じていただけないと思うんですが、私からの指示ではございません。ですが、フィールドで起こったことですので、それはスタートからゴール、試合が終わるまでは私の責任だと思っております」

記者会見では新たな事実の発見もない。記者と日大アメフト部の質疑は、似たような応酬を繰り返すばかりだった。当の内田が今になって反則タックル事件の真相を打ち明ける。

## 余裕の記者会見

「あのとき大学本部からは『記者会見なんかするな』と止められていました。とくに会見の司会役だった広報部嘱託の米倉（久邦・共同通信ＯＢ）さんなんか、『内田さん、記者会見なんかやったらネットがまた炎上するからやめて下さい』と言っていた。けれど、こちらにやましいことはなかったから、説明すべきだと思いました。（選手に）指示なんかしていないし」

内田は会見会場に入った瞬間、無数のフラッシュを浴びて驚いたが、質疑応答に入ると次第に落ち着いてきたという。

「記者の質問はタックルを指示したのか、していないのか、という二択の質問ばかりでした。どうしても、『指示していました、ごめんなさい』と言わせたいんだろうけど、やっていないことを認めることはできません。なので途中からは、これだったら、いつまでも付き合っていられるな、と思いました」

むしろなぜもっと突っ込んだ質問がないのか、不思議だったという。調査をした第三者委員会については、こう話す。

「私自身の正直な感想を言えば、あのときの第三者委員会は、世間が求めている結論と結果が最初にあって、それに沿った調査をしているような印象でした。第三者委員会の委員長だった勝丸充啓先生(元広島高等検察庁検事長)からは、『内田さん、われわれの出す結論と警察の出す結論は違うからね』とも言われました。勘弁してくれよ、と思いました」

つまり第三者委員会は世間受けするように、アメフト部の監督・コーチ陣に責任あり、という結論を導き出すことが役割であり、事実関係の解明そのものを追及しているわけではなかった。内田はそう言いたいのであろう。だが、警察の捜査では刑事事件に問えるだけの事実関係を積みあげねばならない。その乖離が大き過ぎるのはたしかかもしれない。

ただし、事実を曖昧にしたままの第三者委員会の調査で幕引きがなされれば、いつまで経っても真相は藪のなかだ。のちの大麻事件のときにも似たような状況が垣間見られた。内田の持論はある意味、的を射ているように思えた。

「いろんな会社で事件や不祥事が起きるたび、第三者委員会報告と称した調査が出ます。ジャニーズ事務所のそれなど、クライアントに逆らったわけですから、調査は徐々にレベルアップし、深く切り込むようになっているとは思います。しかし私は経験上、基本的に第三者委員会の調査を信用していません。委員会を雇っているのはどこか、世間が納得すればいい。そういう視点が透けて見えるからです。結果、ことを曖昧にしてしまうのではないでしょうか」

反則タックル事件で警視庁は、アメフト部の内田らに対し、暴行およびその教唆といった刑事事件での立件を断念している。刑事事件の場合、クロに近い疑いがあっても不起訴にするケースは多い。だが、この場合はそうではない、と内田は言う。

「私に対する警察の捜査はいちばん最後でした。つまり、まわりの捜査を固めてから私に最後に聞くというやり方でしょう。事情聴取は最初から本題を突くわけではなく、雑談から入り、最後も雑談で終わりました」

警視庁の捜査はかなり綿密におこなわれた。内田はそう語った。

「警察の方は、タックルをした選手の記者会見と自分たち（監督の内田とコーチの井上）の記者会見をかなり細かく見比べていました。もちろん試合の映像など、繰り返されていた報道も収集して分析していました。事情聴取ではそれらのものすごい量の映像や解析写真を一つ一つ見せられました。部員たちからもそれらをもとに詳しく聞き取りをしていったそうです。刑事さんは、そうして捜査した結果、あの当時流れた部員や関係者の証言がほぼウソだったと話していました」

具体的にはどのようなウソがあったのか。

「一つ例を挙げましょう。うちの選手が関学の選手にタックルしたとき、井上コーチが『監督、彼やりましたね』と私（内田）に言い、内田が『おう』と応じたという証言があります。その会話が聞こえたと言った部員が誰なのか。警察がそれを突き止め、事情聴取しました。くだんの部員は最初に『はい、間違いありません』と警察に答えていたそうです。ところが、部員が立っていた位置は、私と井上がいた場所から20メートル以上離れていました。これは当日の現場写真から明らかでした。その私と部員のあいだには何人も人間がいた。なのに、ほかの誰もそんな会話を聞いていない。なにより試合の真っただ中のガヤガヤしているフィールドで、どうやって会話が聞こえたのか、と捜査員は疑問に感じたそうです。理詰めにそこを部員に問うと、最後は『すみません、勘違いでした（ウソでした）』と訂正したというのです」

警察による捜査の結果、監督の内田とコーチの井上は書類送検された。最終的に嫌疑不十分・不起訴処分で終わった。内田が憤る。

「一事が万事、この調子なんです。結論から言うと、第三者委員会や関東学生連盟に対し、監督やコーチの指示だと言った部員たちの証言は、ほぼひっくり返ってしまいました。私自身はそう捜査員から聞かされ、事情聴取が終わって雑談をしました。捜査員はつい『監督さん、あんな連中を従えてよく日本一になれましたね』と漏らしていました」

第三者委員会の調査結果が実態からかけ離れているケースはめずらしくない。この場合は、大学側がアメフト部の監督、コーチ陣に詰め腹を切らせて、世間の風当たりをかわそうとしたのだろう。となれば、なぜ内田を陥れる必要があったのか、という疑問が残る。その点について、先の幹部職員、安永の見方はこうだ。

「内田さんと田中先生は、先生が保健体育事務局の主任だった時代からの上司、部下の関係です。田中先生が理事長になるまでには内田さんにもつらい時期がありました。けれど、裏切りや離れる者も少なくないなか、内田さんは離れず裏切らず、ひたすら忠勤に励んでいた。いわば譜代中の譜代、今川の人質時代からの徳川家康直系の家臣というべき存在です。田中先生に常務理事にまで引き立てられ、ポスト田中の最右翼とも見られてきました。だから、引きずり降ろしたいという勢力もあるわけで、そこに事件が利用され、嵌められてしまったのではないでしょうか」

あながち的外れともいえないかもしれない。危機管理学部の新設に見られたように、日大には亀井静香や警察官僚とのつながりもあり、歴代の首脳陣は政治や行政と濃密な関係を築いてきた。そこには複雑な人間模様が垣間見える。のちの薬物事件のときには、当初、日大と警察の蜜月があるゆえ、ことを隠ぺいしようとしたのではないか、という疑問もあがった。そのあたりについて元アメフト部の監督である内田に尋ねてみた。すると、こう答える。

「日本の警察をバカにしてはいけません。われわれがどうにかできるわけなんかありません。

したがって、やましいことをしていなければ堂々としていればいい。言い換えれば、警察が、『容疑あり』と結論付けたら、そこは従う以外にないでしょう。捜査では客観的な事実を積み重ねて結論を出してくれる。タックル事件で私はそれを実感しました。むしろ感謝しています」

その捜査機関によって、ワンマン理事長として長らく日大に君臨した田中英壽体制下で歪んだ私学運営が白日の下にさらされる。田中を含め日大の歴代首脳陣は、そこを甘く見ていた。

# 第八章 流行作家理事長の誕生

就任会見でメッセージを手にする林真理子理事長（写真：時事）

## 東京地検があぶり出した私学の利権構造

「私の意をくんで素晴らしい女性を理事に送り出してもらいました。マッチョな体質を変えたいのが第一……」

学校法人日本大学で14人目の理事長に就任した林真理子は2022(令和4)年7月1日、大学本部で記者会見を開いてそう鼻を高くした。新たな理事長として最初に取り組んだ仕事が、2代前の理事長、田中英壽後の新たな大学の体制づくりだ。

新理事長の林は1889年の学校創立以来、すべて男性だった理事を総入れ替えしたと誇らしげに語った。実際、新体制では理事22人のうち、林本人を含めて9人の女性を起用している。学校経営の要である常務理事に精神科医の和田秀樹を迎え入れ、半数を超える理事を大学の外から登用した。理事長として権力を集中させた田中体制からの脱皮を目指したはずだった。林は新たな理事会の体制について語った。

「新しい風が吹いています。議論活発化を確信しました。サラリーマンがトップの意に沿うのは仕方ない。トップがいなくなったので、親田中派はもういないと信じています。いるとしたら反林派でしょうけれど、（そうであっても）会話を重ねるしかありません」

だが、マンモス大学の運営は当人が考えていたほど生易しくはない。記者会見をそばで見ていたある日大関係者は「新体制は今のところ50点でしょうか」と手厳しかった。

東京地検特捜部は18年5月のアメフト部の反則タックル事件からおよそ3年半後、ついに日大の捜査に着手した。かつて最強の捜査機関と謳われた地検特捜部の捜査は、文字どおり田中帝国を破壊したといえる。逮捕された田中に代わり、文理学部長や副学長を歴任し、田中体制下で学長を務めていた加藤直人が21年12月、13人目の理事長に就任する。加藤は総長には就かず、学長を兼務していたが、22年6月末をもって林に理事長の座を譲り、学長も辞任した。ここから林体制がスタートする。新たな15代目の学長には、田中体制で総長を務めた酒井健夫が返り咲いた。

日大を大きく揺らした背任と脱税事件をごく簡単に振り返る。

東京地検特捜部の本格捜査が始まったのは、2021年9月8日のことである。特捜部はこの日、学校法人日本大学ならびに株式会社日本大学事業部を家宅捜索し、ひと月後の10月7日、理事の一人の井ノ口忠男ならびに大阪の医療法人「錦秀会」元理事長の籔本雅巳らの逮捕に踏み切った。逮捕容疑は日大医学部附属板橋病院の建て替え計画を巡る背任である。

田中の右腕として日大の出入り業者を取り仕切ってきた理事の井ノ口が錦秀会の籔本雅巳と共謀し、板橋病院の建て替え費用24億4０００万円のうち、2億2０００万円のリベートを籔本側に渡したとされる。続いて特捜部は勾留期限満期にあたる10月27日にも、病院への医療機器導入に関する背任容疑などで二人を再逮捕した。井ノ口が病院のX線CT診断装置や電子カルテシステムの導入にあたり、籔本らと謀って大学に水増し請求し、合計1億9800万円の損害を日大に与えたという。

事件の焦点は理事長の田中に対する捜査だ。実際、二つの事件とともに田中の影がちらついた。特捜部は捜査の過程で、田中が板橋病院の建て替え工事の際に錦秀会の籔本から合計1億2000万円を受け取っていた事実をつかんだ。田中にも井ノ口らと同様、大学に対する濃い背任の疑いがもたれていた。

だがその実、背任事件では大学に損害を与えようとした犯意の立証が難しい。そこで地検特捜部は田中に関する脱税容疑に切り替えた。いわば安全策をとったわけだ。

田中は籔本たちから受け取った裏金の1億1820万円を税務申告していない。特捜部はそこに目を付けた。結果、田中は11月29日、5233万円を脱税した所得税法違反容疑で逮捕され、12月20日に起訴される。もっとも日大関係者のあいだからは、脱税事件だけでは物足りないという声もあがった。おまけに田中は逮捕された当初、無実を主張していた。

しかしそこから一転、田中は起訴内容を認め、公判で争わない法廷戦術に切り替える。22年2月15日、東京地裁で開かれた初公判で「争う気はありません」とあっさり罪を認め、わずか3回の公判で判決が下った。懲役1年、執行猶予3年、罰金１３００万円の有罪が確定した。事件にまつわる出来事に多くの謎を残したまま、地検特捜部の捜査は幕を閉じたのである。

この３つの刑事事件は日大の歴史上、最大の激震をもたらした。本人も事件を機に日大理事長の座を追われ、田中英壽による日大のワンマン運営体制が崩壊したのは繰り返すまでもない。が、それだけではない。田中理事長体制下で噴き出した一連の事件は、長いあいだ私学に巣食ってきた大学と取引業者との利権構造をもあぶり出した。そこには、日大にとどまらず、日本の私立大学が抱えてきた共通の病が潜んでいる。

## 第三者委員会調査の限界

ワンマン理事長なきあとの日大本部は、例によって第三者による調査委員会を設置した。日本弁護士連合会(日弁連)に要請し、そこから派遣された橋本副孝、早稲田祐美子、垣内正の3弁護士が中心となり、「元理事及び前理事長による不正事案に係る第三者委員会」が立ち上がり、事件の調査が進められる。その調査報告書が22年3月31日に公表された。概要版だけでA４用紙20ページにのぼり、本編は２２６ページにおよぶ膨大な第三者委員会の調査報告書である。

その調査は先のタックル事件のときと異なり、検察の捜査を経て改めて事件の中身を検証したものだ。したがって報告書は概ね事実を正確にとらえていた。調査報告書の追及の矛先は、事件にかかわった3人に向けられただけではない。理事や常務理事経験者の6人をやり玉に挙げ、それぞれの責任を追及している。報告書では理事の実名を伏せ、十干の甲乙丙丁戊己と匿名にしているものの、関係者が読めば誰を指しているかは一目瞭然だ。

たとえば甲は、〈平成20（2008）年9月に理事に就任し、令和2（20）年3月末にいったん理事を退任した後、同年9月に再び理事に就任すると同時に常務理事を務めた〉と記している。乙は〈平成16年10月から令和2年8月まで理事（平成23年9月～平成25年3月は総長、平成25年4月～令和2年8月は学長）を務め、事業部では設立時から令和2年9月末まで取締役（平成22～24年は代表取締役）を務めた〉とある。さらに丙は〈平成29年9月から常務理事を務め、事業部では平成29年12月から取締役を務めた〉と書く。

この甲乙丙丁戊己6人については、いずれも〈日大に対する任務懈怠責任がある〉と指摘し、善管注意義務違反を訴えてきた。かなり厳しい認定だといえる。報告書を読んだ日大関係者の多くは口をそろえて大学首脳陣を責め立てた。

「田中、井ノ口、籔本らはもとより、彼らの責任を追及しなければ、大学の改革などできない。もちろん損害賠償請求の対象にしなければならない」

日大内部では、田中と彼らの絆がそれほど強く結ばれていると感じられていたのだろう。

しかし、やはり第三者による調査には限界もあった。調査報告書からは、次のような弱気な姿勢もうかがえる。

〈日大に損害をもたらした直接の行為は、田中氏の後ろ盾を得ながら事業部を強圧的に支配していた井ノ口氏が秘密裡に実行したものである〉

田中らの犯罪や不正行為を常務理事たちが認識していたかどうかが不明だ、とこう記す。

〈任務懈怠と日大の損害との間の相当因果関係の有無・範囲については、別途検討が必要である〉

おまけに事件当時の他の理事や監事などの責任にも触れているが、いずれも〈任務懈怠責任までは認められない〉とお咎めなしの結論にいたっている。この点について身内である日大法学部教授の松嶋隆弘の見解は厳しい。

「基本的に大学の理事は企業の取締役みたいなものです。たとえば学部長でもある理事。学部長は教員の代表であり、会社でいうところの従業員ですから、使用人兼取締役みたいなものです。取締役総務部長のような立場で、大いに重役としての責任がある。ですから、本来、彼らはみな退かないといけない。文科省の指導通知からもそう読み取れます。そう考えると、第三者委員会の報告書は過度に甘いんじゃないでしょうか。つまり田中や井ノ口たち以外の役員については、道義的責任があるけれど、法的な責任は追及できないかのようにネガティブに書いています。しかし逆に見たら、これだけの事実でそこまで甘いことを言えるのでしょうか、甚だ疑問です」

日弁連肝煎りの第三者委員会の手によるものだからしがらみなく、追及できている――。第三者委員会調査報告書は発表当初、そう評判が高かった。だが、実は異なる側面があるのかもしれない。松嶋は第三者委員会そのものの成り立ちにも疑いの目を差し挟む。

「第三者委員会はもともと日大の顧問弁護士から引き継いで調査しているように受け取れます。時系列的に見ると顧問弁護士の調査と非常に近接していて、途中まで田中さんに選ばれた方が対応し、そこから人が代わって第三者の調査という建付けになっている。前任の顧問弁護士は民法、第三者委員会委員長は破産法、お二人は早稲田司法試験セミナーという予備校の講師仲間だった時期もあります。どちらも予備校の看板講師でした」

そして第三者委員会の報告書が公表されて4カ月後の22年7月、日大改革を担って作家の林真理子が理事長に就任した。鳴り物入りの理事長就任といえる。その会見の席上、林は報告書について触れ、こう言い放った。

「（弁護士らによる第三者委員会の）報告書を読みました。けれど、本当にこれだけかな、と疑念を拭い去れませんでした」

あまりクローズアップされてこなかったが、その林体制の発足後、日大では新たな調査チームも発足した。日本最大級の法律事務所である西村あさひ法律事務所の弁護士などによる「不正事案洗い出しのための特別調査委員会」である。

ところが、それも1年が経過してなお、表立った動きがなかった。記者会見を見る限り、期待された「林改革」も風前の灯のように感じた。結果的にこの、特別調査委員会もさしたる成果をあげられなかった。日大事件は全貌解明というにはほど遠く見えた。

## 「鉛筆からロケットまで」を扱う株式会社日大事業部の闇

事件における最大のポイントが「株式会社日大事業部」の存在だ。第三者委員会による調査報告書でも、そこを明確に指摘していた。報告書の「第4章　責任の所在」、「日大の業務執行理事が負う義務――事業部に対する監督体制の構築・運用義務」という項目で、日大事業部を放置してきた理事たちの責任を追及している。そこを引く。

〈日大と事業部はあくまでも別法人であるから、日大の業務執行理事といえども、その立場において、事業部の業務それ自体に対して管理・監督の義務を負うわけではない〉

そう述べたうえで次のように書いている。

〈しかしながら、事業部が、①日大の１００％子会社であり、②日大の調達業務を代替するものとして、③その積極的活用が日大の方針とされて、④調達される範囲も広がり、⑤取引規模も急拡大していた（事業部の売上高は、平成30年12月期に１００億円を突破し、令和３年12月期には約２９１億円に達していた。）等の事情のもとでは、日大の業務執行理事は、遅くとも平成31年には、日大の内部統制の一環として、日大の財産の価値棄損を防ぎ、不適切な取引等によって生じうる損失・損害を防止するために「事業部に対する監督体制を構築し、それを機能させる義務」を負っていたというべきである〉

事件では、年商３００億円近いこの日大事業部が諸悪の根源と糾弾された。田中の威を借りた理事の井ノ口らが大学の出入り業者を操ってきたのは疑いない。まさにブラックボックスになってきた組織だ。日大幹部職員の安永貞夫（仮名）は事業会社の仕組みについてこう分析する。

「日大事業部は『鉛筆からロケットまで』を扱う疑惑の総合商社とまで呼ばれていました。田中理事長がなぜこんな組織をつくったのか、といえば、実はきっかけは文科省の通達でした。文科省から、少しでも大学に関係があり、一定の手順を踏みさえすれば、収益事業をやっていいというお達しがあったのです。日大だけでなく各私大が、その通達に基づいて競うように事業会社を設立していきました。大学側としては、事業会社であげた利益を寄附する形にすれば、非課税になる。文科省からのお墨付きをもらったので、大手を振って事業会社を始めたわけなのです」

もともと日本の私立大学には古くからこの手の事業会社が存在し、多かれ少なかれ、事業会社でビジネスを展開してきた歴史がある。最古参は終戦3年後の１９４８年に設立された「早稲田大学事業部」（現早稲田大学プロパティマネジメント）だ。ここが早大生の下宿アパート経営や保険業務を手掛けてきた。また68年に設立された青山学院の「アイビー・シー・エス」は、食堂経営や清掃業務をおこなってきた。文科省は近年、そんな事業会社について一定の方針を打ち出した。それが09年2月26日付の文科省通知である。文科省高等教育局私学部長の河村潤子名で各大学の理事長宛に出した「文部科学大臣所轄学校法人が行う付随事業と収益事業の扱いについて（通知）」と題したそれだ。そこにはたしかにこう記されている。

〈1．学校法人は、従来より、本来事業である教育研究活動のほか、学校教育の一部に付随して行われる事業（以下、「付随事業」という。）及び収益事業を行うことができることとされているが、私立学校の設置を目的として設立される法人であることにかんがみ、その適切な運営を確保していく観点から、本来事業以外の事業については、一定の範囲内で行っていくことがふさわしいと考えられる〉

すでに日大理事長に就任していた田中にとって、これが大学経営における一つのターニングポイントとなる。文科省の方針をいち早く察知した他の私大は、２０００年代に入り、競うようにして事業会社を設立し始めていた。日本大学の事業会社はむしろ後れをとった後発組だったといえる。田中は文科省通知の翌２０１０年１月、日大事業部を設立する。それが瞬く間に成長していくのである。

## 井ノ口の肩書は自動販売機アドバイザー

田中の側近の一人だった日大職員の安永は、日大事業部の設立にもかかわっている。会社の設立経緯を説明した。

「まだ田中さんが理事長になるずっと前、日大は桜門事業部という会社をつくったことがありました。もっぱら出版を生業とする事業会社でしたが、そこが儲かりすぎて当局に目を付けられ、当時の執行部がつぶしちゃった経緯があります。事業会社に利権が集まり過ぎてしまったからです。田中理事長にはそのときの記憶があったんでしょうね。事業部を利用すればカネが自由になる、と考えたようです」

日大事業部は「桜門事業部」が前身であり、その社名は日大校友会の別称、「桜門会」に由来した。田中はそれを日本大学事業部に衣替えしようとしたのである。理事長に就任した翌09年、日大本部に事業会社の設立準備室を立ち上げた。

日大事業部の会社設立パーティーに使ったプレゼンテーション資料が手元にある。それを捲ると、資本金は5000万円とけっこうな金額だ。一方でパート・アルバイトを含む従業員はわずか5人しかいない。それでいて事業内容は保険代理業から教育支援事業、キャンパス環境管理事業や不動産関連事業、イベントプロデュースにいたるまで、何でもありなのである。当初の役員構成は日大総長だった大塚吉兵衛が代表で、理事長の田中や常務理事の中庭敏など、6人となっている。プレゼンテーション資料の「組織体制の将来構想について」と題したページには、日大事業部を分社化して「日本大学ホールディングス」という持株会社をつくる計画まで紹介している。先の安永が資料を見ながら、話してくれた。

「日大事業部は小さく始めて将来的に大きく育てようという方針でした。最初は自動販売機の設置事業から始めよう、と他大学のビジネスモデルを研究した。飲料メーカーに金額を統一させて商品を納入してもらおうとしました。すると、それでは手ぬるいと田中理事長が言い出した。『メーカーにドリンクを扱わせてそこに利益を落とすより、大学職員がドリンクを仕入れて自販機に詰めて売った方が儲かるだろ』と言うわけです。日大というマンモス学校法人のスケールメリットを使えば、1本20円ぐらいで買えるから、売値が100円として80円が儲けになる、と計算していました。肝心の人件費なんかは頭になく、そんなことをやったら事実上、赤字です。けれど、理事長は言い出したら聞かないので、仕方なく失敗を前提に大学本部に2台だけ自販機をリースしてやり始めたのです」

実は井ノ口忠男が、日大の経営にかかわった始まりが、日大事業部における「自動販売機アドバイザー」という変てこりんな肩書である。安永が苦々しく話す。

「理事長は事業部の担当職員たちには任せられないと考えたのでしょう。自ら自販機事業の専門家として、井ノ口を引っ張りこんだのです」

井ノ口は日大文理学部体育学科卒のOBだ。アメリカンフットボールの強豪校である大阪の追手門学院高校を卒業して日大入りし、「日大フェニックス」の名選手として鳴らした。78(昭和53)年の3年時には第33回甲子園ボウルで最優秀守備選手を受賞し、アメフト部の主将まで務めている。卒業後は「チェススポーツ」社長としてゴルフイベントなどを手掛け、アメフト部の同僚だったクオーターバックの金井義明の紹介で田中と出会い、理事長夫妻に近づいたとされる。大阪で広告代理店を経営する実姉とともに、理事長の田中に取り入ったのである。

自動販売機事業の専門家という触れ込みはさておき、さすがの井ノ口も大学職員たちがドリンクを詰めて自販機で売るようなビジネスについては反対したという。田中はそれを受け入れて自動販売機事業は順調に成長し、ますます井ノ口のことを信頼するようになる。安永が言葉を足す。

「大きな学校法人ですから、自動販売機事業だけでひと月の売上が数億円になり、理事長は『さすが井ノ口だ』となったわけです。それで日大事業部で自動販売機事業と並行して保険事業まで始めた。井ノ口の紹介者であるアメフト部OBの金井さんからアドバイスをしてもらいました。金井さんはもともと保険代理店をしていて、そこに相乗りしてやれば間違いないという。なにより120万人の日大OBたちを相手にできますから、保険も順調にいきました」

## ラスプーチンの日大事業部「1000億円」利権

田中が自動販売機事業だけで満足するわけもない。そこから日大事業部はビジネスを拡大していった。会社発足時のプレ資料には、「事業展開戦略ロードマップ」と銘打って2010年から18年までを3フェーズに分け、事業拡大の計画が記されている。その狙いどおり、日大事業部は急速に売上を伸ばしていった。先の調査報告書の本編を改めて読めば、日大事業部設立1年目にあたる11年12月期の売上はわずか3億円しかない。その年商が6年後に50億円を超え、18年には100億円を突破する。20年12月期の売上が168億円、21年は291億円と飛躍的に成長しているのである。

しかし私学の事業会社はしょせん大学そのものが事業展開しているわけではなく、外部機関としてのビジネスに過ぎない。そこに大学本部のガバナンスやチェック機能が働くわけもなく、過去も不祥事の温床になってきた。日大もしぜん事業会社にあらゆる利権が集約されていった。換言すれば、それが田中や井ノ口の狙いだったといえ、事件の温床となっている。安永が一連の事件の背景を説明する。

「自動販売機で味を占めた井ノ口は、田中理事長の威光を笠に着た怪僧ラスプーチンみたいな存在になっていきました。大学の幹部は井ノ口を通さないと理事長と話もできない。やがてそんな空気が学内に流れていきました。理事長が絶賛する井ノ口は自動販売機アドバイザーから、『理事長付相談役』という肩書を名乗るようになっていきました。事業会社には理事長なんていないので、本来ならありえない肩書ですけど、学内では誰も異を唱えないのです」

そうして井ノ口は日大事業部の取締役となり、大学本部の理事の地位までつかんだ。保険代理事業、清掃・警備、不動産や建設と、日大事業部のスキームを駆使して日大と出入り業者との取引を取り仕切った。その最たるものが、板橋病院の建て替え事業であり、総工費は1000億円と見られた。井ノ口を中心に籔本たちもその利権の甘い蜜に吸い寄せられ、事件の関係者が群がっていったのである。

主犯格の井ノ口は21年10月の逮捕後、日大理事とともに日大事業部の役員を解任された。日大事業部は22年1月21日の臨時株主総会をもって役員人事を一新した。代表に田中康久、取締役に園部洋士という弁護士が就き、公認会計士二人を加えた4人の役員構成となる。新理事長の林体制下でこれまでの利権の見直しを図ったはずだった。ところが、そう簡単に利権の根は断てない。安永が明かした。

「井ノ口が日大事業部で手掛けたなかには、学内のコンビニの出店もありました。井ノ口から紹介され、都内のビルメンテナンス会社がフランチャイズでやっているコンビニをテナントに入れていました。そこがスポーツ選手や芸能人のタニマチになっているいわく付きの業者でした。なのでこの際、テナント契約を解消しようと交渉した。しかし先方にゴネられて継続する羽目になったといいます。いわば井ノ口の残した利権ですが、そんなケースはまだまだあるでしょう」

発足した林真理子理事長の新体制でまず着手しなければならなかったのは、田中、井ノ口、籔本という事件の主役たちに対する大学への損害賠償請求だった。事件を受けた文科省は、日大に対する22年度の経常費補助金（私学助成金）を全額交付しないと決定した。日大の補助金は前の21年度が早大に次ぐ2番目の90億円だった。補助金の全額カットだと、それが2年続き、よくて3年後に75％カット、4年後に50％減、5年後に25％減と段階を踏んで回復することになっている。順調にいっても元の全額交付までには6年もかかり、最短で27年度だ。つまり、少なくともカットされた300億円以上の助成金が、彼らに対する賠償対象になりうるのである。が、林新体制でも結局、そこまでの請求はできなかった。

## 林理事長に提出された出禁誓約書

〈反社会的勢力でないこと及び法令遵守体制の確保等に関する表明・確約書〉

そう題した一通の文書が手元にある。A3サイズの見開きになっている。表面裏面合わせると、A4サイズにして4ページの書面だ。外部へのコピー流出を防ぐためだろう、SAMPLEと大きく書かれた薄いグレーの文字が書面を横断している。

文書は右上に【令和4年9月14日改訂版】と書かれ、宛先は〈学校法人日本大学　理事長　殿〉になっている。林真理子が日大の理事長に就任して2カ月半経った22年9月、大学の出入り業者に対して提出を求めた〈確約書〉のひな型である。このように記されていた。

〈1　私〔当社又は当社の下請負者（下請負が数次にわたるときはその全てを含む。）（当社若しくは当社の下請負者の役員その他責任者、支店若しくは常時契約を締結する事務所の代表者又は経営に実質的に関与する者をいいます。以下同じ。）〕は、現在又は将来にわたって、反社会的勢力（暴力団、暴力団員、暴力団員でなくなった時から5年を経過しない者、暴力団準構成員、暴力団関係企業・団体、総会屋、社会運動・政治活動標ぼうゴロ又は特殊知能暴力集団等、その他これらに準ずる者をいいます。以下、同じ。）のいずれにも該当せず、かつ、以下の各号に掲げる反社会勢力等（反社会勢力又は反社会勢力と密接な交友関係にある者をいいます。以下同じ。）との関係のいずれにも該当しないこと、かつ将来においても該当しないこと〉

続いて、これらに〈表明・確約いたします〉あるいは〈表明・確約いたしません〉の〈いずれか一方にチェックをしてください〉とある。反社会勢力に属しているかどうか、あるいは彼らと取引があるかどうか。平たくいえば、日大の取引業者に対し、それを確認するための文書である。出入り業者だけでなく、その下請け業者にまで確認対象の範囲を広げている厳しい誓約内容といえる。日大の幹部職員、安永貞夫がくだんの誓約文書について説明してくれた。

「これが日大グループの学部や学科の部科長、さらには高校の校長宛に送られました。目的は、出入り業者にこの確約書を配布し、現在はむろん、過去や将来においても反社でない、と確認するためです。実際に林執行部が想定している対象は、いわゆる暴力団などの反社だけではありません。田中元理事長ならびに理事だった井ノ口が付き合ってきた業者をすべて断ち切ろうとした。そのための確認書であり、学内では『出禁誓約書』と呼ばれていました」

この「出禁誓約書」は、大学の顧問弁護士があらかじめ取引業者から井ノ口らとの関係を聞き取ったうえで、出入り禁止業者をリストアップし、この先そこと取引をしないことを誓約するために作成したものだという。文書ではその出禁業者について〈対象会社等〉と次のように列挙している。

〈株式会社日大事業部、株式会社チェススポーツ、株式会社アララギ、株式会社エルフ・エージェンシー、株式会社FRONTIER OF HEALTHCARE INNOVATION（フロンティア・オブ・ヘルスケア・イノベーション）、株式会社FRONTIER SUPPLY（フロンティア・サプライ）、株式会社Intelligence Consulting（インテリジェンス・コンサルティング）、株式会社Nishiki Corporation（ニシキ・コーポレーション）……〉

リストアップされた企業は日大事業部をはじめ、田中や井ノ口、さらに大阪の医療法人「錦秀会」元理事長の籔本雅巳と極めてかかわりの深い法人ばかりだ。なかでもチェススポーツとエルフ・エージェンシーの2社は、一連の事件を解明するうえで重要な取引先といえる。チェススポーツは井ノ口の運営してきたスポーツ用品店であり、エルフ・エージェンシーは井ノ口の実姉である橋本稔子の経営する大阪の広告代理店である。

橋本は一連の日大事件で逮捕も起訴もされていないが、井ノ口の実姉であり、事実上の元凶だ。実はこの大阪の姉弟が、盤石に見えた田中帝国にとって蟻の一穴となる。

## 大阪の姉弟コンビに牛耳られた日大

私立大学は学生の授業料や政府からの私学助成金などが経営を支えている。数ある私大のなかでも、7万人もの学生が通う日大の財政は他を寄せ付けないダントツの収入を誇る。金額でいえば、2位の早稲田の2倍近い。大企業なみの年間2700億円前後の収入がある。その日大では一般企業と同じく、広報や宣伝広告を扱うハウスエージェント(専用代理店)制を敷いてきた。日本最大の広告代理店である電通が広報の宣伝を担ってきた時期も長い。だが、田中はなぜか電通と折り合いがよくなかった。前出した元日大理事の岩本彪(仮名)が語る。

「田中氏は理事長に就任したあと、電通を排除しようとしました。そこにするっと入り込んだのが、エルフ・エージェンシー社長の橋本稔子だったのです。彼女が大学に陣取るようになったあと、東京五輪の招致を巡って山口組の組長や住吉会の会長とのツーショット写真が流出してしまい、マスコミに攻め立てられました。そのためさすがに学内でも、エルフが仕切るような広報宣伝体制ではだめではないか、と疑問視する声があがり、共同通信社会部のOBが広報部嘱託として大学に送り込まれてきましたが、それもさして役に立たない。その間、エルフは変わらず日大のハウスエージェントとして大きな顔をしてきた。こうした大学の広報、宣伝体制に反対した理事もいました。けれど、田中理事長は『橋本社長の言うことを聞いてりゃいい』という一辺倒で、まったくとりあわなかったのです」

アメフト部の反則タックル事件が起きたのはまさにこの頃である。先に書いたように監督の内田らが記者会見を開いた。が、逆に共同通信出身者の広報対応がまずく、騒動の火に油を注ぐ結果となる。一方、ハウスエージェントであるエルフ社の橋本は危機対応ではなく、もっぱら大学の広告・宣伝業務を一手に握り、その裏で理事となった弟の井ノ口が日大事業部を取り仕切っていったのである。

もともと日大アメフト部のコーチをしていた井ノ口は、同じアメフト部OBの金井や監督の内田正人を通じて理事長の田中と知り合ったとされる。そこから2010年に設立された日大事業部を任されるようになり、田中、井ノ口、錦秀会の籔本雅巳らの関係ができあがっていった。くだんの「出禁誓約書」が対象会社等と名指ししたチェススポーツやエルフ・エージェンシーが、一連の事件に暗い影を落としてきたのは疑いようがない。先の幹部職員、安永はこうした広報、宣伝体制に疑義を抱いてきたという。

「井ノ口は現役学生時代、日大アメフト部のスター選手でした。その井ノ口の経営してきたチェススポーツは西日本で姉のエルフ・エージェンシーと組んでさまざまなスポーツイベントを仕掛けてきたと大学に売り込んできた。日本女子プロゴルフ協会（JLPGA）主催のマスターズGCレディースや福岡の（化粧品会社の名を冠した）ヴァーナルレディースを仕掛け、スポンサーとして錦秀会の籔本や延田グループの延田エンタープライズ社長の延田尚弘がそこに協力してきた。籔本と日大の関係でいえば、むしろ井ノ口より姉の橋本稔子のほうが先で、つながりは深いかもしれません」

それにしても、なぜ橋本、井ノ口姉弟は、そこまで日大に入り込むことができたのか。元理事の岩本が悔しがる。

「橋本、井ノ口姉弟に少しでも苦言や愚痴を言った日大の若手・中堅職員は、次々と左遷されました。本来庇う立場の上司である日大幹部は田中理事長に恐れをなして何も言えないし、あの姉弟はやりたい放題でした。なぜそんなに田中理事長が橋本、井ノ口姉弟を重用したのか、といえば、理由は女房の優子さんへの気がねでしょうね」

別の日大幹部職員、葉山徹（仮名）もまたこう言う。

「なかでも橋本稔子は事件におけるキーパーソンでしょう。彼女が取り入った相手は田中理事長ではなく、理事長の首根っこを押さえている奥さんの優子さんでした。日大のハウスエージェントになってから、彼女は東京・阿佐ケ谷の『ちゃんこ料理たなか』をほぼ毎日訪れ、優子夫人に気に入られていきました。ちゃんこ屋では、暑気払いや忘年会をはじめ、日大本部の各部局の職員が集まり、年に何度も懇親会を開いてきました。その会費はけっこう高く一人あたり2万円もした。必ず優子夫人の経営する店を使わなければなりません。要はご機嫌伺いです。2010年代の後半に入ってからでしょうか、職員の懇親会に決まって井ノ口のお姉さんが同席するようになりました。彼女は座持ちがよく、工学部の幹部職員と噂になったことまでありますす」

## 安倍友ネットワークと日大事件の関係

もともと橋本稔子は一連の事件で逮捕された元錦秀会理事長の籔本雅巳と親しく、籔本と日大のパイプ役となってきた。エルフ・エージェンシーの橋本は関西の広告業界における有名人で、実は大阪府警が早くから彼女をマークしてきたという。捜査4課の捜査幹部に聞くと、次のように解説してくれた。

「エルフの橋本は関西のローカルテレビ局と取引があり、同じ広告代理業界で電通出身の自民党代議士だった中山泰秀と古くから懇意にしてきたようです。中山はキタ新地で籔本と飲み歩くような仲で、結婚式の仲人を籔本に頼むほどの間柄。それで橋本は中山から籔本を紹介され、さらに日大にパイプをつないだと聞いています。彼らの飲み仲間には、大阪でパチンコ店を経営する延田グループの延田や岸和田出身のゼネコン矢野組工業社長の矢野利治たちもいて、橋本の仕掛けるスポーツイベントのスポンサーについていました」

藪本といえば、故・安倍晋三元首相とも「安倍さん」「ヤブちゃん」と呼び合うゴルフ仲間でもあった。藪本は日本維新の会前代表で前の大阪市長だった松井一郎などとも親しく、日大事件の前には、医療法人錦秀会が「2025大阪・関西万博」の跡地に病院を開設する計画まで立てたほどだ。ちなみに安倍チルドレンである中山自身は、かつて自民党大阪府連の副会長として首相官邸と維新の会のあいだを取り持ってきたが、皮肉にも21年10月の総選挙で維新の会の候補者と闘う羽目になる。まさに日大事件の渦中のことだ。中山の有力支援者でもあった藪本にとって、選挙どころではなかったに違いない。投票日直前の9月に日大医学部附属板橋病院の建て替え工事を巡る背任事件で藪本は東京地検に逮捕されてしまい、中山は落選する。と同時に、維新の会と練ってきた大阪万博跡地の病院建設計画もまた、雲散霧消してしまう。

話を「出禁誓約書」に戻そう。日大の事件では、井ノ口姉弟が大学とのパイプ役となり、藪本が医療コンサルタント会社の経営者という肩書で日大事業部の取引に介在した。「出禁誓約書」にあるインテリジェンス・コンサルティングやニシキ・コーポレーションが、藪本の経営するコンサルタント会社である。特捜部はここを藪本が仲介手数料の受け皿として設立したダミー会社と睨んで捜査を進めた。

事実、インテリジェンス社とニシキ社の2社については日大事件の公判でも指摘されている。東京地裁は22年10月6日、板橋病院を巡る背任事件の被告人の一人である医療コンサルタントの吉田徹也に対する判決を言い渡した。吉田は井ノ口に指示され、コンサルタント名目料を籔本に支払った張本人だ。東京地裁は、これを電子カルテ機器などのリース代金を水増ししただけの必要のない仲介料と認定し、日大に2億円の損害を与えたと断じた。吉田には懲役2年6カ月、執行猶予4年（求刑懲役2年6カ月）の有罪判決が下されている。

## 山口組フロント企業「梁山泊」事件に登場した出禁業者

おまけにくだんの「出禁誓約書」で対象にされているのは、こうした事件関連のいわく付きの会社だけにとどまらない。出禁の〈対象会社等〉には、〈株式会社タカシ・フォーユー、株式会社ディパーチャーグループ、株式会社ビルフィックス（旧商号「ブレイン」）、株式会社アールエム、株式会社カルチュアコンビニエンス〉といった聞きなれない会社も記されていた。先の葉山はこのあたりの日大の出入り業者に詳しい。以下のように説明を加えてくれた。

「実は『出禁誓約書』は2種類あり、2番目のそれは22年9月14日付の改訂版で、その前の6月にも同じような誓約書が配布されています。最初のときの対象会社は事件で名指しされた井ノ口や籔本の関係先のみに絞っていました。ですが、それだけでは足りない、という声が学内であがり始めました。それで、本部で担当弁護士と協議した結果、9月に出禁の対象企業を追加したのです。その一つのディパーチャーグループは、井ノ口の紹介で日大事業部と取引をした会社でした。ここがなかなか手ごわいところでした」

「出禁誓約書」の〈対象会社等〉には、〈田中英壽、井ノ口忠男、籔本雅巳、吉田徹也〉といった個人名まで記されている。そして、いわば事件の主役である彼らに続いて〈西貴志〉という人物が名指しされている。この人物がディパーチャーグループの創業社長である。

ディパーチャーグループは企業コンサルタントを主業務として2001年4月、東京都渋谷区（現在の本店登記は港区）に設立された。現在もなおビルメンテナンスなどを手掛けている。この西貴志やディパーチャーグループは事件通のあいだで知られた存在だ。奇しくも大阪府警捜査4課の関係者が捜査してきた会社でもあった。

「西は08年に摘発した梁山泊事件の捜査対象者でした。梁山泊は山口組系のフロントだった豊臣春国の始めたパチンコ情報の会社で、豊臣はさまざまな株の仕手戦を演じ、府警に相場操縦の疑いで摘発されました。このとき東証マザーズ上場のIT投資企業『アイ・シー・エフ』（オーベンに名称変更）の株取引に株主として登場したのが西でした」

事件そのものは04年12月にさかのぼる。梁山泊グループはアイ・シー・エフとの株式交換により、同社を買収する、と発表して大株主となった。このとき梁山泊側が自らの会社の株価を過大評価させようと虚偽の情報を流した。そのうえで梁山泊側の手にしたアイ・シー・エフの2365株を売却し、5億8000万円の不正利益を得ていた。いわゆる株価操縦である。おまけにこの梁山泊事件には山口組の影がちらついた。主犯の豊臣は事件の渦中、六代目山口組体制のナンバー2である若頭の高山清司をキタ新地の高級クラブの開店行事に招待していた。大阪府警がそこまでつかんで、追及してきた捜査対象である。

事件の主犯と見られた梁山泊グループ代表の豊臣には、私も会ったことがある。取材した豊臣自身は暴力団関係者との交流を否定しなかったが、ビジネス上は無関係だったと強調した。「その梁山泊グループとともにディパーチャーグループの西が株取引に加わっていた」と府警関係者は記憶を確かめながら話した。

「西が梁山泊事件において重要な役割を果たしていたのは間違いありません。彼に対する捜査班もありました。ただし、ターゲットはあくまで山口組と近い豊臣で、そこが捜査の中心でした。したがって西については事件としては成立せず、逮捕もしていません」

大阪府警捜査4課は梁山泊事件で豊臣のほか、元アイ・シー・エフ社長の佐藤克容疑者たち4人を逮捕したが、ディパーチャーグループの西は咎めなしに終わる。ちなみに西は、これ以降も時折話題を提供してきた。

『週刊新潮』の13年11月14日号では、〈「清原和博」「片山晋呉」人脈を自慢するビルメンテナンス社長の悪評〉と題したワイド特集記事で西を取りあげている。元巨人の清原や元Jリーガーの中田英寿らがニンニク注射を打ちに通う六本木のクリニックの金銭トラブルに西が登場。記事中で西について、知人の談話として次のように紹介している。

〈「赤坂、虎ノ門などの豪華マンションに住み、フェラーリやベントレーなどの高級外車を乗り回していました。また有名人に知り合いも多い。清原とはよく会食し、一緒に野球チーム『清原ジャイアント』も作り、西さんがキャプテンを務めていたほどです。かつてはゴルフの片山晋呉の後援者でもあり、彼が賞金王に輝いた時には、発起人として盛大なパーティーを催した。女優の仁科亜季子(60)とも面識がある。こうした人脈を自慢し、ビジネスに活用していた」〉

かつて経済事件に関与し、金銭トラブルに顔を出して評判を落としたといっても、それ自体は日大とかかわりはない。にもかかわらず、林執行部は「出禁誓約書」に西の会社名や個人名を載せている。そこには、それなりの理由がある。日大幹部の葉山が指摘する。

「西貴志の率いるディパーチャーグループを要注意先として出禁にしている理由は、井ノ口の紹介だからです。田中元理事長の威を借りて日大事業部の利権を思うままに貪ってきたその井ノ口が強引に日大との取引を噛ませたのが西だったのです」

前述したように、くだんの誓約書では日大事業部そのものを出禁にしていた。しかし既存の取引はなかなか解消できない、と葉山は憤慨する。

「実際は各学部に井ノ口の息のかかった業者が生き残っています。とりわけ清掃や警備などの事業には、井ノ口、事業部経由で入り込んできた業者が今も睨みを利かせている。それで、苦情があがってきているんです。なかでもディパーチャーの西は事業部の井ノ口を通じて学内のコンビニのフランチャイズテナントを仲介し、その権益を得ていました。それで事件後、事業部ならびに西の影響力を排除しようと、（静岡県三島市の日大）国際関係学部がフランチャイズ店を入れ替えようとしました。すると、コンビニの本店から『西にクレームをつけられているので、入れ替えをやめてほしい』と連絡が来たのです。契約上では事業部と縁が切れているけれど、現実には井ノ口の残した契約を切れない」

コンビニチェーンの本店から、「あのフランチャイズ店は売上がいいので替えられない」と指示されれば、大学側は従う以外にない。そこで、大学本部は敢えて、井ノ口たちと付き合いの深い関係先を「出禁誓約書」に掲載したのだという。本部通達で規定されている以上、表立って大学当局は取引できない。いわば、出禁誓約書を田中や井ノ口の残した負の遺産の清算のための盾に使おうとしたといえる。

当初、日大における田中派の一掃を掲げた林真理子の意気込みは、たしかに強かったのかもしれない。各部科長宛には、出禁誓約書とは別に〈元理事長の影響力排除について〉という文書まで届いている。そこでは〈元理事長が当該部署を訪れたことの有無〉を尋ねている。仮に、訪問があれば、その日時や場所、目的を報告せよ、と求めているのである。

もっともこの徹底ぶりは、こうまでしないと田中時代の負の遺産の清算ができない、という困難の裏返しでもあった。日大にはそれほど根深い傷跡が残っていたといえる。

そんな林新体制の下、2022（令和4）年10月5日、奇しくも日大創立記念日の翌日、「ちゃんこ料理たなか」の女将である田中優子がひっそり息を引き取った。日大の女帝は東京地検特捜部の本格捜査が始まった直後から、病床に就いていた。

## 女帝の寂しい死

東京地検特捜部は21年秋、背任容疑の井ノ口忠男と籔本雅巳の関係先だけでなく、杉並区阿佐谷南にある「ちゃんこ料理たなか」まで家宅捜索している。店のある4階建ての湯沢ビルは1階と2階が店舗、3階から上が田中夫妻の住まいとなってきた。特捜部は10月7日、その湯沢ビルを捜索し、そこから2億円を超える現金を押収した。

「私とあの人が30年以上も働いて貯めたお金よ。それを持っていくなんて許せない」

田中優子は柳眉を逆立て、特捜部の事務官にそう食って掛かった。だが、それで許されるはずもない。すでに日大医学部附属板橋病院の建て替えを巡り、籔本から田中に8000万円のリベートが渡った事実も明るみに出ていた。そして自宅に残していた現金は、田中に対する脱税事件捜査の道を開く端緒となる。

優子は隠してきた現金がばれたことが、よほどショックだったのであろう。家宅捜索を終えた検事や事務官が引きあげたあと、意識が朦朧として自宅の階段から転げ落ちてしまった。密かに千代田区神田駿河台の日大病院に救急搬送され、夫婦そろって特別室に入院したのである。のちにそれが明らかになると、逮捕逃れのためのパフォーマンスではないか、と噂される始末だった。だが、そうではない。優子は転倒したときひどく頭を打ち、脳梗塞の手術を受けている。田中の元側近である橘田健司(仮名)は、そんな事件後の夫妻の状況を逐一観察してきたという。

「駿河台の日大病院にいる脳外科の准教授が担当し、すぐに優子夫人の頭を開いてオペをしたようです。手術そのものは成功したと聞いていました。けれど、後遺症が残り、半身不随になってしまいました。言葉もやや聞き取りづらくなっているという話でした。もちろんすぐに命が危うくなるという状態ではなく、ほどなくして急性期病院である駿河台の日大病院を退院しました。そこからリハビリを始め、ちゃんこ屋に戻ってしばらくは在宅で予後治療をしてきたはずです。ただ、もともと重度の糖尿病がもとで腎臓を患っていた。そのため予想以上に回復せず、次第に悪くなっていったみたい。そうして別の病院に入院した矢先、最期を迎えたということでした」

それが22年10月5日のことだ。その死から6日経った11日夕刻6時、新宿区の落合斎場で通夜がおこなわれたので、私も駆け付けた。喪主は田中英壽だった。

通夜の始まる少し前に到着すると、4室ある式場のいちばん奥に田中家の受付があった。建物の外には参列者が大勢集まっている。300人ほど並んでいただろうか。ただし、120万人あまりの卒業生を世に送り出している日大に長いあいだ君臨してきた元理事長夫人の通夜にしては、弔問の数が少ないようにも感じた。その参列者の多くが一目で相撲関係者とわかる大きな身体をしている。髷を結って草履履きの相撲取りが式場の前に集まり、隅のほうに日大のブレザーを着た相撲部の学生たちが開場を待っていた。巨体に挟まれて列に並んだせいで、式場前の広場が混雑して狭く感じた。

通夜に参列した相撲関係者は、やはり日大相撲部出身者が多い。みな田中の弟子である。高校相撲界の名門、埼玉栄高校相撲部の山田道紀監督は弔問の受付席にいた。大相撲を引退した音羽山や追風海、高見盛や智乃花の姿もあった。現役(当時)では、翔猿や大栄翔、明瀬山、大翔鵬や金峰山といった力士の顔もあった。

どうやらマスコミを警戒して他の弔問者をシャットアウトしているらしく、坊主頭のいかつい喪服の男たちが周囲を見張り、報道受付もない。そのためスポーツ紙をはじめ記者たちは受付で香典を置き、相撲関係者に交じって焼香していた。マスコミシャットアウトは翌12日正午の告別式でも同じだったが、告別式には有名力士の姿はなかった。

葬儀の供花もまた、相撲関係者のそれが目立った。境川親方をはじめ日本相撲連盟専務理事の安井和男(現副会長)、埼玉栄高校相撲部監督の山田道紀、鳥取城北高校校長の石浦外喜義、日本学生相撲連盟や日本大学相撲部ＯＢ一同、といった名札が並んでいる。元日本ボクシング連盟会長の山根明やヤクルトの元プロ野球選手の広澤克実の花もあった。

もっとも日大職員や教授たちの花は意外に少ない。田中のあと学長になった元総長の大塚吉兵衛や元工学部長の出村克宣、元理事の中川圭造の供花があったくらいだ。大塚は霊前で香をたいていたが、さすがに林真理子の姿はなかった。

# 第九章 ジレンマを抱えた改革

ガバナンスが迷走するポスト「田中英壽理事長」体制（写真：時事）

## 日大事業部の消滅

〈学校法人日本大学の子会社・日本大学事業部（東京都千代田区、田中康久代表清算人）が昨年12月31日付で解散した。同月9日の臨時株主総会で正式決定された。同社は今後清算手続きに入る〉

2023（令和5）年1月30日付の『日本大学新聞オンライン』は〈日大事業部が解散〉と題してこのように報じた。

〈同社は2010年、同法人が100％出資して設立した事業会社。井ノ口忠男元理事らによる背任事件の舞台となったことから、昨年4月7日に同法人が文部科学省宛てに出した文書「学校法人日本大学の前理事長及び元理事に係る一連の事案に対する本法人の今後の対応及び方針について（回答）」で、同社の昨年末での解散が示されていた〉

田中英壽が理事長に就任した2年後の2010年以来12年続いた日大事業部は、日大帝国に君臨した田中肝煎りで設立された。それだけに、諸悪の根元のように見られてきたといえる。22年12月、会社そのものが消滅した。田中のあとを受けて新たに理事長に就任した林真理子は、これが日大改革最大の成果だと味噌をあげる。結果、日大事業部の業務は保険代理店事業だけを新しく日大本部に設置した「日本大学キャンパスサポートオフィス」に移し、それ以外の食堂や売店の経営、自動販売機事業、備品購入にいたるビジネスまで、各学部が独自におこなうことになった。

「林理事長が元理事長の悪の根を断ち切った」

日大事業部の解散については、本部執行部のみならずマスコミもそう絶賛した。だが意外にも、大学内部からは称賛より、むしろ不安の声が聞こえてくるのである。日大幹部職員の安永貞夫（仮名）の見解もこうだ。

「日大事業部のような大学が出入り業者との取引を管理する会社は、たいていどの私大にもあります。日大の場合、それまで各学部の事務局が業者と組んで取引していて、その癒着ぶりが目にあまっていました。そのため、田中理事長が大学本部で取引を一本化して管理しようとした。そんな側面もあります。そこを井ノ口らにいいように操られて背任事件の舞台になってしまった。それはそれで問題です。しかし、とどのつまり元に戻ったという話になります。それで、業者と学部という以前の癒着が復活するのではないか、と心ある職員たちは心配しているのです」

文理学部畑の加藤直人から理事長の座を引き継いだ芸術学部出身の林真理子体制になった日大は、田中の側近幹部職員や理事を主要ポストから外し、田中支配から解放された。それは間違いない。反面、こと大学の組織運営という点では、迷走していく。それは、ある意味でカリスマ理事長の田中による統治というガバナンスが機能しなくなったからかもしれない。実のところ、そこを危惧している日大の職員も少なくない。古田重二良《じゅうじろう》と同じように、田中支配にもたしかに光と影が存在した。

## 役員人事の迷走

〈標記のことについて、熊平美香理事の辞任に伴い、令和4年11月4日開催の理事会において、新たに村井一吉氏が、寄附行為第8条第2項第4号（理事長の推薦した者）に基づく理事として選任され、併せて、常務理事に選任されましたので、下記のとおり通知いたします〉

22年11月7日付で教職員に向け、日本大学の役員人事が通知された。7月1日に林理事長体制が発足し、わずか4カ月後に発表された大きな人事といえる。

林は理事長就任にあたり、28人いた理事をすべて退任させ、日大で初めて女性理事を登用したことは前に書いた。と同時に、評判を呼んだのが、精神科医である和田秀樹と熊平美香の常務理事抜擢である。和田は東大医学部出身の医師であり、もう一人の熊平は日大初の女性常務理事として、昭和女子大学ダイバーシティ推進機構キャリアカレッジ学院長から迎え入れた。

一般企業にたとえれば、私立大学の理事は重役にあたるが、会社の取締役と異なり、私学の理事はすべて学内に常勤するわけではない。肩書の名称どおり、常に学内に勤務するのは常務理事であり、理事長のそばにいて日常における大学運営の実務を担う。

田中英壽理事長体制では、4人の常務理事が理事長を支えてきた。事件後の第三者委員会の報告書にあるように、彼らが田中の大学私物化を見逃し、放漫経営に拍車をかけたとしてA級戦犯扱いされたのはそのためだ。新たに日大理事長に就いた林は、従来の4常務理事体制から、日大とは何のしがらみもない二人の常務理事体制に変えた。

「日大改革に対する新理事長の意気込みの表れだ」

新理事長の林による日大の役員人事は、そう好感をもって受け止められてきたといえる。

しかし、新体制の発足からほどもなく、目玉人事のはずだった女性常務理事の熊平が、辞任の意向を示すようになった。そうなると、理事長を支える常務理事が和田一人になる。おまけに和田は昭和女子大の熊平と違い、大学経営の素人に過ぎない。理事長と常務理事という大学経営の要がともに経験のないトップでは心もとない。とうぜん日大内部から「これでは組織運営は無理だ」と不安視する声があがり始めた。新常務理事の村井を発表したのは、そんな学内の声を反映した結果にほかならない。

そこで林は10月7日の理事会において、公認会計士の淺井万富(財務・管財担当)と理学博士の渡辺美代子(企画広報担当)を常務理事に選任した。林はここでも外部登用にこだわった。すでに選任されている和田は東大医学部、淺井は同志社大学商学部、渡辺は東京理科大学理学部、といずれも出身大学が日大ではない。これにより元の4常務理事体制に戻ったことになる。だが、実のところ日大のことはあまり知らない。

4人の常務理事のうち、村井だけが日大生え抜きだ。日大豊山高校から日大の法学部に進み、プロパー職員として勤務してきた。人事・総務畑という事務方の中枢を歩んできたエリート職員である。

そうして新常務理事に就いた村井は、大学運営の中枢である人事・総務を担うことになる。教職員宛の通知書によれば、林体制の発足後、常務理事一人体制で大学運営のすべての実務を見てきた和田は、〈N・N「新しい日大」企画担当〉と担務を変更された。理事の人事について、日大幹部職員の安永は次のように冷静に分析する。

「やはり日大のことが何もわからない和田さんだけでは、常務理事として荷が重すぎ、現実に無理があったのでしょう。それで村井さんに近い大学OBが、林理事長に耳打ちして村井新常務理事が実現した、と聞いています。ただし、この人事には疑問を投げかける日大職員もいます。村井さんは元理事長の田中さんとの距離感でいえば、決して遠くない。林理事長は大学の人間関係をまったく理解していません」

## 新常務理事と田中との「微妙な関係」

繰り返すまでもなく、田中英壽は日大10代目総長の瀬在幸安に仕え、頭角を現していった。常務理事や交友会会長に就いた頃から、学内の利権や総長選挙を取り仕切って権力を掌握するようになる。08年に自らが理事長に就任したあと、総長制を廃止し（13年）、名実ともに大学のトップに君臨してきた。

一方、法学部卒業のエリート職員である村井は、瀬在幸安の実兄にあたる9代目総長の瀬在良男の時代に総長秘書となり、出世の道を開いた。その村井は人事・総務畑のエリートとして、田中とも縁が深かったといえる。二人は微妙な関係だといわれてきた。

田中が理事長に就任して間もない10年3月、日大では職員の情報漏洩事件が起きた。村井はその事件の渦中にいた、と先の安永が思い起こす。

「人事課員が数万人に上る職員の人事データを流出させた事件でした。ファイル共有ソフトWinnyを使ってデータを持ち出した。ファイルのなかには、大学紛争のときに起きた古い懲戒記録なども含まれていたといいます。このとき大学本部の人事課長が村井さんでした」

情報漏洩事件はまだ総長制を敷いていた時代のことであり、表向き日大のトップは総長の酒井健夫だった。もっとも実態は総長選で田中に担ぎ上げられた傀儡であった。当時理事長を含めた日大理事の任期は3年だった（現在は4年）から、田中が理事長に就いたばかりの1期目のど真ん中にあたる。事件は理事長に就任したばかりの田中にとって、権力の地盤固めをおこなっていたさなかの出来事だったといえる。安永が続ける。

「あの頃、個人情報の流出は他の大学や会社などでもたくさん起きていて、幸いにも日大の件は目立たず、世間もあまり騒がなかったように感じました。記者会見を開いてさっさと謝ったのが功を奏し、さほど問題にされませんでした。ただ、そのせいで村井さんは人事ラインから外れました」

この人事が田中と村井の「微妙な関係」と囁かれる所以なのだという。安永はこうも指摘した。

「外れたといっても、村井さんの異動先は法学部の事務長でした。田中理事長はワンマンで強権的に見えるかもしれません。しかし実のところそれは夫人の優子さんのほうで、理事長本人はむしろ情があった。このときの田中理事長は優子さんの助言により、村井さんを人事課長から外しました。しかし法学部の事務長職は事実上の昇格であり、ワンランクアップしたことになる。そのあたりが田中理事長の独特な人事の流儀なのです」

仮に懲罰人事をおこなえば、相手から恨みを買う。だが、逆に一時避難的な人事で、しかも昇進なら恩義を感じる。大学の役職では本部勤務のほうが各学部のそれより格上とされる。この場合、本部の課長から法学部の事務長への異動だから横滑りのようにも見えるが、事実上の格上げとなるという。それでいて、世間から見れば、大学が情報漏洩で謝って課長を飛ばしたように思える。それも計算した上の絶妙な人事だ、と安永は評価する。

「田中理事長の人事は、人事課長といっても当人が犯人ではないわけだから、懲罰を科す必要はない、という論法です。本部から追い出されたといっても、給料は上がる。大学は利益追求型の企業じゃないから、そこは仲良くやればいいんじゃないか、というわけです」

もとより一般社会や民間企業では通じない理屈である。ただし、林理事長体制下の常務理事就任にあたり、以前の村井の「負」のプロフィールは発表されていない。人事をおこなった当の林真理子自身も田中との微妙な関係の詳細を知らなかったのではないだろうか。

林体制では、理事のほとんどが日大出身者以外で固められており、これにより、大学運営の要諦である人事・総務は村井が一手に握ることになった。それだけに、幹部職員の安永も不安げな様子だ。

「人事・総務のスペシャリストである村井さんは日大の教職員事情に精通しています。したがって今度の常務理事登用は適材適所といえなくもない。日大の生え抜きで常務理事を選ぶとしたら、村井さんしかいないかもしれません」

安永はそう言いながら、警戒することも忘れなかった。

「しかしかつて村井さんが田中理事長と親しかったのは間違いありません。したがってこれから村井さんが大学をどう切り盛りしていくのか、そこをしっかり見極める必要がありました。たとえば一連の事件における損害賠償請求のストッパーになり、彼らのことを忖度し、適当な落としどころで済ませてしまうのはまずい。とどのつまり人事を含めて物事を公平に進めてくれればいい。依怙贔屓はもちろん、逆に田中派への報復人事をやられても、困ります」

理事長が林真理子に代わっても、現実に田中体制下で大学を揺らした特別背任事件や脱税事件、さらにそれらの事件の背景といった真相解明は、ほとんど進んでいない。林体制下の日大本部内では、危機管理担当の常務理事に就任した村井一吉と東京地検総務部副部長や宇都宮地検次席検事を歴任してきた日大出身の副学長、澤田康広が中心となり、田中らに対する損害賠償請求を検討してきた。日大出身の弁護士や法学部の教授たちが実務を担い、彼らに対する賠償請求をしたが、側近の常務理事をはじめ、田中体制で美味しい思いをしてきた幹部たちは無罪放免されている。

そして職員たちの不安はのちの大麻事件で的中する。林体制におけるガバナンスの欠如という形で、それがあらわになる。

## 日大全体が田中派だった

井ノ口らによる特別背任や田中の脱税事件を受けた日大では、22年7月の林理事長就任前にも幹部人事をおこなっていた。わけても林体制下で注目されていたのが、監事人事だ。監事は企業にたとえるなら監査役のような存在である。田中や井ノ口の不正を見過ごしてしまった責任が問われ、新たな布陣で臨むことになった。

もともと監事人事は、18年のアメフト部の反則タックル事件を受けて辞任した大塚吉兵衛の後任の学長となった加藤直人が、22年6月1日付で決めたものだ。会社と同じく、私大の監事にも常任と非常勤の2種類があり、常任監事には山本寛と小林清が就任、非常勤の監事に篠塚力と奈尾光浩が任命された。篠塚は元東京弁護士会会長の法律家、奈尾は日本公認会計士協会学校法人委員会元委員長の会計士である。むろん大学内部で話題になっているのは、常任監事の山本と小林だった。中堅の大学職員、亀田静雄（仮名）は人事の不安を口にした。

「新たな監事二人が適任なのかどうか、そこを疑問視する声もあがってきました。山本氏は九工大（九州工業大学）を経て東工大（現東京科学大学）の博士課程に進み、日大で理工学部長や副学長を歴任してきた重鎮ではあります。ただ、彼もまた田中派の幹部でした。ちゃんこ料理たなかには少なくとも20回以上通っていたことが確認されています。それを林理事長は知っているのでしょうか」

彼らには大学の理事でありながら、田中らの不正を抑えきれなかった責任もある。事件後、加藤学長の下で発足した「日本大学再生会議」の答申では、〈前理事長体制において理事・監事の地位にあった者の将来にわたる排除〉という項目があり、そこに抵触する恐れがあるともいうのだ。もう一人の小林は日大経済学部卒業の生え抜きで、医学部事務局長や評議員を歴任してきた。

亀田はこう指摘する。

「小林氏は理事ではありませんでしたが、医学部の事務局長として業者との接点を持ってきた一人ですからね。板橋病院の事務長ポストも経験しています。事件にまみれた板橋病院の建て替え問題について、知らなかった、で済ませられる立場ではない。大学の常任監事は理事よりもむしろ現場に接する機会が増えます。だからこの二人に任せていいものかどうか、首をひねる人もいるわけです」

これまで書いてきたように、林体制下の日大では、元理事長の田中体制との接触についてこれでもか、というほど厳しく監視する姿勢を見せてきた。反面、08年から21年まで13年も続いた田中理事長の独裁体制では、ほとんどの幹部が田中と接点を持ってきた。田中夫妻から何かと面倒を見てもらってきた面も否めない。いわば、事件が起きたときの日大全体が田中派だったわけである。

それだけに、しがらみを断ち切るのは容易ではない。というより、むしろ大学改革を進めるうえで、かつての田中の腹心たちをすべて切り捨てれば、大学の実情を把握できない。そんなジレンマも抱えてきた。

先述したように日大事業部を廃止し、井ノ口関係の取引を排除してきたのは、単純に大学本体の運営にかかわるものではないからだ。しかし、教職員人事などについては、大学の内部事情に詳しくなければ、適切に対応できない。それだけに旧田中派の人材を使う以外にないともいえる。日大職員の亀田はそんな大学改革のジレンマについて話す。

「ほとんどの職員は好き好んで田中と付き合ってきたわけではありません。サラリーマンですから、仕方なくちゃんこ屋に通ってきた。その付き合いの濃淡が問題なのです。わかりやすく言えば、田中や井ノ口から金銭を受け取っていた職員もいる。それはアウト。検察は幹部職員の銀行口座を含めてそこは徹底的に調べています。しかし、外部には公表していないので、今の大学執行部は把握できてない。そこが問題なのです」

日大法学部教授の松嶋隆弘は、税務・経営の専門誌『月刊税理』2022年10月号から「日大問題にみる法的論点~不正に直接関与しなかった理事の法的責任を中心に~」と題して連載をしてきた。その第1回では、日本弁護士連合会(日弁連)の弁護士を中心に事件を調査してきた第三者委員会の報告でもなお、根深い日大問題の真相解明が不十分だと次のように指摘する。

〈弁護士の「第三者委員会」による「報告書」の内容が「背任事件調査チーム」の調査報告に「汚染」されている可能性は否定できないようにも思われる。このことは、第三者委員会の報告書自身の再検証という新たなテーマを提起するものである〉

第三者委員会の報告書は、田中や籔本雅巳たち以外の理事や大学幹部の法的責任を回避している。マンモス学校法人の日大には、およそ6000億円の資産があるといわれる。ここに120

億円前後の単年度の黒字が加わり、年々財産を蓄えてきた。仮に年間１００億円の私学助成金がなくとも、当面経営が傾くことはない。だからといって、過去の黒い歴史を見逃してしまえば、やがてその資産も朽ちていく。

## 損害賠償請求をしたものの……

林執行部は「日大の再生、旧田中体制からの決別」を高らかに宣言した。理事長の林真理子自身、新聞やテレビに登場し、改革をアピールしてきた。23年10月３日のＴＢＳの番組「ｎｅｗｓ23」に出演したときはこう胸を張った。

「いきなり私が理事長になりましたので。もっとお飾り的にちょっとイメージを変えてくれればいいじゃないかって思った人たちもいると思うんですけど。私がここまでガツガツやるとは考えていなかったかもしれない」

22年度に４０００人減った日大の入学志願者も回復し、23年度は私大の志願者ランキングで上位に返り咲いた。それをもって、「大学改革は順調、業績もＶ字回復」と称賛するマスコミも少なくなかった。そんな改革を後押ししようとするマスコミの流れとは裏腹に、23年春ごろから次のような大学職員たちの憤懣やるかたない叫びがあがり始めた。

「つまり林理事長は傀儡、個人的な名誉欲のために理事長に就任しても、権力争いを助長するだけです」

学内では期待が大きかった分、ブーメランのように失望の声が広がりつつあった。

訴額11億1360万7509円——。

日大本部は23年3月30日付で一連の事件に関する損害賠償請求に踏み切った。言うまでもなく原告は学校法人日本大学だ。被告は田中英壽、井ノ口忠男、籔本雅巳、吉田徹也、出村克宣の5人である。日大の発表文によれば、訴えの内容は⑴「板橋病院建替えに係る業者選定」と「板橋病院の医療機器及び電子カルテシステム」に関する二つの背任事件に加え、⑵「第三者委員会及び内部調査委員会の調査費用」、さらに⑶「訴訟費用（弁護士費用）」まで上乗せされている。

具体的な請求金額の内訳は⑴の背任事件5億8165万1758円、⑵の内部調査費用4億3071万8705円、⑶の弁護士費用が⑴と⑵の10％だ。むろん請求額は関係者たちが期待した私学助成金相当の数百億円には遠くおよばない。田中体制との決別を意識し、確実なところで小さくまとめた印象を残した。

たとえば⑶などは「林執行部が調査にカネをかけ過ぎているのではないか」という批判を免れるためかもしれない。また、一連の事件当事者だけでなく、元常務理事の出村まで損害賠償請求の対象にしているところなどは、まさに田中支配からの脱却を内外に示したかったからであろう。

損害賠償請求された5人のうち、出村は刑事罰を受けていない唯一の人物だ。工学部長を経て、大学の施設調達やメンテナンスを担う管財、企画広報担当の常務理事となる。事件当時、株式会社日大事業部の社長を務め、田中の側近中の側近と目されてきた。「ちゃんこ料理たなか」の常連でもあり、井ノ口とともに日大事業部の運営に携わってきた。22年に死去した田中夫人の優子の葬儀に出村の供花があったことも前に書いたとおりだ。

したがって林執行部としても、出村を田中支配の象徴として損害賠償請求に加えたのだろう。損害賠償は「私立学校法44条の2」の理事の善管注意義務違反としてやり玉に挙げている。一方、大学の幹部職員は度合いの濃淡こそあれ、田中体制を支えてきただけに、善管注意義務責任を問われそうな理事はほかにもたくさんいる。そのため出村に対しては学内からは同情論も聞こえてくる。出村自身は事件後、東京地検の捜査に協力してきたキーパーソンでもあった。

林執行部は、田中らに対する損害賠償請求により日大改革が大きく前進した、と世間にアピールできたと考えてきたようだ。しかし、換言すれば世間へのアピールに血道をあげてきただけのようにも感じる。

日大はもう一つの改革に踏み切った。田中理事長時代、日大が大盤振る舞いしてきた大相撲接待の廃止である。田中英壽にとって相撲は人生そのものであり、林真理子はそこもまた世間にアピールしたかったのだろう。だが、なぜか大半のマスコミはこれを取り上げることなく、あまり評判にもならなかった。

## 権力基盤を支えた大相撲接待廃止の波紋

〈大相撲観覧に係る経費の支払いについて（通知）〉

そう題された23年2月6日付の書面が日大本部から関係各所に届いた。こう記されていた。

〈標記のことについて、令和5年1月24日付けで制定されました「日本大学における会合費等の使用に関する要項」に規定された支払基準に合致しないことから、同要項が施行される令和5年4月1日以降、原則として、大相撲観覧に係る経費についての支払いは禁止いたします。これにより、現在、本部及び部科校が継続的に購入している年間を通じた大相撲チケットにつきましても、可及的速やかに停止してください〉

日大にとって田中体制時代の相撲は聖域だった。そこに踏み込んだことになる。通知には〈日本大学における会合費等の使用に関する要項〉が添付され、大学の各学部だけでなく、附属高校をはじめとしたグループ各校の校長宛にも送られてきたという。

〈なお、本通知は、同要項第13条2項の規定に基づく経理単位責任者の承認を得た経費についての支払いまでも禁止されるものではありません〉

と書いたうえで、こう続く。

〈ただし、同要項の制定趣旨に鑑み、費用が高額であることから、渉外関係費としての支払い

であっても、相当の必要性がある場合を除き認められないことに御留意願います〉

文字どおり大相撲接待を狙い撃ちにした通知だ。相撲部監督から理事長にまで成りあがった田中にとって、大相撲の観戦チケットは権力基盤を築くうえで大きな武器でもあった。

大相撲の観戦チケットは相撲茶屋を通して販売される。わけても枡席や溜席は数に限りがあるため、なかなか手に入らない貴重な代物だ。相撲観戦のチケットは今も企業や政治家の接待などにしばしば用いられている。

日本相撲協会のホームページを開くと、両国国技館で開かれる東京場所では、〈タマリ〉席が2万円。〈マス〉席はSからA、B、Cとランク分けされ、値段が異なる。土日のS席だと1万5000円で平日は1万4000円、A席は土日1万3000円で平日1万2000円、B席は土日1万500円、平日1万円……といったアンバイで、けっこう値が張る。日大が用意してきたのはA以上の高い席だといわれる。日大職員の亀田は接待のおこぼれに与ってきた口だそうだ。次のように計算してくれた。

「大学ではもっぱら東京場所を接待に使うため、初日から千秋楽まで15日間ぶっ通しでチケットを買っていました。1枡に4人以上招くので、たとえばS席の土日だと1日一人あたり1万5000円かける4人として6万円。ひと場所15日のうち土日は5日間だから30万円で、残り10日の平日は少し割安なので56万円となり、15日間分で86万円かかります」

A席で同じように計算すると、74万円になる。両国の東京場所は1月、5月、9月の年3回ある。溜席を除き、大学側が用意するのは1枡分で年250万円ほどに上るという。

おまけに枡席では館内の飲食や土産のセットが付く。亀田が追加計算をする。

「飲食代や土産代が1日一人あたり平均2万円から3万円ほど。かける4として8万円から12万円くらいになります。平均10万円として15日間で150万円という計算になり、飲食や土産代などについては後日大学宛に請求が来ます」

これらをすべて足し合わせると、年間700万円前後だ。日大は一つの枡席を用意するのにそのくらいの費用をかけてきた。亀田自身、それらのチケットを手配してきたという。

「私の知っている範囲でいえば、日大は観戦チケットだけで年間15枡以上を用意してきたと思います。これら15枡のチケットを東京都内の学部を中心に振り分けます。内訳は、大学本部に3枡前後、文系学部と理工学部にそれぞれ2枡、医科歯科系は意外に少なくて、年間1枡だけだったように記憶しています」

チケット代が1枡250万円、15枡として年間3750万円に上る。それに国技館での飲食や土産代1枡450万円が15枡で6750万円として、合計するとざっと年間1億500万円の支出という計算になる。実際、それを見直すことにより、大相撲の枡席チケットは予算ベースで4000万円、支出ベースで1億円近くのコストカットが見込まれるというから、驚きである。亀田が自らの相撲観戦の体験を語る。

「相撲のチケットははじめ学部のある地元の商店街や町内会、消防団や警察署に対するお礼の意味で配られていました。私自身、あるとき『当日お礼先で急に欠席者が出たから』とおこぼれに与ったのが最初で、そこから職場の人たちといっしょに何度か観戦しました。そのチケット配布先は各学部の学部長や事務局長らに一任されていて、いつしか目にあまる公私混同が横行していったのだと思います」

もともとチケット廃止は誰の発案の改革なのだろうか。亀田に聞いた。

「大相撲の枡席の禁止は本部の財務部が言い出した提案だと聞きました。通知が届く少し前に各学部の事務局長が集まり、協議されたとのことでした」

具体的な提案があったのは3月17日に開かれた事務局長会議のことだという。だが、予想以上の反対があったようだ。

「そこで本部の財務部長が相撲チケットの廃止を訴えたところ、反発がすごくてけっこう揉めたそうです。会議の参加メンバーは各学部の事務局長だけでなく、本部から林理事長や酒井健夫学長、村井一吉、和田秀樹ら4常務理事、本部の各部長たちもいたと聞いています。そこで枡席購入停止について提案した財務部長がつるし上げられたそうです。相撲接待禁止の反対派が理工学部の山中晴之事務局長と校友会本部の瀬川一之事務局長。『たかが（相撲チケット代の）４０００

万円をケチって、どこまで効果があるのか、それよりまずやるべきことがあるでしょう』と鼻息が荒かったそうです」

## 「たかが4000万円」の接待費

財務部としては、相撲観戦に限らず、飲食を伴う接待経費の支出は認められないとしたのだが、目的が大相撲の枡席購入禁止なのは明らかだ。事務局長にもそれなりの言い分があったに違いない。大相撲接待禁止に反対した山中と瀬川という二人の事務局長は異口同音にこう唱えた。

「事前相談もなく、財務部の一方的な枡席購入禁止は暴挙だ」

「田中元理事長との決別と相撲の枡席購入は何のかかわりもない」

挙句、こう理屈を並べ立てたという。

「相撲観戦は、校友会をはじめとした日大関係者の楽しみになっている。いわば懇親のための潤滑油のようなもので、日大教職員たちの福利厚生のためにも役立っている。そのための4000万円くらいどうということないだろう」

日大OBが集う校友会幹部のなかには、大学の取引業者も少なくない。そうした出入業者向けの接待は一般企業ではめずらしくない。

だが、もとより教育機関である日大はそれとは違う。私学助成という政府の補助金を受け取り、生徒や保護者が納めた学費で運営されている。大相撲の枡席チケットをはじめとした接待交際費の原資が、税金や学費という公金なのは間違いないのである。いくら公表しない学内の会議の席とはいえ、「たかが4000万円」とは言いも言ったりだ。

そんな枡席チケットの購入禁止に対し、会議は紛糾した。誰もが接待のうま味を知っているだけに、異を唱えた山中や瀬川に対する露骨な批判はなかったともいうが、なにより大学教育とかけ離れた場面で、尋常でない接待が繰り返されてきたこと自体どうかしている。しかし理工学部と校友会の事務局長二人が猛反対して財務部がやり込められると、救いの手を差し伸べたのは、理事長の林や常務理事の村井ではなかった、芸術学部の角田憲良や歯学部の筒井仁という二人の事務局長だ。

「何も大相撲そのものの観戦が悪いというわけではありません。田中理事長と相撲界の関係という負のイメージが定着している以上、まずはそこから見直すという姿勢を示す必要があるのではないでしょうか」

角田や筒井がそう訴え、逆に山中、瀬川は立場を失っていった。大学職員の亀田が憤る。

「山中局長はこの5月、瀬川局長も11月には定年退職することになっていましたから、執行部は処分せずに放っておくつもりだったのでしょう。けれど、そもそも大相撲接待が林体制になってなお、放置されていたこと自体が問題なのです。接待は相撲で終わりというわけでもありません。向島の料亭で飲み食いし、そのあと銀座に繰り出すというパターンも少なくなかった。すると、それこそ1回の接待に200万円以上も使う羽目になります」

亀田はこうも指摘した。

「実は田中元理事長は高級料亭なんかはあまり好きじゃなく、たいてい相撲を見たらすぐに帰っていました。つまり周囲の側近連中や校友会の幹部が理事長の威光を利用して銀座に繰り出してきたのです。そうして好き勝手やってきた面もあります。それらすべてを見直す必要があったのですが、いかにも中途半端でした」

林体制の下、田中派を一掃しようとする人事はあとを絶たなかったが、それは抜本的な大学改革ともいえない。実は日大では23年4月7日、密かに幹部職員の人事処分があった。元管財部長の諭旨退職である。元管財部長は田中理事長時代の金満体制を象徴するかのような振る舞いが学内で知れ渡ってきた。亀田は相撲接待だけを禁止してもことの本質は変わらないと言い切る。

「元管財部長は学内の施設調達やメンテナンス管理を担当してきたので、取引業者との接点も多く、問題視されてきました。性格的な問題があるのか、かなりのパワハラ体質で、部下たちの評判も芳しくありませんでした。管財部長になってから複数の部下が鬱になって出勤できなくなり、退職した人もいます。こうしたパワハラだけではなく、学内では管財部長の地位を利用した大学施設、備品の私物化との噂が飛び交っていました」

元管財部長の人事処分に関する取材に対して日大広報課は「職員の個人情報に関する御質問であるため回答は控えさせていただきます」と答えた。

当人は日大で財務畑からスタートして主計課長や財務部次長を歴任してきた。田中理事長の覚えめでたく、管財部長にまで昇進したわけだが、その実、あの田中も手を焼いていたという。彼は事件が発覚して田中が失脚したあと、学長になった加藤直人の体制になり、管財部長から総務部特任部長という閑職に追いやられた。さらに林体制になり、22年秋には自宅待機を命じられていた。

日本を代表する私大のトップになり、何をしようとしたのか。林改革は遅々として進まなかった。

## アルバイトにまで強要した行動規範の「誓約書」

手元に23年5月24日付で日大の教職員に届いた1通の書面がある。〈学校法人日本大学行動規範に係る誓約書について（依頼）〉――。こう書かれていた。

〈標記のことについて、別添のとおり本部人事部から依頼がありましたので、御対応くださいますようお願いいたします〉

依頼書は日大本部人事部から大学の各学部だけでなく、グループ内の附属中学や高校にまで配布された。添付されている書類は〈1　学校法人日本大学行動規範に係る誓約書について〉、〈2　学校法人日本大学行動規範〉、さらに〈3　誓約書（様式1）〉だ。教職員たちは一様に驚き、戸惑った。

〈令和4年度内部監査実施報告書の「コンプライアンスに係る意識啓発の実施」に係る個別所見で、学校法人日本大学行動規範（以下「行動規範」という）の周知状況において、以下のとおり意見があった。

「当該行動規範は令和4年4月1日付けで新たに制定されたものであるため、コンプライアンスの遵守を徹底させるためにも、役教職員から当該行動規範を遵守する旨を徴取することが望ましい。なお、今後の新規採用者に対しても、当該行動規範を遵守させることに留意させるべきである。」

したがって、行動規範の教職員への周知、誓約書の徴取及び保管について、以下のとおり取り扱う〉

大学に限らず、企業や団体には一定の行動規範が定められている。就業規則あるいは社内規定などと呼ばれる。もとより、日大にも教職員の就業規則があったが、林真理子執行部体制発足にあたり、新たに行動規範を設けたのだという。添付された〈学校法人日本大学行動規範〉を見ると、7項目にわたりそれが並ぶ。

〈1　「目的および使命」に基づく人材の育成〉〈2　社会的使命を自覚した研究活動〉〈3　学生、生徒等のための行動〉〈4　法令遵守〉〈5　人権の尊重〉〈6　適正な情報管理、保護〉〈7　情報公開の推進〉

至極まっとうで常識的な規範であり、学校に勤める教職員の心掛けが並ぶ。

半面、この手の行動規範で誓約を書面にして提出させることまで強いるケースなどは聞いたことがない。おまけに誓約書の対象は正規の教職員のみならず、非常勤や臨時職員も含むとしている。アルバイトの人たちにまで誓約書の提出を義務付けるという話になっているのである。

誓約書の提出期限は5月31日だ。教職員が各自添付されている書類に書き込んでＰＤＦなどのデータファイルにしてメールを返送するよう指示されている。くだんのメールを受け取った日大職員の亀田は嘆いた。

「もともと就業規則があるのに屋上屋を架す話ではないでしょうか。それより、誓約までさせるとは、林真理子執行部がわれわれ教職員をまったく信用していないことの裏返しです。いくら何でもこれはやり過ぎでしょう。いったい誰が発案し、執行部は何を考えているのか、と学内で話題になりました。通知を出した責任者は人事部長なので、さっそく批判の矢面に立たされましたが、元来、人事部長は慎重な性格なので、ここまでしたのは別の理由があるかもしれません。実際、人事部だけでこんなことは決められない。事務方でいえば、大学の内部監査を司る監事監査事務局やコンプライアンス事務局もかかわっているはずだし、あるいは法人監事あたりも巻き込んでこのような話になったのかもしれません。それで、犯人捜しと醜い責任のなすりつけ合いが始まりました」

さすがに教職員に誓約書まで書かせるのは、人権問題ではないか、という声があがった。なによりこんな話が外に漏れたら、それこそ日大執行部は何をやっているのか、とマスコミから突っ込まれるのがオチだ。そうして誓約書の提出を巡り、日大内部は大混乱に陥っていった挙句、本部から教職員宛に新たな通知が届く。

〈学校法人日本大学行動規範に係る誓約書の提出の中断について〉

このメールが先の誓約書の提出指示からわずか2日後の5月26日付になっている。朝令暮改とはまさにこのことだろう。誓約書の提出はあっさり撤回された。

〈標記のことについて、令和5年5月15日付け本人事内発第57号で依頼いたしましたが、学部長会議等で御意見が挙げられたため、再度検討することといたしました。

つきましては、現在、対応いただいている誓約書徴取については、中断していただくようお願いいたします。また、現在、既に教職員から提出されている誓約書については、庶務担当部署で保管いただきますよう併せてお願いいたします。なお、提出した誓約書の返却を申し出た教職員に対しては、御返却ください〉

実はこの間、送られてきた誓約書のフォーマットに署名し、早々に大学人事部へメールした教職員も少なくなかったという。そのため、次のようなメールが送られた。

〈既に提出されている誓約書データについては庶務課で保管いたしますが、誓約書データの返却もしくは破棄をご希望の方はメールにてお申し出願います〉

いったいどうなっているのか。実はくだんの誓約書の裏では、別の日大の大きな人事異動が波紋を呼んでいた。ある法学部の教員は次のように動揺を隠さなかった。

「誓約書の提出については各学部長たちの反発が強かったけれど、ちょうど時期を同じくして6月9日に各学部の事務局長が集う日大の全体会議を控えていました。そこも報じられていませんが、各学部の事務局長が総入れ替えとなったのです。いきなりの大人事異動で学内は大きな騒ぎになりました。当人の意に反して異動を命じられた事務局長たちには、とうぜん不満が残っています。そんなタイミングで誓約書の提出指示があったものですから、執行部に対する格好の攻撃材料となるのは火を見るより明らかでした。それで、慌てて誓約書を引っ込めたのだと思います」

誓約書の提出は白紙に戻った。反面、事務局長人事はそれより根が深い禍根を残す結果になる。

## 田中派を一掃しようとした「事務局長総入れ替え」

マンモス私大の日大では、医学部や法学部、経済学部などの各学部が独立して運営されてきた。それぞれの学部で職員を束ねているのが、事務局長である。その事務局長たちが唐突に23年の5月10日付で総入れ替えされたのである。日大の長い歴史のなかでも、最大の人事異動といえた。

通知には理工学部の山中晴之事務局長の定年退職に伴う人事異動とあるが、異動を記した教職員名簿を見ると、その数が43人にのぼる。むろん人事は事務局長だけでなく、たとえば生産工学部では経理長から競技スポーツ部次長への異動や法学部事務長から同学部の事務局次長を兼務するケース、豊山高等学校・中学校経理長から財務部特任事務長兼財務部主計課長への出世なども含まれていた。そのなかでやはり目を引くのが、事務局長たちの異動だ。日大幹部職員の安永貞夫(仮名)が解説する。

「この大異動は田中英壽元理事長の影響力を排除するのが最大の目的だとされています。これまで各学部の事務方トップである事務局長人事は田中元理事長の専権案件であり、多かれ少なかれ田中元理事長の息のかかった人たちが事務局長に就いてきました。そこに手を突っ込んで事務局長を総入れ替えすることにより、『時代は変わったんだよ』と学内向けにメッセージを発した。それが林執行部の主眼だと思います」

名簿を上から順に見ていくと、歯学部事務局長が学務部長となり、監事監査事務局長が学生部長、逆に学生部長が監事監査事務局長と交代している。必ずしも左遷や更迭、昇進や出世ではない。むしろ横滑りのような人事異動だ。たとえば商学部の事務局長が法学部の事務局長、医学部の事務局長が文理学部の事務局長、生産資源科学部の事務局長が経済学部の事務局長、経済学部の事務局長が商学部の事務局長、危機管理学部のある三軒茶屋キャンパスの事務局長が芸術学部の事務局長、芸術学部の事務局長が三軒茶屋キャンパスの事務局長といったアンバイである。これほどの横滑りという意味でも極めてめずらしい組織人事といえそうだ。これも林理事長は改革の一環と位置付けているという。幹部職員の安永に尋ねた。

「大学執行部はこれまで絶大だった事務局長の権限や裁量をできる限り抑えこみたい。とりわけ経済、生物資源、文理、三軒茶屋キャンパスといったところの事務局長は在任期間が長く、教授はもとより学部長でさえ気を遣ってきました。また、日大は法律の専門学校からスタートしている関係もあって法学部は特別扱いで、法学部生え抜きでないと局長になれなかった。それだけに事務局長は事務だけでなく、教員それぞれの個人情報にも精通しています。そうした権限の強い事務局長も今度の人事に紛れ込ませています」

前に書いた大相撲の枡席配分をはじめ、会議、会合名目の接待費の削減についても、法学部や経済学部、理工学部などが目立って多かったという。それらの特権を抑制できると考えたのかもしれない。再び安永に聞いた。

「日大の悪しき慣習として、各学部事務局の上層部が本部人事部の幹部を高級レストランや料亭に招いてご馳走し、人事の案件について陳情していました。接待される人事部も、学内の職員や教員の情報を得るためという大義を掲げていたけれど、それが常態化し、一昔前の〝官官接待〟のようになっていました。そこに対する問題意識は学内でも前々からありました。そんな悪しき慣習を断ち切ろうと、事務局長の総入れ替えを断行したのでしょう」

ただし、それも機能したとは言い難い。

## 事務局長に気遣う学部長選挙

事件後に発足した林執行部には、事務局長の行状についての公益通報が相次いだ。部下に対するパワハラやいじめ、接待費の私的流用といった類のタレコミがかつてなく増えたという。そうした問題のある学部へ財務経理畑の事務局長を配置し、引き締めを図ろうとした。それが建前上の事務局長人事の理由だ。

日大に限った話ではないが、私立大学の事務局長は、エリート職員が目指すポストにほかならない。その力の源は、学部長選挙にある。安永は幹部職員として何度も学部長選挙を目の当たりにしてきたという。

「法学部の学部長選挙をたとえにとりましょう。法学部には教授が約80人いて、そこに事務局長が加わって教授会を構成しています。学部長選挙はその80票の投票によって決定されます。つまり、教授会における事務局長票は1票に過ぎません。ですが、実はその1票が重い。そこにはカラクリがあります。学部長選挙では、立候補の乱立を防ぐ名目で、正式な教授会投票の前に、教授職以外の教職員による候補者の絞り込み選挙がおこなわれます。いわば予備選挙で、投票する有権者は准教授、専任講師以上の教員と参事、参事補、主事以上の職員と定められています。その有権者職員の数が多い。事実上、そこで学部長選挙の行方が左右されるのです」

参事は、企業の役職でいえば課長クラスにあたる。その下の参事補は課長補佐、主事は主任クラスに位置付けられる。学部長の予備選挙は大学卒業後に採用された勤続10年以上の職員、あるいは高校や短大卒業で勤続15年以上の者が有権者となり、1票を投じる。さらに安永が具体的な数字を挙げて説明してくれた。

「法学部なら予備選挙における有権者は、教員がおよそ130人、職員は50人ほどになります。もちろん職員票は教員のそれより少ないけれど、その有権者総数約180人のうち3割近くが職員票ですから、大きな勢力になります。おまけに教員とは異なり、事務局は上意下達組織ですから、事務局長の意向が強く反映されます。特定の候補者に票を集中させ、予備選挙で1位にすることもできます。とうぜん予備選挙で1位になった学部長候補は、他の候補者より優位に立てるので、2期目、3期目を目指す学部長たちは常に事務局長に気を遣うわけです」

単なる一職員から理事長に成り上がった田中英壽は、このカラクリを最も理解し、最大限に利用してきた。理事長になって以降は、事務局長に子飼いの職員を据えることにより、権力を固めてきたのである。

学部のトップである学部長は、文字どおり教授や准教授、講師たち教員の上に立ち、教育方針を決める。と同時に、理事となり学校運営にも携わる。一方、事務局の職員は経営面から教育機関を支える役割を担う。その長が事務局長で、次長や事務長、職員を束ねる。国の統治機構にたとえれば、私大の学部長は霞が関の中央省庁のトップである大臣のような存在といえる。一方、事務局長は大臣を支える事務方トップの事務次官のようなものだ。政官界では、表向き大臣に事務次官を決める人事権がある。しかし現実には事務次官が後釜を指名し、大臣がそれを追認する。近年の安倍官邸一強政治以降、内閣人事局が一手に霞が関の官庁人事を握るようになり、官僚たちは震えあがった。行政トップの内閣総理大臣が気に入った事務次官を選ぶ。それと同じように、日大では事務局長を従えてきた理事長の田中がすべての幹部人事を握ってきた。

本来、学部長選びにおける事務局長の介入など抑制されるべきかもしれない。しかし、現実の学部長選びでは、事務局長の大きな力が働いた。

各学部の事務局長の権限は、学部長選挙にとどまらず、校舎の建設から備品の納入にいたるまで多岐にわたる。理事長の田中は大学本部のトップとして、各学部の事務局長に目を配り、彼らを通じて学内を支配してきた。安永は日大の取引業者との付き合いについてこう話す。

「たとえば校舎などを建てるときには、大学が建設業者に億単位の発注をします。日大では、1億円を超える建築工事契約について、本部で建設業者の入札をおこなうという定めがあります。大きな工事に公正を期すため、本部が業者選定を管轄するという建前です。しかし、ここにも抜け穴がありました。かつては入札参加業者選定の際、依頼元である学部の意向を反映させる名目で、事務局長が候補業者を1社推薦できました。むろんいち候補業者に過ぎませんが、なぜかそこが落札するケースが多かった。一時期は学部ごとに御用達のゼネコンが決まっていた。たとえば理工学部は大成建設、法学部は熊谷組、生産工学部は鉄建建設と三井住友建設……。まるで縄張りのように仕事を請け負ってきました」

とどのつまり今度の事務局長の大異動は、脱田中の一環でもあった。理事長の林には、権力が集中してきた田中の牙城を切り崩す狙いがあったといえる。

しかし、それが不評だった。ベテランの事務局長はそれぞれの業務に精通し、学部の運営がスムーズにおこなわれていた側面もある。いきなりの大異動により、学内はむしろ混乱した。肝心な業務に支障をきたすのではないか、と懸念する声があがったのである。

そして前代未聞の人事が奏功する間もなく、日大は薬物事件にまみれる。

# 第十章 薬物事件の真相

2023年8月22日、日大アメリカンフットボール部学生寮の家宅捜索（写真：時事）

## 捜査状況を克明に記した議事録

順風満帆の改革をアピールしてきた日本大学執行部が急転直下、ピンチに陥ったのは2023（令和5）年8月8日のことだった。第一章に書いたように、理事長の林真理子、学長の酒井健夫、副学長の澤田康広の3首脳が、大勢の報道陣を前に東京・市ヶ谷の大学本部の大講堂で記者会見に臨んだ。それが文字どおりの「炎上会見」となってしまう。とどのつまり危機を招いた原因は、大学組織におけるガバナンスの欠如、さらには旧態依然とした大学の隠ぺい体質にほかならない。記者会見でそれをあからさまにさらけ出してしまったといえる。

事件を巡る日大執行部の不可解な言動や謎は数えきれない。なかでも最もおかしかったのが、警察とのやりとりだ。3人の首脳陣は、あたかも警察の指示に従って薬物対応をしてきたのだから、適切な対処であり、隠し事などしていない、と異口同音に語った。しかし実際のところは、捜査当局のアドバイスを受けるどころか、警察への報告を怠り、事件を隠し続けてきた。彼らの会見内容は矛盾だらけで、まるで説得力に欠けていた。記者会見の発表を踏まえ、改めてアメフト部の薬物事件を振り返る。

警視庁は8月5日、アメフト部員の北畠成文を逮捕した。実は、アメフト部員が大麻を吸引していたとの情報が漏れ出したのは、奇しくも林理事長体制がスタートした22年7月と重なる、と日大幹部職員の亀田静雄（仮名）は話した。

「7月といえば、4月から6月にかけて開催される春のオープン戦のあとです。アメフト部では、いつものように大会終了後にポジションごとのミーティングをおこなったといいます。そこで、監督、コーチ陣が唐突に部員に対し、酒やタバコの使用について、ヒアリングをしたそうです。そのヒアリングのなかで、『大麻などの違法薬物を使ったことはないか』と聞いたらしい。それが保護者の間で、そんなことをやっているのか、と評判になっていきました」

そこからアメフト部は何事もなかったかのように、9月から11月までの秋の関東学生アメリカンフットボール連盟主催の1部リーグ戦に臨んだ。むろんその間も、薬物疑惑は払しょくされず、日大アメフト部の監督、コーチ陣は大会終了後、対応を余儀なくされた。先の3首脳記者会見では、学長の酒井自身が「10月29日にアメフト部の保護者会を開いた」と認めている。実際に部員が大麻の吸引を自白したのはその直後のことである。酒井は会見で自白は一人だけだと言ったが、保護者からの告発文では複数人となっている。事実、10人以上が警視庁の捜査対象になっていた。

また会見では、年明けの23年6月30日に警察から大麻使用の情報がもたらされ、副学長の澤田が中心となって調査を開始した、と述べた。ここでも大学側は警察からの指示で動いたかのように説明したが、それにしてはいかにも不自然な処置をしている。前に書いたように澤田は、最初に逮捕された北畠が所持していた約0・02グラムの乾燥大麻と約0・2グラムの覚せい剤を大学内で保管したまま12日間もやり過ごし、7月18日になって警視庁に届け出た。

「大麻のようにも思ったけれど、確証がないので保管していました」

会見でそう嘯いた澤田の言い分は極めて怪しい。そもそも大麻の所持、使用については22年から何度も問題になっている。澤田は少なくとも調査を始めた23年7月初めには、アメフト部を所管する競技スポーツ部長の井上由大からその報告を受けている。したがって押収物が大麻や覚せい剤であることは容易に想像がついたはずだ。

澤田は日大法学部を卒業して司法試験に合格したあと、検事として任官したヤメ検副学長である。常務理事の村井一吉とともに元理事長の田中英壽や元理事の井ノ口忠男らに対する損害賠償請求を検討してきた。いわば林改革の牽引者だ。学内では薬物事件処理の適任者に見えたのだろうが、必ずしもそうでなかった。

その澤田に薬物調査を指示した理事長の林真理子の対応もまた、相当にひどかった。当人は3首脳会見でも「隠ぺい体質」「お飾り理事長」という表現を嫌い、何度も「遺憾です」と繰り返した。皮肉にも、単なるお飾り理事長にしては、知っていて見過ごしていた事実もある。部員が逮捕されるまで事件について何も知らなかったか、といえば、そうではない。林をはじめとする大学執行部は炎上会見後、いったんアメフト部の無期限の出場停止を決めたが、そのあとすぐにそれを解除して秋のリーグ戦出場を申し出ているのだ。

その直後だった。二人目の逮捕者を出し、薬物事件は泥沼の様相を呈していく。そして林執行部は迷走に迷走を重ねる羽目になるのである。

ひょっとすると、警視庁の指示で隠ぺいしてきたかのような発言を繰り返してきた炎上会見が捜査員を勇み立てたのかもしれない。逮捕者は一人だけと言い切った日大執行部に対し、警視庁の薬物捜査は逆に熱を帯びていった。

23年8月25日に日大本部で開かれた事務局長会議の議事録が手元にある。事務局長会議規程第6条に基づく正式な学内の会議録だ。議事録を一読すると、そこには文部科学省からの手厳しい行政指導に加え、アメフト部員や監督、コーチ、大学本部に対する警視庁の捜査状況が、実名で克明に記されている。議事録は、すでに大麻取締法違反で逮捕、起訴された北畠成文のほか、この時点で10人の現役部員が被疑者として警察から事情聴取を受けていると書く。学内の会議録でありながら、捜査の模様が実に詳細に記されているのである。

### 「まるでアヘン窟のよう」

「（事務局長会議の）現構成員36人、本日の出席者はオンラインによる出席を含め35人であり、本会は有効に成立した」

くだんの議事録によれば、最初の逮捕者を出した20日後の8月25日午後1時、議長の林真理子がそう宣言して会議が始まった。会議には理事長の林をはじめ、学長の酒井健夫、常務理事の村井一吉や和田秀樹など大学執行部がそろって加わっている。5人がオンライン参加になっている。テーマはむろんアメフト部の大麻事件だ。多忙な和田以下、なぜか参加メンバーのなかに、事件の調査責任者である副学長の澤田康広の名前がない。日大の幹部職員、安永貞夫(仮名)が、議事録を読んだ感想を吐露する。

「大麻を吸っていた11人の部員たちが集まっていた現場は、アメフト部の学生寮でした。取り調べを受けている部員のなかには自宅組もいましたが、その部員も寮へ集まって大麻や覚せい剤をやっていたのでしょう。議事録を通読すると、まるで中国のアヘン窟を想起させるような薬物汚染のあり様に唖然としています」

順を追って議事録を紹介する。議事録はまず文部科学省の指摘から始まる。8月22日付で高等教育局長から林真理子理事長に宛てられた〈文部科学省からの指導文書〉について以下のように書いている。

〈本法人において令和3年の現職理事長及び理事が逮捕・起訴された役員の不祥事を真摯に受け止め、猛省し、再びこのような事態を招くことのないよう執行部を刷新し、健全な管理運営体制の構築を目指したガバナンスの改善を進めている最中にあって、この度のアメリカンフットボール部所属学生の薬物所持事件に係る対応においては、法人における重大な事態が発生していたにも関わらず、法人を代表する理事長や校務をつかさどる学長に対する法人内部の情報伝達や捜査機関への連絡等の経営運営上の対応について、公共性の高い学校法人としての信頼性を損なう〉

文科省は改めて日大に第三者委員会による大麻事件の調査と検証を求め、9月15日までに報告するよう通達した。調査、検証の対象として次の10の課題を与えている。それを原文のまま引く。

(1) 令和4年10月に保護者からの部員の大麻使用に関する情報提供があった際の対応に係る意思決定の過程、アメフト部の内部での情報共有・対応に留めた理由と適切性について

(2) 令和4年11月に部員から大麻と思われるものの使用に関する申告があった際の警察関係者への連絡に係る意思決定の過程、所轄警察署等の然るべき窓口に相談しなかった理由、申告した学生への処分決定の過程とその適切性について

(3) 令和4年12月にアメフト部での大麻使用に係る情報提供が警視庁にあったため、同庁担当者が大学に来訪した際のやり取りを踏まえて同庁による「薬物乱用防止講習会」を開催するとしたこととの意思決定の過程とその際の対応の適切性について

(4) 令和5年6月に警視庁担当者から、アメフト部での大麻使用に係る情報提供があり、再び同庁担当者が大学に再訪した際のやり取りを踏まえた対応の意思決定の過程、理事長等に報告しなかった理由とその適切性について

(5) 令和5年7月に大学が警視庁を訪問し、徹底した調査を行うことを伝えた際のやり取りを踏まえた調査の内容と、学生寮における当該調査で「植物細片」等が確認された際の植物細片等の取扱いに係る意思決定の過程、理事長への報告や警察への連絡が遅れたことの理由とその適切性について

(6) (2)に記載した部員から大麻と思われるものの使用に関する申告があった際と、(5)に記載した大麻等が見つかった際の対応について、法人の説明と報道されている警視庁及び警察関係者の発言・見解とで齟齬があることについて

(7) (1)から(6)などの出来事の理事長への報告時期の判断主体と、当該時期の適切性について

(8) 令和5年8月のアメフト部の無期限活動停止処分及び、他の部員を含む薬物使用の実態が十分に解明されていない状態で、どのような事実や判断に基づき当該処分を解除したのかについての意思決定の過程及び検討の内容について

(9) 本事案のような危機管理上の問題が生じた場合の法人における組織を横断した報告・対応体制の整備状況と今回の運用実態、並びに危機管理担当部局の活動実態について

⑽　本事案に関する広報の内容や時期などの適切性について。これは記者会見や囲み取材を含むものである。

いずれもまっとうな指摘というほかない。いかに文科省が日大のガバナンスの欠如を問題視し、執行部に不信を抱いているか、監督官庁としての怒りがヒシヒシと伝わってくる。日大幹部職員の安永は議事録のくだんの部分を読んで思わず漏らした。

「この文科省の指摘は怖いですね。大学側がその場凌ぎや辻褄合わせの回答で逃げようとすると、論理が破綻する。極端なことを言えば『最初から報告もせず、ウソついてごまかしていました、ガバナンスが欠如していました、ごめんなさいと認めろ』と言われているように読めます。本部の執行部はそれをわかっているのでしょうか」

日大は返答期限までに返事ができず、回答はひと月以上ずれ込んだ。

## 電子たばこの大麻リキッド……

そして議事録は、アメフト部の薬物事件捜査について踏み込む。

〈学生寮等への強制捜査（8月22日）の状況について〉と題した項目では、北畠を含めたアメフト部員の被疑者が合計11人いると記す。その11人それぞれが警察で事情聴取されている模様を詳細に記録しているのである。議事録では被疑者全員が実名だが、ここでは逮捕された北畠以外はアルファベットのイニシャルとする。

〈捜索場所は、文理学部体育学科4年のYが入寮する（学生寮の）303号室及びスポーツ科学部競技スポーツ学科3年のFが入寮する201号室である。Yは在室していたが、Fは帰省中のため不在であった。捜索時間は令和5年8月22日午前9時頃から午前10時6分まで。被疑者名は、北畠成文、Y、Fの3名。罪名は大麻取締法違反。押収物は、FのiPad及び携帯電話であり、Yの所持品については、現時点では不明である〉

相当に生々しい。なお文理学部のYは、学生寮の捜索のあと、中野警察署に任意同行されたと書く。さらに同じ日には自宅生の居宅も捜査の対象となっている。

〈捜索場所は、文理学部体育学科3年のTが居住する八王子市内の祖母方である。捜索時間は8月22日午前9時15分頃から9時28分頃である。（中略）罪名は大麻取締法違反である。（中略）Tについては、祖母方に捜査員6名ほどが来訪し、同所の捜索後、中野警察署に任意同行された〉

日大本部では、警視庁の家宅捜索が始まった直後の8月22日午前10時過ぎから11時半のあいだ、危機管理専門部会が開かれた。その会議内容が大学執行部へ報告されている。だが、対処の仕方が実に甘い。実は警視庁から大麻情報がもたらされて実施した7月6日の部員調査の時点で、YやFに関しても疑いが浮上していたという。

〈同日に学生寮で荷物検査を実施した際、Yの荷物からライター等を、Fの荷物から電子たばこ等の提出を受け、8月3日、警察に任意提出している。Fから預かった電子たばこが大麻リキッドではないかと疑われ鑑定中〉

既報のとおり大学側は7月6日、北畠の大麻片や覚せい剤の錠剤を発見していたが、12日間も放置した挙げ句、8月8日の記者会見で副学長の澤田は北畠に自首を促していたと嘯いた。だが、この7月初旬の時点で他の被疑者や大麻リキッドの存在も浮かび、それを警察に提出しているというのである。とすれば、8月初めの時点で大麻使用に関する濃い疑いを抱いていたことになる。それでいて大学側は北畠一人の単独犯と決めつけ、ろくな調査もせずアメフト部を秋のリーグ戦に出場させようとするなど、不問に付しているのだ。議事録は、警察がその後部員宅を家宅捜索している状況も詳しく記す。

(1) 令和5年8月22日午前9時過ぎ頃、警視庁中野警察署捜査員が文京区の（文理学部哲学科3年）A方に来訪し、捜索の結果、同人のノートパソコン1台及び携帯電話が押収された。

(2) 同時刻頃、警視庁中野警察署捜査員が大阪府豊中市内のF方に来訪したところ、Fが不在であったが、同人方を捜索した結果、同人のｉＰａｄが押収された。

Yが中野署に任意同行されたのは前に書いたが、Aも同じく中野署に出頭している。しかもその中野署の捜査員は大阪まで出向き、実家まで捜索しているのである。それだけ捜査に力が入っているというほかない。そして、日大側はそこにいたってようやく事態の深刻さに気づき、慌てふためいているのである。

また議事録では警察の捜索後、アメフト部監督中村敏英の文理学部体育学科3年のTに対する聴き取り調査にも触れている。Tは初め警察に対し大麻使用を認めなかったが、捜査員の厳しい取り調べに耐えられなかったのだろう。議事録は、中村監督による部員に対する聴き取り日時は令和5年8月23日午前11時頃だとして、こう書く。

(1) Tは8月22日の中野警察署の事情聴取では完全否認を通し、大麻の関与を認めなかった。

(中略)8月23日も中野警察署に出頭を命じられている。

(2) この事情聴取で自分が知っていることを話すつもりである(と中村に言った)。

## 大阪の密売ルート

そして議事録は捜査員に供述した部員たちの行動についても赤裸々に記録している。11人の部員たちは以下のように白状していたという。

〈(Tは)令和5年4月まで大麻を使用していた。一緒に使用していたのは、スポーツ科学部競技スポーツ学科3年H、(前述の)同学科3年F、文理学部体育学科のY、文理学部教育学科3年のU、同学部哲学科3年のF、スポーツ科学部競技スポーツ学科2年の北畠成文の6名で、学生寮で使用していた〉

文理学部哲学科のFは自宅生で、それ以外は寮生とある。さらに議事録は続く。

(3) 先述の6名以外に、文理学部社会学科3年のN、スポーツ科学部競技スポーツ学科3年のK、文理学部体育学科3年のTらが、本年7月まで学生寮以外で使用していた。3名とも自宅生である。

警察は大麻の入手ルートにも切り込んでいる。大麻の入手方法について、北畠またはKがFの高校時代の友人から購入していたという。Fは大阪の高校出身で、警視庁はまず大阪ルートをつかみ、さらに東京都内の密売ルートも探ってきたようだ。議事録はそこをこう描く。

〈Aの父親から中村監督に電話があり、「ドン・キホーテで販売しているようなリキッドをGreenという店で購入した」との話があった〉

日大職員の安永に議事録を読み解いてもらった。

「警視庁は、Fがアメフト部内の大麻汚染の中心ではなかったか、と見ているのでしょう。彼の弟も関西で有名な私学アメフト部員で、同じルートでともに大麻を使用していたのではないか、と睨んでいたようです」

議事録からは、初め警視庁の取り調べに突っ張っていた部員も、その多くが「カン落ち（全面自供）」している様が浮かぶ。

〈聴取日時は8月23日午前11時頃から午後8時頃まで。北畠の所持品として押収された錠剤は、Fが友人の密売人からもらった物を北畠に渡した物である。錠剤については、FからMDMAと聞いたが、実物をみたことはない、アメフト部学生で、大麻以外の薬物を使用していると聞いたことはない〉

これほどの薬物汚染について、林真理子以下、日大執行部はいったいどのように対処してきたのか。林たち日大首脳が他の部員の大麻使用について報告を受けたのは北畠の逮捕後の23年8月9日だという。前述したように、そのあとアメフト部の無期限活動停止処分を解除しているのだが、それについて議事録にはこうある。

〈逮捕された当該学生を除く全部員が潔白であることを誓約できることを条件として、無期限活動停止処分を短期間で解除する方向性が決まり、8月10日の執行部会で審議することとした。同日19時に澤田副学長、小川競技スポーツ部課長同席のもと、アメリカンフットボール部学生寮でＺｏｏｍを併用して保護者会を開催し、逮捕者以外に違法なことをしている学生がいないことを確認。活動停止を解除し、練習を再開するにあたり保護者やＯＢ会から協力が得られることも確認した。（中略）北畠以外の大麻を吸ったであろう部員10名中、９名が出席、１名は本人欠席だが保護者が出席していたため、当該10名についても潔白であることとの誓約を確認した〉

つまり大学側は潔白と誓約した部員たちの話を鵜呑みにしているだけだ。これもまた極めて甘い。というより、ここまで来ると、意図的な隠ぺいととられても仕方ない。

## 「都合よく本学の問題を使われている」

もとをただせば、22年10月から大麻疑惑について対応してきた責任者が、競技スポーツ部長の井上由大である。先の文科省の指摘にあるように、日大では大麻使用部員に対し22年11月、成城警察署に報告、相談したが、警察署からは厳重注意で済ませるよう指示されたことになっていた。議事録はそこにも触れている。副学長の澤田はその翌23年7月以降責任者となり、調査にあたるようになった。

だが、実際に対応してきた人物はほかにもいる。それが元アメフト部監督で文理学部事務局次長の高橋宏明だ。

高橋は部員の自白を受けて成城警察署に相談し、警察に厳重注意で済ませるよう指導された、と競技スポーツ部長の井上に報告した張本人である。その井上の発言が議事録にも記されている。

〈成城警察署に報告・相談したとされる高橋元監督に再度確認したところ、アメリカンフットボール部OBの警察関係者にのみ相談し、成城警察署には報告・相談をしていなかったことが（23年）7月7日に判明した〉

7月7日といえば、警視庁から日大に大麻情報がもたらされ、学生寮で薬物を発見した明くる日にあたる。つまり初期の時点で、前年秋の警察報告や指導が真っ赤なウソだったことが判明しているのだ。日大首脳陣はそれでいて、白々しく8月8日のあの炎上記者会見を開いているのである。安永は大麻事件の隠ぺいについて、重大な別の責任者がいると話した。

「いっさい報じられていませんが、本来、大麻調査を取り仕切るべき責任者は村井常務理事でした。実際、大麻の自白当初、村井常務理事がアメフト部の高橋元監督に指示し、大麻の対応にあたったのではないかと囁かれています。高橋元監督はアメフト部のOBですが、今は文理学部事務局次長という大学の幹部職員であり、本来はアメフト部を調査する権限などありません。いわば越権行為ですが、村井・高橋ラインが今度の隠ぺいの中心ではないか」

村井は、学内の事情に疎い林真理子が危機管理担当の常務理事として抜擢した日大プロパーの幹部だ。田中英壽との微妙な関係については前に触れたが、アメフト部元監督の高橋とはかねてより懇意にしてきた。それだけに幹部職員のあいだでは、事件についての関与が取り沙汰されてきたのである。

村井はいわば田中元理事長体制からの脱却を図ろうとした林新執行部における日大改革の中心人物でもあった。任命した責任は理事長の林真理子にもある。もっとも当の林理事長は事務局長会議の議長として能天気な発言を繰り返してきた。議事録にはそれも記録されていた。

〈テレビ関係者から本学の問題を取り上げると視聴率が上がるという話を聞いている。特に報じるニュースが無い時に、都合よく本学の問題を使われていると感じるが、マスコミの挑発には乗らず、毅然とした態度で今後も対応していくので、御理解願いたい〉

あまりに軽い発想だからまともな事件対応ができない――。議事録を読んだ日大幹部たちは一様にそんな危惧を抱いていた。

## 中村監督の言い訳

アメフト部の大麻使用については、22年秋の部員の自白から浮かんだとされ、そこで監督やコーチが厳重注意にとどめているのは繰り返すまでもない。もっとも、先の幹部職員亀田は、「アメフト部が初めに疑惑を知ったのは春のオープン戦のあとの22年夏だ」とも言った。それは、奇しくも林理事長体制がスタートした前後と重なる。この証言についての真偽を監督だった中村敏英本人に確かめた。中村は22年4月1日付で日大アメフト部の監督に就任している。まさしく大麻事件におけるアメフト部の指導陣の一人だ。これまでなぜ記者会見も開かず、ずっとだんまりを決め込んできたのか。まずはそこから尋ねた。

「私は昨年夏に事件が明るみになってから、ずっと記者会見などで話したいと思ってきました。大学が開いた8月8日の最初の記者会見でも、『私が出る必要があるのではないでしょうか』と本部に申し出ました。ですが、『出なくていい』と言われました。次の12月4日の会見でも同じように『私も加わりたい』と提案したのですが、大学から許可が出ず、控えてきました」

中村は理事長の林や弁護士の久保利英明が第三者委員会の調査を経て臨んだ2度目の会見のあと、自ら監督として会見を開きたいと本部執行部に頼んだ。だが、それも断られたという。

アメフト部ではすでに22年7月頃、春のリーグ戦に関する部内の反省会で、薬物問題を部員に問いただしたのではないか。

「われわれが最初に薬物の件に気づいたのは、あくまでその年の10月でした。保護者からの情報提供がきっかけです。１２０人の部員のいるアメフト部では、コーチや監督で10人から20人ずつ手分けして全員に聞き取りをおこないました。ただし10月の段階では、部員全員が認めませんでした」

秋までは部員の大麻使用について気づかず、保護者のほうが先に気づいてそこから情報を得たのだという。だが、当初、部員は誰も大麻の使用を認めなかったようで、結局、そこでもやり過ごしている。中村はこうも話した。

「部員に対する聞き取りからひと月ほど経った頃、部内のいじめ被害の訴えが出て、加害者と思われる部員を指導しました。たまたまそれが大麻を吸っていると噂されていた当人でもあったのです。その部員に対する他の部員からの大麻に関する証言も出てきたので」

そこで11月末、改めて中村が部員に問いただしたという。

「前は否定していたけれど、心配なんだ。本当にないのか」

すると、今度は正直に話したそうだ。

「大麻は吸ったことがあります。7月頃です」

しかし、大麻使用の自白という衝撃的な事実を把握しながら、半年以上もアメフト部でそれを隠してきた事実は変わらない。その言い訳として、元監督の高橋宏明が警察に相談したところ、刑事事件として立件できないとアドバイスされたためだ、とまで虚言を弄している。挙句、当該の部員に対する厳重注意だけで済ませた。日大における第一の事件の隠ぺいが22年11月末だ。この間、アメフト部としてどう動いたのか。

「10月に大麻の噂が出た段階で、監督一人ではなく、コーチなども加えたアメフト部執行部会で協議し、ものごとを決めていこうとなりました。執行部会は私を含め、岡隆部長(文理学部長)、吉江祐治総監督、小林孝至助監督、中川浩志チーフディレクター、平本恵也ヘッドコーチ、高橋元監督たち指導者です。それで私が大麻の使用を自白した内容を文章にし、その日の夜中に岡部長をはじめとしたアメフト部執行部会の全員に『きちっと検討したいので集まりましょう』とメールしました。そうして岡部長をはじめアメフト部の執行部会のメンバーが、明くる日に集まったのです」

## 「本部にも伝えています」

問題はそこからだ。中村の呼びかけにより11月29日夕刻、アメフト部の執行部会が開かれた。このとき、どのような話し合いがもたれたのか。

「私自身は部員への聞き取り調査のときから、『大麻の使用を認める者がいたら、警察に届け出よう』と心に決めていました。第三者委員会の報告書には書いていませんけれど、実際、私はその場で『これは警察に行くべき事案だ』と申し上げたのです」

繰り返すまでもなく、第三者委員会の報告書とは、事件摘発後の２０２３年10月に作成された元名古屋高裁長官の綿引万里子弁護士たちによる調査レポートだ。そこでは元監督の高橋が警察への通報をストップしたと記されている。

その高橋はアメフト部内では顧問と呼ばれているが、それは慣例に従った呼び名に過ぎない。運動部の監督やコーチは大学から指導を委嘱されているが、顧問は大学の正式な肩書ではない。

アメフト部は組織的に責任も権限もない立場の人間の判断に従ったことになるのである。こんなものは組織対応ではなく、まさに馴れ合いではないか。そう問うと、中村は次のように答えた。

「アメフト部の責任者といえば、教学のトップである岡隆部長になります。大麻案件という重大事だから、監督やコーチの参加する部の執行部会の冒頭に参加され、あとは私から詳しく会議の内容を報告しました。一方、部の監督である私は、大学の組織的には競技スポーツ部の井上由大部長の部下という位置付けです。つまり、報告・相談のラインが二つあります。それで私も、監督就任当初から、どっちに報告したらいいのか、迷うことが正直ありました。ガバナンスが整備されていない、と指摘されればそのとおりです。反省はあります」

高橋は監督を経験しているが、22年春に日大日吉高校から日大文理学部の事務局に異動になった日大の職員に過ぎない。そこに事件処理を頼っているのだが、中村は平然とこう言う。

「たしか22年の8月か9月頃、井上競技スポーツ部長から『高橋も顧問として執行部会に入れとけ』と指示されました。長年、日大職員として勤務され、局次長や大学評議員もされている方ですから、私も現場のコーチも相談してきました。

大麻の件はその高橋さんから、警視庁にいる日大OBと成城警察署に相談したと聞かされました。『日大で同期だった警視庁の警視正に相談したら、〝過去のことだから検査しても出てこないし、物証がないので本人を厳重注意するしかない〟とアドバイスされ、成城署にも同じことを言われた』と。今となっては成城署への相談はしていないと答えられていますが、それを信じてしまったのです」

高橋は「夜中に中村からメールを受け取り、旧知の警視正に電話し、次に成城署と協議した」とまでウソをついている。要するに、責任も権利もない者が監督のメールを見て勝手に警察に相談し、事件を隠ぺいしたという顛末である。馴れ合いの人間関係から、アメフト部全体が虚言を鵜呑みにしたに過ぎない。そこを突くと、中村は言葉を弱める。

「高橋さんは『朝から成城署に行ってきた。自分は長く大学にいるから所轄の成城署には知り合いも多いんだ』と言っていました。そこまで言うなら本当だと思い、『指導者の会議でもそのとおりに進めていきます』となりました。そこも私のいたらなかったところです。そのあとに続く大学とのやりとりも含め、私の反省は責任者として自分で動いて、自分で確認しなかった点です」

正式に警察へ通報するチャンスは何度もあったはずだ。が、誰も動いていないのである。中村の回答は苦しい言い訳ばかりだ。

「執行部会を開いた11月29日のすぐあとの12月1日には、警視庁の捜査員が大学本部にやってきました。その日の朝、競技スポーツ部の井上部長から私に『寮のなかで大麻を吸っている部員がいたんじゃないか、という情報提供が警視庁に入り、これから警察が来る』と電話があり、私も本部に駆け付けました。

　すると、井上さんは『先に高橋を呼んで警視庁に大麻の情報提供があったと話をしたよ』と言う。私はその場で井上部長に3日前にアメフト部執行部会で大麻の自白を協議した件を報告しました。その際、『高橋さんは大丈夫だと言ったけれど、とても心配です。警視庁にもこの件をいっしょにお伝えください』と頼んだのです」

　しかし、元アメフト部監督の高橋はもとより、競技スポーツ部長の井上もやってきた警視庁の捜査員には何も告げず、やり過ごしている。もとより井上の上司にあたる副学長の澤田康広にも伝えていない。つまり競技スポーツ部とアメフト部がそろって事件を隠ぺいしているのだ。そして、そこから半年以上も経ってことが発覚する。

「23年の6月30日、警視庁が新たな情報提供を持って本部にやって来ました。そのあと7月4日に私たちアメフト部の指導陣が澤田副学長に呼ばれ、7月6日から寮内で聞き取りと荷物チェックをしようとなったのです。このとき、『ところで井上さん、自白の件はちゃんと警察にお伝えいただいてるんですよね』と確認すると、『何も言ってないよ』と答えるではないですか。そこで初めて警察に伝えていなかったんだ、という事実がわかりました。と同時に、高橋さんにも『（22年11月に）成城警察署に相談したのは間違いないですよね』とメールしました。ところが、『俺はそんなこと（成城署への相談）言っていない』とメールが返ってきましたが、事実は違います」

何度も書いてきたとおり、アメフト部の寮で大麻と覚せい剤の残滓が発見されたのが7月6日だ。すでにアメフト部指導陣の誰もが、大麻汚染の事実を認めざるをえない状況にある。それはいっしょに調査をした副学長の澤田をはじめ大学の本部執行部も承知していたはずだ。しかし、ここから第二の隠ぺいがおこなわれる。

「7月6日時点で、それ（自白の件）は本部にも伝えています。そこから12日間連続で副学長と本部の競技スポーツ部の5～6人が入れ替わりで、毎日6時間ぐらい学生の聞き取りをしていました。したがって大学本部も情報を共有していたはずでした。このとき、初めの高橋さんの隠ぺいを問題視しなきゃいけなかった、といわれるとそのとおりです。

けれど、本部でどのような話し合いがあったたか、私にはわかりません。私自身は学生から聞き取ったことや現場で見たことを常に井上競技スポーツ部長に報告していましたので、大学組織の問題もだんだんわかってきました。私の直接の上司は井上部長でその上が副学長、さらに上が学長になります。少なくともこのラインでは動かなかった。その間、何を協議していたのか、それはわかりませんが」

つまり、7月の段階で大学本部も大麻のことを知っていたが、そこでどのように話し合われたのか、それすら知らされていないのだという。

## 「警察はわれわれにも疑いを持っていた……」

大麻調査の陣頭指揮を執った副学長の澤田が、寮で押収した大麻や覚せい剤を警察にも届けなかった事実を問題だと思わなかったのか。中村にそう質した。

「澤田副学長は警察から次のような説明を受けたと言っていました。『大麻は反社組織がかかわっていれば、警察が強制捜査をする問題だけれど、ここは大学教育機関で、学生の未来もあるので、手荒なことはしたくない。もし見つけた場合は、本人が反省し自首する形をとってもらいたい』と。

本当に警察とそういう会話があったかどうかわかりません。ただ、そこには競技スポーツ部長も同席していたともいっていましたから、そうだろうなと考えたのです。その間の7月中は、私に警察から問い合わせもありませんから、事実はわかりませんが」

これもまた澤田の説明を鵜呑みにしているだけだ。薬物事件の捜査では本来、捜査員が現場の監督やコーチに事情を聞くはずである。だが、それもなかったという。むしろ警視庁は隠ぺいの経緯を踏まえ、大学全体に疑いの目を向けていたのではないだろうか。

「私自身が薬物事件で初めて警察から事情を聞かれたのは、強制捜査がアメフト部の合宿所に入った8月3日でした。警察は『副学長や競技スポーツ部長がアメフト部の指導者も大麻の件を知っていたと言っている』と話していました。警察はわれわれにも疑いをもっていたのかもしれません。

7月6日に寮で大麻片の入った缶が発見されたときも、私は副学長と同席していました。しかし、逮捕された北畠（成文）は、缶を自分のものとは認めませんでした。私は連日寮で北畠に『きちっと副学長に真実を話せ』と説得し続けました。ずいぶん時間が経ってしまったのはたしかです。その間、理事長のところに薬物に関する投書が届きました。井上競技スポーツ部長からそれを聞かされ、切羽詰っていました。

それでちょうど12日後の夜、帰宅途中に彼から『ウソをついていました』とメールがあったのです。深夜の2時半くらいに副学長へ連絡しました」

それが7月18日のことだ。副学長の澤田が警視庁に連絡し、薬物が提出された。その「空白の12日間」が非難の的となる。大麻を保管すること自体、薬物不法所持の嫌疑がかかる。元検事の澤田がそれを知らなかったのか。薬物の発見を知っていた中村も、隠ぺいに加担した結果になっているのである。

「疑わしい行動だと非難されても仕方ありません。そこは第三者委員会でも指摘されていますし、私も、副学長が判断を誤った部分かな、と思います。ただあの最中は、私自身、副学長の言い分を信じていました。ここも私のいたらないところですが、競技部長や副学長を飛び越え、私から警視庁に連絡しなければならないとは考えませんでした」

前年にアメフト部員の自白をもみ消し、さらに7月の時点でアメフト部内はもとより、大学本部も事実を把握していた。なのに8月2日、理事長の林真理子は「違法な薬物は見つかっていない」と全否定し、騒動の火に油を注いだのである。おまけに日大では5日の北畠の逮捕により、無期限の活動を停止したアメフト部のそれを8月10日に解除している。それは誰が主導したのか。

「活動停止の解除については、林理事長、酒井学長、村井常務理事、澤田副学長、井上競技スポーツ部長と私の6人が理事長室に集まり、話し合いました。そこで『他の学生が大麻の件を知らないという言質を取ってほしい』と大学側(執行部)から条件がつき、保護者会と全体ミーティングを開きました。そのなかで他は知らなかった、という結論になった。理事長にそれを報告したところ、『解除しましょう』と指示されたのです。あくまで個人の犯罪だから、何も知らない学生が機会を失わないよう、大会に出場できるようにという説明でした。

結果的にそのあと二人が逮捕され、一人が書類送検される事態になったのですが、『他にもいるんじゃないか』という噂は耳にしていました。しかし、あの時点では連帯責任をとらない方針だったので、噂は議論になりませんでした。のちの調査報告書では、井上部長が反対した、と書かれていました。けれど、会議の場ではそんな会話はありませんでした」

薬物に関与している部員が複数いると感じていながら、何事もなかったかのように活動停止を解除している。中村はそのあたりの問題になると、大学本部執行部のことはわからない、と繰り返すばかりだ。とたんに歯切れが悪くなる。

## アメフト部廃部に向けた混乱

その大学本部は、23年中にアメフト部の廃部を決定した。そこにいたるまでの迷走ぶりも呆れるほかない。最初に11月28日夜、部員たちへ廃部決定のメールを送ったのが中村本人にほかならない。

〈本日行われた競技スポーツ運営委員会の決定により、アメフト部は廃部となることが決まりました〉

この最初のメールが、アメフト部廃部に向けた混乱の始まりではないか。中村にそう聞いた。

「廃部は大学本部の決定なので、そもそも誰が言い出したかもわかりません。競技スポーツ運営委員会が決め、理事会で承認するので、私はその会議に参加していません。

メールの送信は澤田副学長と井上部長から『競技スポーツ運営委員会で廃部が決まったから、メールで発信してほしい』と指示されたものです。『なぜ廃部なのか、いつ付けなのか、廃部後どうなるのか、それらを説明しないまま、学生に廃部だけを伝えられない』と抵抗しました。けれど、それまでも、保護者や学生から『何でわれわれの知らない大学の決定事項がマスコミに流れてるんだ』と再三言われてきました。それで澤田副学長と井上部長が『重大事項だから大学のガバナンスとして、マスコミに漏れる前に一刻を争う』とおっしゃるので、部員たちにメールしたのです」

中村はマスコミに責任転嫁した。だが、それもお門違いだ。むしろメール自体が問題なのである。廃部の正式な決定事項でもないのに、〈廃部が決まりました〉と不正確だった。それゆえすぐにマスコミに伝わり、さらなる混乱を招いたのである。

そうして一転、12月4日には理事長の林たちが記者会見を開き、「廃部は理事会の継続審議事項です」と釈明した。まさに前言を翻したかのような態度だ。が、結局、その理事会審議を経て15日、学長の酒井がアメフト部の廃部を決裁する。混乱の原因は、廃部という大学の決定が正しいかどうか、決定にいたる議論がどのようになされたのか、それが関係者にまったく伝わっていないことにある。なぜ廃部なのか、説明できない大学本部が混乱の元凶というほかない。

アメフト部をどのようにするか。たとえば、部員全員がいったん退部する部の解散という手もあり、そうなれば組織が残るので、改めてそこに部員を募ることもでき、罪のない部員は救われる。だが廃部となればそうはいかない。とどのつまり廃部は、大学本部の執行部が世間にインパクトを与えるための方便だったのではないか。

「廃部と解散では違うんですが、大学（本部）側は混同していたのではないでしょうか。部を解散してしかるべきルールを策定し直し、学生は審査を受けて部に戻る。新入生も加えて出直せばいい。私はこの間、そんな改善策を提案してきました。実際、一時は『本部執行部は廃部しないと決定した』とも耳にしました。それが11月の初旬です。実は私も高校の先生や保護者、学生にそれを伝えました。

ところが、そのあとに事態が急展開し、廃部の話が首をもたげてきた。そして運営委員会で廃部となった。あまりにその落差が大きく、驚きました」

中村はアメフト部の監督として大学から受け取る報酬は月額7万円ほどだったという。まるでボランティア感覚で部員の指導をしてきたかのように聞こえる。それでも、そこには大きな責任がある。大学組織のガバナンス上、理事長や学長、副学長の処罰は自明であるが、これだけ時間をかけ、何が問題だったのか、今なお究明されていない。

インタビューを通じ、中村は「本部のことはわからない」とたびたび口にした。監督という指導者でありながら、そこに関心を抱いていない。それもまた大きな問題だった。

日大という巨大組織全体がパニックに陥っていた。

# 終章 パニックの果てに

2023年12月4日、アメフト部薬物事件について記者会見する日大・第三者委員会答申検討委員会の久保利英明議長(写真：時事)

## 第三者委員会報告から抜け落ちた問題点

事務局長会議の議事録の冒頭で文科省が求めていた「第三者委員会」の回答は、９月15日の期限からほぼひと月半ずれ込んだ。正式名称「日本大学アメリカンフットボール部薬物事件対応に係る第三者委員会」の調査報告である。２０２３（令和５）年10月30日付のそれが、翌31日に公表された。

元名古屋高等裁判所長官の綿引万里子ほか３人の弁護士によって構成された第三者委員会は、文部科学省高等教育局長から委嘱され、その名のとおり、薬物事件における日大の対処を追及した。その報告を一読すると、日大薬物事件の経緯とその隠ぺい体質が、鮮明に浮かんだ。これまで書いてきた事実とかなり重なる部分も多いが、簡単にまとめると、事件は以下のような経緯をたどっている。

まず22年秋、アメフト部に大麻情報がもたらされ、11月27日には部員が大麻使用を自白した。ここでアメフト部指導陣による第一の隠ぺいがなされる。

元アメフト部監督で現・文理学部事務局次長の高橋宏明が、部員の大麻使用自白に基づいて同期の日大ＯＢの警視庁警視正に相談した。このとき高橋は旧知の警視正から、所轄の成城警察署に相談するよう、指示されている。にもかかわらず、「薬物事件としての立件は難しい」と手前勝手に都合よく解釈した。アメフト部監督らと計らい、部員を厳重注意で済ます。12月1日午後、それを競技スポーツ部長の井上由大に報告して事件の蓋を閉じている。

次の隠ぺいが同じ12月1日の午前中だ。警視庁組織犯罪対策部薬物銃器対策課の係官二人が日大を訪れ、警視庁薬物ホットラインで取得した日大アメフト部の大麻使用情報を副学長の澤田康広と競技スポーツ部長の井上に伝えた。このとき日大側は警視庁側にアメフト部員の大麻使用の自白などを伝えず、やり過ごしている。一方、警視庁側は「薬物乱用防止講習会」の開催を提案し、学長の酒井健夫の了承の下、12月10日に講習会を実施した。これが2番目の隠ぺいである。

そして23年夏、ついに大麻事件が発覚した。警視庁が6月30日、副学長の澤田のもとを訪ねて大麻情報を伝える。そこで澤田は学長酒井の了解の下、日大執行部として調査に乗り出した。結果、副学長の澤田と競技スポーツ部の井上たちが7月6日、アメフト部の寮で大麻と覚せい剤を発見した。澤田はそのまま12日まで部員のヒアリングを続け、13日になって理事長の林真理子にも大麻の写真などを見せている。ここで理事長の林も事態を知ったことになる。

しかし、大学側は発見された薬物を12日間も保管したまま、日大執行部はそろって事件を隠ぺいした。事件を矮小化しようとする意図が明らかであり、8月2日、理事長林のぶら下がり会見で違法薬物の発見そのものを否定した。そして林、酒井、澤田の3首脳が8月8日、しぶしぶ記者会見を開く。それが炎上し、ここから日大執行部の隠ぺい体質が次々と明るみに出るのである。おまけに、このあとも日大執行部は迷走し、混乱を極めていく。執行部の仲間割れが始まり、理事長の林が学長の酒井や副学長の澤田に辞任を迫るようになる――。

以上が大雑把なことの顛末である。

薬物を発見していながら「不法所持」、言い逃れの「虚偽会見」、挙句、責任のなすりつけ合い……。どれをとっても目を覆わんばかりの惨状だ。が、もはやそれは繰り返さない。

ここでは、むしろ第三者委員会で指摘されなかった問題点について触れたい。2カ月で結論を出した第三者委員会には、時間的余裕がなかったのかもしれないが、結論から先に言えば、報告書では執行部の動きや人物調査そのものがすっぽり抜け落ちている。

## 見過ごされた危機管理担当常務理事の関与

誤解を恐れずに言えば、昨今、私大の薬物汚染や暴力沙汰はさしてめずらしくない。もっと言えば、一般の企業や各種団体において、暴力沙汰やパワハラ、セクハラなどの不祥事はつきものだ。若い学生が興味本位で大麻に手を染める事件もあとを絶たない。

問題は事件や不祥事が発覚したあとの組織のあり様である。わけても日本最大の高等教育機関である日大の首脳陣が、どのように薬物事件に向き合うか。そこに関心が集まるのは必然だった。しかし、日大は完全にその対応に失敗した。

他の私学でも薬物事件は散見されるが、理事長や学長など執行部の責任問題には発展しない。それは一定のガバナンス機能が働いているからであり、今度の事件ではガバナンスがまったく機能していない日大の特異な体質を露呈した。日大は古く古田重二良《じゅうじろう》や田中英壽の時代から権力闘争を繰り返し、組織のまとまりを欠いてきた。それは林体制になって改善されるどころか、ますます酷くなっているというほかない。ことガバナンスという点でいえば、むしろ豪腕で知られた古田や田中時代のほうが機能してきたかもしれない。第三者委員会でもガバナンスの欠如を強調し、監督官庁である文科省も同じ見地に立っている。高等教育機関でこれほどガバナンスが働かない組織、首脳たちのお粗末ぶりは、他の大学不祥事とは比べ物にならないほど深刻だといえる。

第三者委員会で見過ごされた日大組織の典型的な問題がある。それが、総務・危機管理担当の常務理事である村井一吉と元アメフト部監督の高橋宏明だ。なかでも高橋については22年11月の日大OBの警視正とのやりとりが、第三者委員会の報告書にも記されているが、実は高橋は村井とも関係が深い。だがそこにはいっさい触れられていない。その村井については日大本部の大麻調査において蚊帳の外に置かれてきたので責任がないかのように書いている。第三者委員会報告書におけるその部分を抜粋する。

〈A（井上由大）競技スポーツ部長がC（中村敏英）監督及びD（高橋）元監督と面談した時間は完全には重なっていなかったが、C監督及びD元監督の両方又はいずれかから、a部員情報、b部員情報及び11・27（11月27日の）c部員自己使用申告など、アメフト部内における大麻使用に関する情報提供があったこと、及び11・27c部員自己使用申告への対応についてはD元監督が成城警察署に相談済みであることを報告した〉（カッコ内は筆者注）

前述したように、これが大麻事件の隠ぺいの第一段階である。実際のところ、高橋は警視庁成城署に相談などしておらず、日大OBで同期生の警視正に連絡したのみで、それを都合よく競技スポーツ部長の井上に伝え、中村たちとともに事件をもみ消した。一方で、報告書はこう続く。

〈しかし、A競技スポーツ部長は、この時、村井常務理事及び澤田副学長に対し、C監督及びD元監督からの聴取内容を報告せず、更なる調査の要否等につき、組織的に検討することもなく、警視庁から提案のあった講習会を実施することにより、事態の収束を図った〉

つまり第三者委員会は、最初の事件の隠ぺいについて、高橋、中村というアメフト部の監督経験者と運動部を統括する競技スポーツ部長の井上によってなされたものだと解釈している。調査報告書でも、副学長の澤田はおろか常務理事の村井にも大麻吸引の自白などを伝えなかったと記し、第三者委員会では彼らの責任に触れずじまいだ。しかし本当に彼らには第一の隠ぺいの責任がないのだろうか。

副学長の澤田の経歴についておさらいすると、日大法学部大学院を修了後に検察庁入りし、18年3月に宇都宮地検の次席検事を最後に退官し、翌4月に日大法学部教授となる。20年4月から危機管理学部の非常勤講師を兼務してきた実績が買われ、22年の林真理子理事長体制に向け、副学長に抜擢された。

かたや常務理事の村井は日大法学部卒業後に日大職員となり、もっぱら人事・総務畑を歩んだ。第9代総長の瀬在良男時代には、総長秘書を務めている。本部人事課長時代に職員の人事データ流出事件が起きたことは第九章に書いた。かの田中英壽元理事長にも覚えめでたかったというが、田中夫人の優子に嫌われ、いっときは冷や飯を食わされた。それでも法学部の事務長となり、田中体制崩壊後は新設された監事監査事務局長に出世している。その村井が林体制で常務理事に重用された理由について、日大幹部職員の安永貞夫(仮名)に尋ねた。

「村井氏はもともと本部で人事課長を経験しているから、学内の人事に精通してきました。22年7月に新たな執行部の体制が発足したあと、理事長に就任した林真理子さんのところへ頻繁に人事報告をおこなったのが村井氏でした。二人をつないだのは田中体制後に理事長と学長を兼務していた加藤直人先生だと思います。その後、理事長に就任した林さんは学内のことがさっぱりわからない。そこで村井氏を頼るようになった。そうして林体制がスタートして間もなく、林理事長は理事でも評議員でもなかった村井氏を常務理事に登用したのです」

## アメフト部の監督争いに肩入れした村井常務理事

村井の常務理事就任は林体制が発足して5カ月後の22年11月だ。学校法人日本大学では、寄附行為第8条第2項第4号の定めにより、理事長の常務理事推薦枠を2名と規定している。林はもともと理事長就任にあたり、常務理事に昭和女子大学キャリアカレッジダイバーシティ推進機構学院長の熊平美香を迎えたが、熊平が辞任を申し出たため、一つ推薦枠が空いた。そこで、意中の村井を常務理事に据えたのだという。

周知のように4人の常務理事のうち、林の推薦枠であるもう一人は精神科医の和田秀樹だった。東大出身の和田は理事長の林と旧知の間柄ではあるが、日大の内部事情には通じていない。そこで、林は村井の常務理事就任に伴い、和田の担務を総務、人事担当からN・N「新しい日大」づくりの企画担当に変更し、村井が和田の後釜として総務、人事、危機管理担当常務理事になったのだという。村井はそれ以来、不祥事の対応責任者に位置付けられてきたのである。

ところが、今度のアメフト部の薬物汚染事件における第三者委員会の報告書では、村井は事件にほとんどタッチしていないことになっている。それ自体、不可解というほかない。その疑問は複数の日大関係者が抱いてきたところだ。別の日大職員の亀田静雄(仮名)にも聞いた。

「村井常務理事は田中理事長時代、ちゃんこ料理たなかにもよく行っていました。実は女将さんの優子さんに嫌われてしまった理由の一つが、アメフト部の人事だったのです。（2018年の）アメフト部の反則タックル事件で内田正人監督がクビになり、後釜に高橋元監督と井ノ口忠男を推す声があがりました。そのときです」

18年の反則タックル事件のあと、空席になったアメフト部監督の椅子を巡り、村井の推す高橋と橋本稔子の実弟である井ノ口の争いになったのだという。亀田の話を続ける。

「井ノ口のお姉さんが優子夫人に取り入り、監督に押し込もうと画策していました。で、橋本が『高橋は後継監督を狙っている。だから気を付けてください』と優子夫人に囁いた。それを聞いた村井さんは面白くなかったのでしょう。店で『ちゃんこ屋の女将が大学の人事に口出しするなんてけしからん』とうっかり正論を吐き、それが優子さんに聞こえたらしい。村井さんは純粋にアメフト部のことを考えてそう言ったのでしょうが、優子さんが烈火のごとく怒った。田中理事長も止められなかったそうです」

さらにもう一人、元日大理事の岩本彪（仮名）にも、村井と高橋、アメフト部のつながりについて尋ねた。

「村井常務理事がアメフト部の反則タックル事件のあと、内田監督の後釜に高橋氏を据えようとしていた動きは、たしかにありました。文理学部の学部長は代々、アメフト部の部長を務めています。瀬在良男先生も文理学部長時代にはアメフト部の部長を務め、村井氏はその総長秘書としてアメフト部に肩入れしていました。そして反則タックル事件当時のアメフト部の部長が加藤直人先生（元文理学部長）。村井常務理事と加藤先生とは、かねてから昵懇でしたし、村井常務はずっとアメフト好きで知られ、アメフト愛にあふれていました」

前述したように加藤は田中後の理事長・学長として村井を登用し、のちの林理事長、酒井学長体制をつくった。そこには複雑な人間模様が垣間見える。

結局、井ノ口対高橋という当時のアメフト部の監督後継争いは痛み分けとなり、監督は立命館大学出身の橋爪功に決まった。このことを当の内田にも確かめると、「そのとおりだ」とあっさり認めた。

こうした過去の人事や人間関係の裏事情から、村井は高橋とともに大麻事件の対処を進めてきたのではないか、と学内で取り沙汰されてきたのである。実際、これだけのつながりがあれば、村井が大麻事件をいっさい知らず、タッチしていないと見るのは、むしろ不自然だろう。

## 新たに日大を支配する四人組

一方、第三者委員会の報告には、村井常務理事が22年6月30日までアメフト部員の大麻汚染についていっさい知らなかったかのように、次のように記している。

〈酒井学長、澤田副学長及びA競技スポーツ部長は、本事案については酒井学長、澤田副学長及び競技スポーツ部で対応するとの酒井学長が了承した方針の下、危機管理総括責任者である村井常務理事に対し、6・30（6月30日）警視庁情報について報告しなかったし、（中略）役員規程に基づく理事会及び監事に対する報告もしなかった〉

繰り返すまでもなく、村井の常務理事としての担務は、「理事長代理・代行」「総務・人事担当」、さらに「危機管理委員会委員長」である。仮にそうだとしても、総務、危機管理担当常務理事が、これほど長きにわたって学内を侵食してきた大麻汚染を知らなかったでは済まされない。日大職員、亀田はこうも指摘した。

「日大には人事・総務畑の派閥があり、村井氏はそのラインの中心です。村井氏を加え、常任監事に就任した小林（清）氏と本部総務部長の大熊（智之）氏の3人で、林理事長体制で人事・総務のラインを形成しています。とうぜん彼らには大麻事件に対処する責任がある。到底知らぬ存ぜぬとはいかないはずです」

日大の監事は学外の非常勤二人を含めて4人おり、大学運営の監視機能を求められる。なかでも日大出身の常任監事は小林一人だけだった。しかし第三者委員会の報告には、小林の名もいっさい登場しない。日大関係者たちは異口同音に、「この間、村井や小林、大熊たちがまったく機能せず、第三者委員会の調査にも名指しされていないことが理解できない」と話す。第三者委員会の報告書にはさすがに村井の実名が出てくるが、それもかなり遠慮気味に書いているように思える。報告書は、村井が大麻事件を知ったのは澤田の調査が始まってからだとする。

〈村井常務理事は、7月20日に、I（大熊）総務部長らからアメフト部員の大麻使用について報告を受けた後、I総務部長らと共に澤田副学長と面談した。（中略）林理事長、酒井学長、澤田副学長、村井常務理事の打合せにおいても、酒井学長は、澤田副学長の意見を支持し、執行部会において情報を共有することはしない方針を示したため、アメフト部員の大麻使用についての情報は、7月31日に開催された執行部会及び常務理事会において共有されないままであった〉

危機管理責任者が大麻事件を知りながら、情報共有しないことを認めてしまっているのである。仮に百歩譲ってこれが事実だとする。だとしても、も7月20日以降は村井も部員の大麻使用を知っていたことになる。つまり、執行部の危機管理責任者として事実を知っていながら何もしなかったのは、事件の隠ぺいに加担したのと同じではないか。こうした隠ぺい体質が、8月2日の林真理子のぶら下がり会見につながったのではないか。

こうして迷走を繰り返す日大執行部は、ついに仲間割れを始めた。23年11月1日、常務理事の村井と副学長の大貫進一郎（現学長）、外部監事の篠塚力が、連名で学長の酒井と副学長の澤田の辞任を求めた。たしかに酒井と澤田の罪はあきらかではあるが、では理事長の林や常務理事の村井はどうなるのか。日大職員の亀田がつぶやいた。

「理事長は自らの立場をまったく理解していないのではないでしょうか。文科省は執行部総入れ替えを示唆しているのに、ぜんぜんわかっていません。いつ、執行部が総退陣しても大学運営には何の支障もありません。もともと何もやっていない人たちですから」

## 第三者委員会をなぞっただけの「改善計画書」

日大は、23年10月30日に発表された元名古屋高等裁判所長官の綿引万里子らによる「日本大学アメリカンフットボール部薬物事件対応に係る第三者委員会」の指摘を受け、11月16日、新たに弁護士の久保利英明を招いて、中身を検討し始めた。その結果報告として、理事長の林は文部科学省高等教育局長に宛て、11月30日付で〈「学校法人の管理運営に関する適切な対応及び報告(指導)」に対する本法人の今後の対応及び方針について(回答)〉と題した文書を提出した。対応方針を記した新たな「改善計画文書」である。

理事長の林はそのあとの12月4日、弁護士の久保利や再発防止検討委員会委員長の益子俊志《としゆき》を引き連れ、改めて日大本部で記者会見を開いた。8月の炎上会見に続く2度目の記者説明である。

会見の焦点は大きく二つあった。第一に、薬物事件に対して林以下、大学執行部がどのような責任をとり、日大が新たな体制を築くのか。第二がアメフト部の廃部問題だ。報告書を提出する前に部の廃止が報じられ、そこも注目された。だが会見は、肩透かしに終わったというほかない。

まずは執行部の責任問題である。第三者委員会の綿引らは、もっぱら理事長の林、学長の酒井、副学長の澤田の責任に言及した。薬物事件という重大局面にありながら、危機意識が欠如して事実を矮小化し、大学のガバナンスがまったく機能せず、事態を隠ぺいして混乱させてしまった。その責任は3人に共通する。実際、7月初旬にアメフト部の寮を調査し、部員から薬物を押収した副学長の澤田、その上司にあたる学長の酒井、さらに学校法人のトップである理事長の林は、そろってことを知っていながら、あたかも事実を葬ろうとしてきたかのような行動をとってきた。にもかかわらず、改善計画における進退には、歴然とした違いがあった。

改善計画によれば、澤田が２０２３年末、酒井は翌24年3月末までに辞任する、と記している。だが、林は理事長報酬の半額カットで済ませていた。処分の違いはどこにあるのか——。

私は記者会見でそう問うた。すると、林は「理事会の判断だ」と答えるのみだ。そこで隣に座っている久保利に「責任の濃淡ということか」と尋ねた。久保利はこういった。

「それもあるが、質の違いであり、みな責任があるからと言って、全員処分するわけにはいかない」

もとより12日間も薬物を手元に保管してきた澤田の責任は重い。一方で、林と酒井はそれを見過ごしてきたわけだ。その責任が進退問題に値するからこそ、酒井は学長を辞するのではないのか。だが、そこに対する返答はない。

仮に一般企業の社長が社員の刑事事件を隠ぺいしてきたら、役員報酬の半減だけで済むはずがない。ふつうは社長を退くだろう。最低でも専務とか取締役に降格される。だが、日大ではそうはならない。もっともこの改善計画に驚いているのは、日大関係者だけではないようだ。元理事の岩本が言った。

「なにより気になっていたのは、今度の改善計画を受け取った文科省の反応でした。文科省としてはとうぜん、執行部の総退陣を待っている。なのに、大学側はそれを察知できず、この程度でお茶を濁そうとしていました。執行部に対しては日大内部でも批判があがり始めていたので、文科省がこの改善案を受け入れることはありえないでしょう」

さらに驚いたことには、改善計画でも危機管理担当責任者である常務理事の村井一吉に責任がないとしている。

「なぜ危機管理責任者の村井さんの責任に触れていないのですか」

記者会見でそう突っ込むと、改善計画文書作成で中心的な役割を担ってきた弁護士の久保利はこう反論した。

「これは第三者委員会の考えを全面的に受け入れていますから」

要するに、改善計画は第三者委員会の報告をなぞっただけだと認めているようなものだ。その第三者委員会は、村井は薬物の報告を受けたのが遅かったと摘示しているが、さすがに責任がない、などとまでは述べていない。先に書いたように、報告書には、村井も23年7月20日に澤田らと薬物の件で話し合ったとしており、少なくともこれ以降の責任は疑いようがない。

つまり危機管理責任者の村井は、何も対処していないことになる。アメフト部は北畠成文の逮捕後、いったん活動停止を解除し、それも問題になった。そこでも危機管理はまったく機能していない。さらにいえば、改善計画では、22年来、大麻使用の事実を隠ぺいしてきた競技スポーツ部長の井上由大やアメフト部監督の中村敏英の責任には言及しているが、アメフト部元監督の高橋宏明については触れてもいない。高橋は、アメフト部員の大麻使用の自白後、日大ＯＢの警視庁警視正に個人的に相談しただけなのに、成城警察署に相談した、と虚偽報告をした張本人である。アメフトファンの村井とも親しい間柄なのは前に書いたとおりだ。

高橋は薬物事件の対応に極めて密接にかかわり、村井は事件に対処すべき立場なのに何もしなかった。改善計画書はそんな人物をあっさり無罪放免にしているのである。

## 「世間に尻尾を振っていく」

そもそも日大が改善計画のなかで発表した学長の酒井と副学長の澤田の辞任は、どのようにして決まったのか。実のところ、それも今一つ判然としない。澤田は、理事長の林から執拗に辞任を迫られたと猛反発した。挙句、林側をパワーハラスメントで提訴している。林に対する不満は酒井も似たような状況のようだ。先の安永が明かした。

「実は酒井学長も林理事長側から辞任を迫られていました。それでかなりごねたみたいです。ついには林サイドから『このまま学長の辞任勧告を受け入れないと、退任後の叙勲に差し障りますよ』と脅されたとも聞きました。もともと酒井学長は勲章なんてもらえないでしょうけれど、そこまで言われ、しぶしぶ辞任を決断したといいます」

その後、林VS.澤田の泥仕合はすっかり有名になった。澤田の副学長辞任は、記者会見で林が言ったように「理事会で決めた」わけではない。なぜこうなったのか、日大の理事経験者である岩本は、その経緯について次のように説明する。

「この際、澤田のクビを切ろう、と発案したのは林理事長一人ではありません。むしろ彼女に知恵をつけた人物が別にいると聞きました。その一人が、林理事長体制で日大の顧問として迎え入れた宮内義彦さん、もう一人が和田秀樹常務理事。アメフト部に二人目の逮捕者が出たあたりから、このままでは済まない、と彼らに危機感が募り、宮内さんが『澤田副学長のクビを差し出せば乗り切れる。そうすれば林さんは理事長を辞めなくて済む』とアドバイスしたと聞いています」

副学長切りを進言したという宮内とは言うまでもなく、「オリックス」の社長、会長を歴任してきたリース業界の大立者を指す。林体制下の22年11月、常務理事の村井とともに顧問として大学入りした宮内義彦だ。薬物事件でその存在にはほとんど触れられていないが、実のところ宮内は慣れない私学経営に足を踏み入れた小説家の林が最も頼りにしてきたブレーンにほかならない。日大の幹部職員安永は宮内が日大顧問に就任した経緯について説明してくれた。

「もともと常務理事だった昭和女子大学の熊平美香さんが辞めると言い出したとき、林さんは代わりに常務として宮内さんを招聘しようとしたと聞いています。ただ、宮内さんはあのときすでに87歳と高齢。だから理事や常務理事として毎日大学に出勤するのは無理があります。そこで顧問になったと聞いています」

日大HPの〈顧問の紹介〉によれば、宮内はたしかに11月5日付で顧問となっている。安永が林VS.澤田の諍いに宮内が介入してきた理由について説明する。

「宮内さんは、『大麻事件で副学長の澤田のクビを切って人事刷新した形をとれば、所管する文部科学省高等教育局も納得するだろう』と考えたのでしょう。宮内さんは小泉純一郎政権以降、民間人の政府委員として内閣との交渉をしてきた自負もありますが、作家の林さんにはそこまでの知恵はまわらない。そうして林さんにアドバイスし、そこへ和田さんが賛同したのだと思います。宮内さんたちが彼女を守ろう、と打ち出した作戦が、澤田副学長切りだった。それが学内のもっぱらの見方です」

事実関係を並べれば、あながち的外れとも思えない。この間、澤田には強い辞任へのプレッシャーがかかっている。まず林理事長たちは澤田に、学内の幹部会議に参加しないよう指示した。8月22日から9月7日まで会議などへの参加を禁止したという。大麻事件捜査の状況などについて話し合った学内の議事録に澤田が参加しなかったのも、そのせいだろう。そして双方のいがみ合いはさらなる混乱を招いた。

このままではクビを切られると危機感を抱いた澤田は、林のいる理事長室を訪れて直談判におよんだ。すると林は澤田に詰め寄った。

「あるところから『(澤田)先生が警視庁から事情を聴かれるんじゃないか』という情報も入ってまして」

時事通信が2人が対面したこのときの生々しい会話をすっぱ抜いている。林は薬物を保管したときの証拠隠滅の疑いで警視庁が澤田を捜査していると仄《ほの》めかし、辞任を迫った。

「(警察から聴取されるときは)副学長ではなく、元副学長としたいので(辞めてほしい)。姑息な手段ですが、他に日大を守る方法がありません」

林はそこから田中英壽理事長時代に不交付になった私学助成金問題も持ち出した。

「私たち執行部は世間にごめんなさいして尻尾を振っていく、と結論を出してるのです。(澤田)先生は誇り高く自分は間違ってないと言っても、私たちは補助金も欲しい」

林は澤田にそう告げた。

「先週あたりから、文科省に『(澤田)先生の処分はどうなってるか』と言われています。澤田先生にお引きいただくのがいちばんよい方法だと思っています。このままでは補助金不交付の可能性が非常に高い。補助金もほしい」

林に歩調を合わせるかのように、常務理事だった和田も自らのSNSで澤田を批判した。林対澤田の泥仕合はついに訴訟にまで発展し、学内の混乱は収束するどころか、ますます燃え広がる始末だったのである。澤田切りの提案者とされた宮内は依然顧問として東京・市ヶ谷の日大本部に居残っていた。先の安永はこう憤る。

「職員たちが減給されるなか、顧問料はひと月50万円と言われています。本部には個室があり、そこで宮内さんは悠然としています。宮内さんはオリックスの経営から完全に引いているそうですから、日大の顧問料がいい小遣い稼ぎになっているのでしょうし、林さんがいなくなると困る。けれど、大学にとって何の役に立っているのか、さっぱりわかりません」

## 炎上会見トリオに対する辞任勧告

もとより林体制を支えてきたのは、学部から招聘した顧問の宮内や常務理事の和田だけではなかった。安永はそのあたりの内部人事情報に通じている。

「林理事長側についているのは、村井さんだけでなく、林体制で常任監事に就任した小林清さん、本部総務部長の大熊智之さん、人事部長の飯塚和一郎さんでしょう。この4人が林体制を支えていました。彼らは学内で四人組と呼ばれる林親衛隊です。林真理子さんが理事長の椅子から転げ落ちると自分たちも辞めなければならない。だから、懸命に支えているのです」

かたや澤田の味方は前日大顧問弁護士の入江源太だ。日大法学部出身のヤメ検弁護士であり、いわば澤田の後輩にあたる。日大関係者が補足説明する。

「入江さんは林体制の下で顧問弁護士をしてきました。さらに林理事長の意をくんで発足した『不正事案洗い出しのための特別調査委員会』の業務を受けた『西村あさひ法律事務所』に日大をつないだのも入江さんだと聞いています。ですが、マスコミとの関係が深いので理事長に情報洩れが疑われ、23年3月に年度単位の契約更新をタテに体よく顧問を解任されました。すると、澤田副学長から8月の記者会見のあとに相談され、代理人を引き受けるようになったようです。澤田副学長が仕掛けた録音などもおそらく入江弁護士のアドバイスでしょう。入江弁護士は酒井学長の相談にも乗ってきたらしい」

林は自ら理事長室に友人を招き入れ、マスコミを招待してきたが、他の幹部がマスコミと接点をもつことを嫌ってきたという。そのため入江は日大顧問弁護士の職を解かれたというのだが、澤田と二人で反林連合を結成した。辞任を迫られた澤田はパワハラの損害賠償として1000万円を林側に請求した。

つまるところ泥仕合でしかない。林およびその取り巻きにとって、林真理子という神輿を温存することが、日大における自分たちの保身となる。それゆえ、トカゲのしっぽ切りよろしく、副学長の澤田や学長の酒井のクビを切ったようにも受け取れる。しかし、日大の学内はそんな林体制にウンザリしていたようだ。11月10日の理事会がそれを如実に物語っている。

8月の記者会見以降、日大では毎週のように理事会が開かれてきた。そのうち11月10日の理事会では、ついに林理事長、酒井学長、澤田副学長ら3人の首脳に対する辞任勧告決議がおこなわれた。当初の炎上会見トリオだ。

当事者3人はこの理事会に参加していない。そこでは、「現時点での理事会の意向」として、3パターンの辞任勧告投票があった。1回目の投票は「澤田副学長一人を対象にした辞任勧告」、2回目が「酒井学長と澤田副学長を対象にした辞任勧告」、そして3回目が「林理事長、酒井学長、澤田副学長3人そろいぶみの辞任勧告」だ。

理事会の参加者は20人以上いたという。その投票結果は澤田のみ辞任とする1回目が意外に少なく4票しかなかった。その次が酒井、澤田の二人辞任の6票、そして3回目の3人同時の辞任勧告がいちばん多く、8票もあった。

日大には教学部門の学長や副学長に対する解任や辞任勧告の規定がない。林はもとより酒井や澤田も理事であるため、これは理事としての辞任を促すという決議だ。その辞任勧告決議は出席理事の過半数を必要とする。したがって8票では辞任勧告にはいたらない。だが、相当数の理事が3人同時の辞任を求めていることに変わりはない。

この事実を確かめるべく、記者会見で林真理子に理事会の件を質した。

「私はその理事会に出席していませんから、どのような投票があったのか、詳細はわかりかねます」

そう答えながら、辞任勧告投票の事実や結果は認めた。前述したように、この質問をする前まで林は澤田らの辞任について「理事会の決定だ」と述べてきた。しかしそこも甚だ疑わしい。この点について弁護士の久保利に尋ねても、要領を得ない。

「私が（改善計画の検討会議に）参加したのは11月16日で、理事会の日にはまだ日大にいないので、そこは詳しくはわかりません」

亀田が理事会の3首脳辞任勧告について、説明してくれた。

「実はこの理事会は、初めは酒井学長と澤田副学長の辞任を求める決議のために開くとされていました。ところが、『林理事長を辞任対象にしないのはおかしい』と理事からの異論が続出し、やむなく理事長を加えた3パターンの投票になったのです。林理事長の責任を追及する声が大きかった証左でしょう。彼らは同罪です」

おまけにこれだけではない。理事会から4日後の11月14日、学部長会議が開かれた。そこへ出席した学部長らの意見はより辛らつだ。この学部長会議では3首脳だけでなく、次のような執行部総退陣の意見まで飛び出している。

「理事長、学長、副学長の3人はもちろん、村井、和田の二人の常務理事と小林常任監事はみな辞職すべき事態ではないでしょうか。そうでなければ、日大は出直せない」

ここにはむろん理事長の林や学長の酒井も出席していた。彼らはうつむく以外になく、こう答えるので精いっぱいだった。

「責任は痛感しています」

それでも林真理子は学長と副学長のクビを差し出し、理事長として居残った。文科省に提出した改善計画では、アメフト部廃部の方針を報告し、世間が騒いだ。すると、記者会見直前に「前言」を翻し、廃部は理事会による継続審議とすると発表したのも前述したとおりだ。

本来、部の廃止は学長に決裁を仰ぐ必要がある。会見で林は次のような苦し紛れの言い訳をするしかなかった。

「これは常務理事会により決めた方針ですから、この先継続審議としています」

大麻の大量使用という重大な刑事事件の捜査は、このときもなお続いていた。10人以上のアメフト部員が捜査の対象になり、この先、新たな逮捕者が出る可能性も指摘されていた。にもかかわらず、真っ先にアメフト部だけを廃止するという大学執行部の行為は、澤田に辞任を迫ったときのような、「世間にごめんなさい」と尻尾を振る行為と同じように映る。もとより問題の本質をとらえ、反省する姿勢はそこにはない。

この会見後の12月12日夕刻、村井常務理事が「年末に辞任する」との一報が飛び込んできた。そのあとすぐにもう一人の和田秀樹も辞任を決めた。林親衛隊の隊列は崩れたかに見えた。

## 入学志願数2万2000減の衝撃

2024（令和6）年が明けて間もなく、日大職員の亀田から衝撃的な情報が飛び込んできた。

「今年度の入学志願者数が酷いことになっている。前年度比2割以上落ち込むかもしれない」

その根拠はたしかにあった。事実、亀田から入手した1月10日時点における日本大学入学志願数の一覧を見ると、昼間の1部と夜間の2部の志願数がおよそ6500、同じ時点で去年の志願数は8400近くある。前年度と比較すると、1900近くも減っており、前年度の8割にも達していない。

もっともこれはまだ序盤の1月初旬時点におけるデータに過ぎなかった。したがって日大関係者は、さして深刻に受け止めていなかった。「昨年のアメリカンフットボール部の薬物事件が影響しているだけだから、日を追って増えていくだろう」と。

ところが、である。その後も、入学志願数は一向に増えない。1月末時点でもそれは6万50

00ほどだった。去年の同時期の志願数が8万7000だから、2割減どころか、前年度比25%の落ち込みなのである。入学志願数はむしろ日を追うごとに、下がっていた。文字どおりショッキングな数字というほかない。

ちなみに日大は1部として、法学部、文理学部、経済学部、商学部、芸術学部、国際関係学部、危機管理学部、スポーツ科学部、理工学部、生産工学部、工学部、医学部、歯学部、松戸歯学部、生産資源科学部、薬学部という16学部を抱える。2部は法学部のみで、さらに短期大学として、ビジネス教養学科、食物栄養学科(25年度は学生募集停止)、建築・生活デザイン学科、ものづくり・サイエンス総合学科があった。

2023年5月1日現在の学生数は、1部2部合わせて6万6871人、それに通信教育部の7436人を加えた7万4307人の学生が大学に通う。日本一のマンモス大学と呼ばれる所以だ。

そんな巨大な学校法人の経営を支える根幹が学生の授業料であり、入学志願者であることは論をまたない。概して私大の入学志願数は実際の募集定員を大きく上回る。複数の学部や学科を受験する重複志願や推薦入学があるため、現実の入学者数より膨らむわけだ。日大の場合、短期大学を除く1部と2部の入学募集数が7400人あまりなのに対し、例年の志願数総数は10万前後に上る。大学の経営側にとっては入試の受験料収入を多く得られるので、それもありがたい。

もっとも現実の私学入学数は昨今の少子化のせいで減少傾向にあり、なかには定員割れする大学も少なくない。日大もこの数年、受験数は減少傾向にある。が、他大学よりずっとましだとされてきた。

参考までに短大を除く日大入学志願状況をさかのぼると、18（平成30）年度に11万5180あった志願数は、翌19年度に10万853とかなり減っているが、20年度には11万3902に持ち直している。それ以降の21年度が9万7948、22年度は9万3770、23年度の9万8506と推移している。

志願数の変遷は、大学の人気を測るバロメーターと見ていい。私学全般では20年度までほぼ横ばい。それ以降、減少に転じている。日大の場合、18年度の11万5000台の志願数が翌年度に10万1000弱と1万4000以上落ち込んだ。理由は、アメフト部の反則タックル事件だろう。ただし明くる20年度には、11万4000と復活している。それ以降、元理事長の田中英壽体制下で背任や脱税事件が世間を騒がせてきた。しかし、こと入学志願数に限って言えば、思ったほどの落ち込みはない。他の人気私大と同じく微減といったところだ。なお、23年度に10万人近くにまで回復しているのは、林真理子理事長体制に対する期待値の表れと見ることもできる。

しかし、その10万が24年度はどうか。1月末時点で6万5000と前年度比25％減の志願数は、実に2万2000の落ち込みだった。ここから飛躍的に志願数が増えるとはとうてい考えられず、このまま推移すれば、計算上志願数は7万5000割れする恐れまであった。日大にとってこれは近年経験したことのない激減というほかなかった。

なぜこんな悲惨な事態を招いたのか。改めて説明するまでもなく原因は、アメフト部の薬物事件にある。先の亀田が指摘する。

「今年の傾向は18年の反則タックル事件での志願の減少（約1万4000）と比べてもはるかに大きい減り方で、問題の性質がまったく異なります。あのときの減り方がアメフト部員の多い文理学部やスポーツ科学部など一部の学部の現象だったのに対し、今回はほぼすべての学部がおしなべて減っています。つまり世間からはアメフトという運動部の不祥事ではなく、大学そのものの不始末と見られているわけです。まさに林体制の執行部に対する不信の表れでしょう」

意外なことに、運動部とあまり縁のない学部の志願数まで減っているのである。

### 医学部と芸術学部を除き「全滅」

1月末時点で法学部（1部）では、志願数がおよそ6300と前年より2100あまり少なく、前年度より25％減となっていた。これが全体の平均だ。実はアメフト部など運動部員の集まるスポーツ科学部は1月末時点の志願数が550、と昨年度より200の減少で済み、減少率は27％と平均値に近い。むしろ落ち込みの激しいのが、運動部と縁の薄い理工学部や経済学部などだったのである。

23年1月末時点で1万7300の志願があった理工学部は5000近くも減って1万2400、志願数1万2100あまりの経済学部は3700近く減り8400しかない。理工学部が前年比29％減、経済学部は31％減と目も当てられない。商学部も30％減、薬学部に至っては35％減という惨状なのである。

日大全体の志願数が減っている理由は、アメフト部の信用失墜だけではなかった。

私立大学の収入は、学生の授業料をはじめ、入学金や寄付金、私学助成金と呼ばれる政府の補助金などで構成される。日大の場合は医学部や歯学部の傘下に附属病院があり、病院経営の医療費なども収入として計上されている。22年度の収支決算によれば、大学収入のトータルは2655億1200万円と巨額だ。その収入のうち、「学生生徒等納付金」が最も大きく、4割を超える1127億2400万円に上る。納付金の名称どおり、これは学生の納める授業料や入学金である。日大は7万人を超える多くの学生たちが大学経営を支えている。

だが、大学に人気がなくなれば、あっという間に学生が減り、経営を脅かすことになりかねない。日大内部の関係者が入学志願数に神経を使うのは、そのためでもある。

もとより大学にとって「入学検定料」と称される受験料収入も馬鹿にならない。志願数が減れば実入りも減る。推薦枠などを除いた一般選抜の入試は、学部や学科によって受験料が異なる。

さらに同じ学部を受験する場合でも、A個別方式、N全学統一方式、C共通テスト利用方式、CA共通テスト併用方式といったタイプがあり、それぞれ金額が異なるので複雑だ。規程によれば、一般的なA個別方式は「各学部等が独自に実施する試験」とされ、N全学統一方式は「同一試験日、同一問題で複数の学部を併願できる」となっている。C方式は「『大学入学共通テスト』の得点を利用」、そのほか、CA方式は「大学入学共通テストと学部独自の試験」の併用となっている。

たとえばA個別方式の医学部受験料は6万円、歯学部で5万円、松戸歯学部は4万円といったアンバイだ。

共通テストなど大学入試制度自体が変化してきたため一概にはいえないが、日大の受験料収入総額は、30億円程度だとされる。2023年度は25億7400万円ほどあった。受験する入学志願数が25％も減ったとなれば、単純計算してざっと6億円以上の減収となる。1月末時点における主な学部の志願数の減少を試算すると、受験料収入のマイナスは次のようになった。

5000近く志願の減った理工学部の1億1200万円のマイナスを筆頭に、志願数3700減の経済学部が9200万円、志願数3600減の文理学部が8900万円、志願数2400減の商学部が5900万円、志願数2100減の法学部が5000万円、志願数2000減の生産工学部が4800万円、志願数1100減の生物資源科学部が2600万円、志願数750減の工学部が１８００万円、志願数４６０減の薬学部が１２００万円、志願数３５０減の国際関係学部が７４０万円、志願数３００減の危機管理学部が７００万円、志願数２００減のスポーツ科学部が５５０万円の減少……。

辛うじて医学部や林理事長の卒業した芸術学部は志願数が増えているが、他は軒並み収入ダウンだ。

私大は通常、2月に入ると志願者が急増する。国公立大学の受験に失敗し、切羽詰まった併願志望者が駆け込むためだが、志願の減少は2月に入っても改善が見られなかった。むろんこれらは単に受験料収入のダウンというだけの問題ではない。先の日大職員、亀田はこう嘆く。

「過去にここまで入学志願状況が酷くなった記憶はありません。田中元理事長体制ではいろいろ叩かれましたけれど、志願数が1万も2万も落ちることなんてありませんでした。なのに今回はまるで大学の信用失墜に歯止めがかからなくなっている。16ある各学部の教授や事務局はほとんどアメフト問題に何も関係ないのに、こんなあり様になっている。その原因は林理事長をはじめとした本学執行部の事件対応にあるという以外に考えられません」

元理事長の田中体制下で日大理事たちの背任事件が発覚したのが21年秋であり、その後、特捜部は田中自身の脱税事件に着手した。そこから、日大への大バッシングが巻き起こったのは周知のとおりだ。が、前述したように翌22年度の志願数は前年度の９万７９４８から９万３７７０、と4000ほどしか減っていない。24年度の志願者減はそれだけ異様な数字という以外にないのである。

## 「林親衛隊」の常務理事が辞任

前に書いたように、23年10月末の「日本大学アメリカンフットボール部薬物事件対応に係る第三者委員会」の指摘を受け、11月に日大は〈今後の対応及び方針〉なる「改善計画文書」を発表した。が、日大内部からは「改善計画自体、噴飯ものだ」と冷たい視線を向けられてきた。先の安永もかなり冷ややかに見ている。

「改善計画では、すべての責任を酒井さんと澤田さんに押し付け、林理事長体制、とりわけ『林親衛隊』の四人組を温存しようとしていたのがミエミエでした。けれど、四人組を束ねて指図してきたと目された村井さんが、唐突に常務理事を退任してしまいました。なぜ村井さんが辞めたのか、その経緯が物議を呼んでいます」

村井一吉は23年12月31日付で常務理事を辞任し、代わって監事だった弁護士の篠塚力が人事・総務コンプライアンス担当の常務理事に就任した。おまけにもう一人の常務理事だった精神科医の和田も24年1月12日付で辞任してしまう。この人事はいったい何を意味するのか。安永が推測する。

「村井さんに関しては、過去のアメフト部や大学執行部の迷走の原因を取り沙汰されることを嫌ったのではないか、といわれています。村井さんにしてみたら、これ以上常務を続けると、文科省対策の矢面に立たされる、と危惧したのではないでしょうか。和田さんは単純に嫌気がさしたのかもしれません」

その和田に代わり、新たにN・N「新しい日大」企画担当の常務理事に就いたのが、四人組の一人と目された前総務部長の大熊智之だった。

衝撃的な入学志願者の激減に見舞われている日大の林真理子体制が正念場を迎えるなか、かつてのカリスマ理事長、田中英壽が息を引き取った。

# おわりに

田中英壽の訃報に接したのは、2024（令和6）年1月13日朝のことだった。もともと肺癌を患い、2カ月ほど前から入院していた。未明の4時頃、静かに息を引き取ったという。享年77。夫人の優子の死から1年3カ月後のことだ。

一連の事件後、自宅のあった阿佐ヶ谷の「ちゃんこ料理たなか」を閉め、夫人の死後は中国人女性の愛人と暮らしてきたと一部で報じられた。その愛人とのあいだには娘もいるという。もっともあれほど権勢を誇った大学の関係者は、病床の田中を見舞うこともなく、田中本人はひっそりと眠りについた。

日大はいまだ田中の影を引きずっている。井ノ口らの背任事件の舞台となった日大医学部附属板橋病院の建替えは、総事業費がおよそ1000億円に上る大プロジェクトである。うちおよそ700億円を各学部からの拠出金で賄い、残り300億円については病院の収益から40年かけて返済する計画だった。老朽化した病院を近代的な施設に建て替え、医学生に医療の先端技術を学ばせるという建前だ。

しかし、計画は難航している。16学部の経営はそれほど楽ではなく、いまさら医学部のために収益を吸い上げられるのはごめんだ、という意識が強い。田中時代の計画の後始末という側面もある。

明治維新後に法律専門学校からスタートした日大では、会頭の古田重二良《じゅうじろう》が太平洋戦争敗戦の復興期から高度経済成長期にかけ、学部の拡大路線に邁進してきた。日本の私学のモデルをつくった古田のあとを継いだ田中英壽は、さらに日大を大きくしようとしてきた。だが、いまや私大は変革期を迎え、カリスマ理事長として学内に轟いた田中の率いる日大は脱税や背任事件に塗《まみ》れた。そこで大学トップとなったのが林真理子である。

林は脱田中を謳い、自他ともに認める大学改革の旗印となってきた。田中の権力基盤を支えてきた校友会の会長を交代させ、日大事業部を諸悪の根源と見なして廃止した。だが、もう一つの田中の力の源泉だった運動部、保健体育事務局には目もくれなかった。挙句、その足元であるアメフト部の薬物事件が発生し、狼狽《うろた》えるばかりだったというほかない。

そもそも人気作家に名門私学の先行きを担うヴィジョンがあったのだろうか。彼女は、日大が03年に文化の象徴として主婦の友社から買収したカザルスホールの再興に意欲を燃やした。田中理事長時代に危機管理学部の玄関ホールに移設したカザルスホールのパイプオルガンをもとに戻す計画を立てていると聞く。また、豪州のニューカッスル市に新たなキャンパスがオープンした。もとは、日大が海外留学への起点とするため、豪州の裁判所だった歴史的な建造物を改修し、英語学習のキャンパスとして使おうとしたところだ。19世紀に建てられた裁判所の購入額は相場よりずいぶん高い660万豪州ドル（7億円）前後だったうえ、歴史資産として改修にも厳しい規制がある。

もとはといえば、そのカザルスホール買収とニューカッスルキャンパス購入は、田中が進めたプロジェクトだ。したがって日大では、この際、どちらも手放してはどうか、という案もあがっていた。

だが、なぜか林はそこを気にかけず、二つの計画にいたく執心しているのである。たとえば豪州のキャンパスは林が理事長に就任すると、開校に向けて何度も大学職員を海外出張させ、自身も現地に出向いた。なぜそこまで熱心なのか。それは見栄えがするプロジェクトだからだ、というのが、もっぱらの日大内部の評価である。

いまや求心力のない理事長体制の下、大学経営そのものの先行きが危ぶまれている。ただでさえ、国内の少子高齢化により私学運営は年々厳しさを増している。古田や田中の時代とは明らかに学校運営の環境が異なっているといえる。

加計学園の千葉科学大学は、銚子市に身売りする提案まで持ち出している。もはや日大のようなマンモス大学の運営そのものが難しい時代であり、私大はすでに再編、統廃合時代に突入している。

そして日大ではアメフト部の薬物事件が尾を引き、入学志願者が激減した。結果、国際関係学部と松戸歯学部が２０２４年度入学の定員割れに陥っている。入学者の減少傾向は一時的なものではない。日大職員の亀田静雄（仮名）が言った。

「体調不良を理由に常務理事を退任した村井さんは、いつの間にか本部の嘱託職員として舞い戻ってきています。人事部の面倒を見るという名目ですが、林理事長親衛隊の四人組を率いるボス的な存在ですから、必要だったのでしょう。常務理事という責任から逃れ、裏で動けるのでむしろそのほうが好都合なのかもしれません」

２０２４年7月25日、同じく日大常務理事だった和田秀樹が東京・神田の書泉グランデで出版記念のトークショーを開くと聞き、そこに駆けつけた。本の題名は『さらば日大！　私をクビにした日本最大の学校組織の闇』（ブックマン社）だ。林真理子に請われて日大の執行部入りをし、副学長の澤田と対峙してきた和田が、村井よりひと月遅れて1月に退任した。当人に澤田対林の泥仕合について尋ねた。

「私どもは経営を代表し、酒井（健夫学長）さんと澤田さんがこのまま残っていてはいけない、ということにより辞めていただきたい、という立場でした。澤田副学長は大麻片を隠し持っていたので逮捕される可能性もある、と日大の顧問弁護士からも指摘されていました。そうすると大学は補助金をもらえない。なので、われわれ経営側の立場として、澤田さんにお引き取り願おうとしたわけです」

和田と同じように林との関係で、日大の顧問となったオリックス元会長の宮内義彦が林に澤田をクビにしろとアドバイスしたのか。そうも聞いてみた。

「宮内さんについては林さんとプライベートな関係の付き合いですから、そこについての事実関係はわかりません」

ともに理事長の林を支えてきたはずの和田はなぜ今になって常務理事をやめたのか。そこも不可解だったので、尋ねた。

「学部長会議で私のことが俎上にのせられたわけです。すると、林さんから理事長室に呼び出されて言われました。『学部長たちがうるさいのよ、だから辞めてもらうことにしました』と。それまで『話があるから部屋に来て』と呼ばれるのはしょっちゅうでしたので、まさかいきなり辞めろと言われるとは思いませんでした。方針が合わないということであれば、理事会の決議を経るべきです。しかしそれもない。そのあたりが日大のダメなところです」

常務理事退任後、しばらくすると二人は仲たがいし、和田は「信頼関係が崩れた」と言い放った。もとはといえば、理事長の林が頼りにしてきた日大の首脳陣である。それをあっさり切って捨てるのは、澤田に向かって「世間に尻尾を振ると決めた」行為の延長にほかならない。要はそのほうが世間体がいいから、と考えたからだろう。

日大の根本問題として、ガバナンスの欠如と非難する評論家は多い。それは間違ってはいないが、彼女の念頭にある企業統治は、別のところにあるのではないか。林体制では広報部門強化の一環として、情報発出の一本化を図ってきた。有体にいえば、取材があっても個別に受けてはならず、理事長などによる記者会見か、広報発表に限るという姿勢である。それは一般の企業や団体組織でもしばしば見られる。

しかし、その会見や発表に誤魔化しやウソがあれば、それは単なる事実の隠ぺいに過ぎない。結果、日大は迷走を重ねてきた。

おまけにここまで組織のおかしさを露呈していながら、トップはさしたる責任をとらず、周囲の重鎮たちに詰め腹を切らせてきた。常に世間体を気にし、単なる弥縫策《びほうさく》を打ってきたに過ぎないのである。

アメフト部員による大麻事件の激震がおさまらないなか、日大ではさらなる不祥事が発覚した。２０２４年７月12日付の日大ＨＰはこう伝えている。

重量挙部で発覚した金銭不祥事のお詫びと部員への被害回復に向けての手続き開始について――。

今度は重量挙部だ。アメフト部と同じく、重量挙部も名門だ。先のパリ五輪では卒業部員が日本代表に選ばれている。次のように記されていた。

〈本学重量挙部において、昨年12月まで10年間毎年、同部に納入されるべき入部金の徴収と同時に、入学時の本学への納付金（入学金・授業料等）の全部又は一部を免除されている奨学生部員から納付金全額を代理徴収するという違法行為があった事実が、本学の調査（同部関係者からの聴取と金融機関から開示された10年分の口座内容の精査等）により判明しました〉

事件をごく手短に要約すれば、重量挙部の監督が、免除されている特待生の入学金や授業料を騙し取った横領、あるいは詐欺の疑いがあるという。大学側が重量挙部の学生や父兄たち関係者から事情を聴きとり、入金された口座のある金融機関にも情報開示を求めてきた結果、〈違法行為〉を認定し、広報発表に踏み切っているのである。10月10日付のＨＰには、〈⑴被害金額及び被害回復の実行状況〉と題して実態を公表した。

〈これまで被害の申し出があった合計56名全員に対し、10月10日までに、確定した被害金額合計５０８７万０２３０円につき、遅延損害金等を付して各返金作業を完了しました。

56名の内訳は、過去10年以内に入学・入部された返金対象者は48名、11年以上前に入学・入部された方が８名です。

11年以上前に入学・入部された方々については、元部員・保護者の方々が保管している送金記録のご提出を受け、弁護士らにおいて調査をして事実関係を確定したものです〉

アメフト部は部員の不祥事だが、重量挙部は監督の横領事件である。おまけに、運動部の不祥事はこれにとどまらない。陸上部とスケート部にも同じような事件が起きているのだ。同じ日付のＨＰには、〈陸上競技部について〉としてこうある。

〈過去10年以内に入学・入部された返金対象者は25名、被害金額は合計４１４３万円であることを確定し、10月10日までに25名中21名に対して遅延損害金を付して返金作業を完了しました〉

続いて〈スケート部について〉もこう書く。

〈過去７年以内に入学・入部された返金対象者は29名、被害金額は合計２３３６万７５００円であることを確定し、10月10日までに29名中25名に対して遅延損害金を付して返金作業を完了しました〉

当然ながら返金が済んでいない学生に対しても追って対処する旨の発表があるが、この時点における３運動部員たちの被害額は実に１億１５００万円を超える。学内からは「本当にこれだけなのか」という不信の声がしきりだ。

そしてさる10月には、アメフト部に続いてラグビー部の大麻問題まで浮上した。フジテレビが〈日大ラグビー部の寮に〝大麻吸引器〟「先輩が吸っていた」元部員が証言　私物盗まれ転売も…警視庁が捜査〉（10月28日配信ＦＮＮプライムニュース）と報じ、マスコミ各社がその後を追っている。日大は初めのフジの報道に対し次のように回答した。

「犯罪の証拠を発見した場合には、警察と連携して適切に対応しております。一方で、信用性があると認められる証拠がない場合には、警察に『相談』しても、警察は何もできないという対応をされますし、立件できないことが分かっている状態で警察に本学学生の個人情報を提供することが、本学に在籍している学生や保護者との関係で、信頼関係を損ねるリスクがあることも踏まえ、適時適切に警察と連携しております」

まるでアメフト部のときとそっくりの対処というほかない。くだんのラグビー部員の大麻吸引疑惑は2022年のことだという。そこをとらえ日大はこうも反論した。

「2022年当時にラグビー部に在籍していた元部員や保護者からの情報提供により、過去の出来事を蒸し返して執拗に本学についての報道をされることは私怨であって『公共の利害に関する』とは言えず、また『公益を図る』目的でなされているとは到底言えません」

この珍妙な回答について、学内からは日大執行部の逆ギレと批判があがっている。

また、9月末からは、東京国税局の税務調査が医学部と同部附属の板橋病院に入っている。とりわけ1000億円の建替えプロジェクトが進行中の板橋病院の税務調査に関係者たちは戦々恐々としている。この板橋病院を舞台にした井ノ口・籔本の背任事件は、来る2025年春から公判が始まる。

新しく浮上した数々の日大不祥事の多くは田中時代の負の遺産に違いない。だが、田中が去って3年目を迎え、日大執行部はいまだ何ひとつまともに対応できていない。それが林改革の実像ではないか。

# 謝辞

本書は中央公論新社書籍編集局の金澤智之さんと企画し、長いあいだ取材を進めてきました。同社のウエブ誌『デジタル中央公論』ならびに会員情報誌『ファクタ』にて連載した記事を大幅に加筆し、1冊の本にまとめたものです。中央公論新社の金澤さん、ファクタ出版の宮嶋巌社長には大変なお力添えをいただきました。本書は当初、中央公論新社から出版する予定でおりましたが、ある事情により叶わず、東洋経済新報社出版局の渡辺智顕さんに相談したところ、快く刊行を引き受けていただきました。金澤さん、宮嶋社長、渡辺さんには刊行にあたり、的確なアドバイスをいただき、心よりお礼申し上げます。

また、数多くの日本大学の職員や理事、ＯＢの方々に取材のご協力をいただきました。貴重な証言と資料を提供していただき、感謝申しあげます。ありがとうございます。

目下、日本の高等教育は大きな転換期を迎えています。本書がこの先の大学運営について考えるうえで何らかのヒントになれば、幸いです。なお、文中の人物については敬称を略させていただきました。

２０２４年12月

森　功

## 日本大学関連年表（敬称略）

| 年号 | 西暦 | 月/日 | 日大の歩み、および本書で登場するトピック | 世の中の動き |
|---|---|---|---|---|
| 明治15年 | 1882 | 8 | | 皇典講究所創設 |
| 明治22年 | 1889 | 2 | | 大日本帝国憲法公布 |
| | | 10 | 山田顕義が日本法律学校（現・法学部）創立 | |
| 明治23年 | 1890 | 9 | 東京・飯田橋の皇典講究所で開校式挙行 | |
| 明治24年 | 1891 | 5 | | 大津事件 |
| 明治26年 | 1893 | 7 | 日本法律学校第1回卒業式挙行 | |
| | | 12 | 日本法律学校が司法省指定学校となり、判事検事登用試験の受験資格を与えられる<br>校友会を設置 | |
| 明治27年 | 1894 | 7 | | 日清戦争（～明治28年4月） |
| 明治28年 | 1895 | 10 | 校舎を大日本教育会（神田区一ツ橋通）内に移転 | |
| 明治29年 | 1896 | 6 | 東京・神田三崎町に初の校舎落成 | |
| 明治31年 | 1898 | 3 | 高等専攻科を設置 | |
| | | 12 | 財団法人組織となる | |
| 明治34年 | 1901 | 6 | 日大中興の祖・古田重二良が秋田県で生まれる | |

| | | | | |
|---|---|---|---|---|
| | | 10 | 高等師範科（現・文理学部）設置 | |
| 明治36年 | 1903 | 2 | 高等予備科・高等法学科設置 | |
| | | 8 | 校名を日本大学と改称する | |
| | | 10 | 外国語専修部（英語・ドイツ語専修科）を設置 | |
| 明治37年 | 1904 | 2 | | 日露戦争（～明治38年9月） |
| | | 3 | 専門学校令による大学となる<br>大学部に政治科・商科（現・経済学部ならびに商学部）を設置 | |
| 明治38年 | 1905 | 9 | 専門部に外国語科設置 | |
| 明治39年 | 1906 | 1 | 学年制を廃止し学科目制を採用 | |
| | | 8 | 初の留学生を欧州に送る（山岡萬之助） | |
| | | 10 | 初の創立記念式典を挙行 | |
| 明治41年 | 1908 | 2 | 日本高等予備校設置 | |
| 明治43年 | 1910 | 3 | 高等師範部研究科設置 | |
| | | 6 | | 幸徳秋水逮捕される（大逆事件） |
| 大正2年 | 1913 | 2 | 中学校を設置（現・一高、一中） | |
| 大正3年 | 1914 | 4 | 「建学の主旨及綱領」を制定 | |

| | | | | |
|---|---|---|---|---|
| 大正3年 | 1914 | 7 | | 第一次世界大戦（〜大正7年11月） |
| 大正6年 | 1917 | 4 | 専門部に宗教科設置 | |
| 大正7年 | 1918 | 8 | | 米騒動 |
| | | 12 | | 大学令公布 |
| 大正9年 | 1920 | 1 | | 国際連盟発足 |
| | | 4 | 大学令による大学設立<br>初めて女子の入学許可 | |
| | | 5 | 校歌を制定 | |
| | | 6 | 高等工学校を設置（現・理工学部） | |
| | | 9 | 初の女子学生大会を開催 | |
| 大正10年 | 1921 | 3 | 美学科（現・芸術学部）設置 | |
| | | 4 | 東洋歯科医学専門学校を合併（創立は大正5年、現・歯学部） | |
| | | 10 | 日大新聞（現「日本大学新聞」）を創刊 | |
| | | 11 | | ワシントン会議（〜大正11年2月） |
| 大正11年 | 1922 | 3 | 大学旗を作製<br>総長制を創設 | |

| | | | | |
|---|---|---|---|---|
| | | 12 | | ソビエト社会主義共和国連邦成立 |
| 大正12年 | 1923 | 3 | 校歌を改定 | |
| | | 5 | 初の全学陸上大運動会を開催 | |
| | | 9 | 関東大震災により大学施設の大部分を焼失 | 関東大震災 |
| | | | 三崎町の焼け跡で学生大会開催 | |
| 大正14年 | 1925 | 3 | 専門部医学科（現・医学部）設置 | |
| | | | 日本大学専門学校を大阪に設置（現・近畿大学） | |
| | | 5 | | 普通選挙法公布 |
| 大正15年 | 1926 | 11 | 医学科附属病院開院（現・日本大学病院） | |
| 昭和2年 | 1927 | 3 | 第二中学校を設置（現・二高、二中） | |
| | | | 大阪中学校を設置（現・大阪高） | |
| | | 4 | | 兵役法公布 |
| | | 9 | 三崎町新校舎落成式挙行 | |
| | | 12 | 幼稚園を設置 | |
| 昭和4年 | 1929 | 3 | 工業学校を設置（現・習志野高） | |
| | | 5 | 新校歌を制定（現在の校歌） | |
| | | 10 | 赤坂中学校を合併（現・三高、三中） | |

| | | | | |
|---|---|---|---|---|
| 昭和5年 | 1930 | 3 | 第四中学校を設置（現・日大高、中） | |
| | | 4 | | ロンドン海軍軍縮条約調印 |
| 昭和6年 | 1931 | 9 | | 満州事変 |
| 昭和7年 | 1932 | 1 | 駿河台病院附属看護婦養成所を設置（現・医学部附属看護専門学校） | |
| | | 5 | | 犬養首相暗殺される（5・15事件） |
| 昭和8年 | 1933 | 3 | | 日本が国際連盟を脱退 |
| 昭和10年 | 1935 | 1 | 東京箱根駅伝競走大会で初優勝 | |
| | | 2 | | 天皇機関説事件 |
| | | 5 | 医学科附属板橋病院開院（現・医学部附属板橋病院） | |
| 昭和11年 | 1936 | 2 | 図書館を開設 | 2・26事件起こる |
| | | 3 | 大学旗・科旗・校旗を制定 | |
| 昭和12年 | 1937 | 1 | 大阪に日本工学校を設置 | |
| | | 3 | 板橋病院附属看護婦養成所を設置 | |
| | | 7 | | 盧溝橋事件（日中戦争） |
| | | 12 | 世田谷予科を開設 | |
| 昭和13年 | 1938 | 4 | | 国家総動員法公布 |

| | | | | |
|---|---|---|---|---|
| | | 10 | 創立50年記念式典を挙行 | |
| 昭和14年 | 1939 | 1 | 大阪に日本工業学校を設置 | |
| | | 9 | | 第二次世界大戦始まる |
| 昭和15年 | 1940 | 2 | 日本大学大阪専門学校を、財団法人大阪専門学校へ移管（現・近畿大学） | |
| 昭和16年 | 1941 | 12 | | 日米開戦（〜昭和20年） |
| 昭和17年 | 1942 | 3 | 医学部設置 | |
| 昭和18年 | 1943 | 5 | 農学部を神奈川県藤沢市に設置（現・生物資源科学部） | |
| | | 10 | 文部省主催出陣学徒壮行会挙行（神宮外苑競技場） | |
| 昭和20年 | 1945 | 3 | | 東京大空襲により神田一帯焦土と化す |
| | | 8 | | ポツダム宣言受諾 |
| 昭和21年 | 1946 | 4 | 三島予科を静岡県三島市に設置 | |
| | | 5 | | 東京裁判開廷 |
| | | 7 | 理事長制を創設 | |
| | | 11 | | 日本国憲法公布 |
| | | 12/6 | 青森県北津軽郡金木町で田中英壽が生まれる | |

| | | | | |
|---|---|---|---|---|
| 昭和22年 | 1947 | 3 | 専門部工科（現・工学部）を福島県郡山市に移転 | 教育基本法・学校教育法公布（6・3・3・4制） |
| 昭和23年 | 1948 | 11 | 通信講座（現・通信教育部）を設置 | |
| 昭和24年 | 1949 | 2 | 新学制に移行（第一部の7学部34学科） | |
| | | 3 | 新学制に移行（第二部の4学部15学科） | |
| | | 3 | 農林高校を設置（現・藤沢高） | |
| | | 4 | 「建学の主旨及綱領」を改め「目的および使命」を制定 | |
| | | 8 | 全米水上選手権に日大から古橋廣之進ら4名が出場 | |
| | | 10 | 創立60周年記念式典を挙行 | |
| | | 12 | 古田重二良が理事長に就任 | 私立学校法公布 |
| 昭和25年 | 1950 | 2 | 世田谷高校を設置（現・櫻丘高） | |
| | | 3 | 短期大学を設置（現・短期大学部） | |
| | | 6 | | 朝鮮戦争（～昭和28年） |
| 昭和26年 | 1951 | 2 | 学校法人組織となる東北工業高校を設置（現・東北高） | |
| | | 4 | 大学院を設置 | |

| | | | | |
|---|---|---|---|---|
| | | 9 | | サンフランシスコ平和条約・日米安全保障条約調印 |
| | | 10 | 東京獣医畜産大学附属高等学校を合併、鶴ヶ丘高校と名称変更 | |
| | | 11 | 農学部に東京獣医畜産大学を吸収合併 | |
| 昭和27年 | 1952 | 2 | 医学部医学科、歯学部歯学科が新学制に移行<br>工学部に薬学科（現・薬学部）および工業経営学科（後の第一工学部、現・生産工学部）設置 | |
| | | 3 | 農学部に獣医学科を増設し、農獣医学部と改称 | |
| | | 10 | 初の「総合大学祭」を開催 | |
| 昭和29年 | 1954 | 4 | 歯学部附属歯科技工士養成所を設置（現・歯学部附属歯科技工専門学校） | |
| | | 8 | 豊山高校・中学校を合併（現・豊山高、中） | |
| 昭和31年 | 1956 | 4 | 卓球世界選手権（東京）で荻村伊智朗が男子シングルスで優勝 | |
| | | 10 | | 日ソ共同宣言（国交回復） |
| | | 12 | | 日本、国際連合に加盟 |
| 昭和32年 | 1957 | 12 | 三島高校を設置 | |

| | | | | |
|---|---|---|---|---|
| 昭和33年 | 1958 | 1 | 文学部に中国文学科、地理学科、数学科、物理学科を増設し文理学部と改称<br>工学部に物理学科を増設し理工学部と改称 | |
| | | 4 | 歯科衛生士養成所を設置（現・歯学部附属歯科衛生専門学校） | |
| | | 6 | 日本大学講堂を設置。古田重二良が会頭に就任 | |
| | | 12 | | 東京タワー完工 |
| 昭和34年 | 1959 | 9 | 「目的および使命」を改正 | |
| | | 10 | 創立70周年記念式典を挙行 | |
| 昭和35年 | 1960 | 4 | 明誠高校を設置 | |
| | | 5 | | 60年安保闘争（〜6月） |
| 昭和37年 | 1962 | 10 | | キューバ危機 |
| | | 11 | 山形第一高校を合併（現・山形高） | |
| 昭和38年 | 1963 | 4 | 商学部砧校舎開設 | |
| | | 12 | 原子力研究所を設置 | |
| 昭和39年 | 1964 | 8 | | トンキン湾事件を機にベトナム戦争が本格化 |

| | | | | |
|---|---|---|---|---|
| | | 10 | オリンピック東京大会、日本代表選手・役員として52名が参加 | 東京オリンピック開催<br>東海道新幹線開業 |
| 昭和40年 | 1965 | 4 | 後に日大全共闘議長となる秋田明大が経済学部に入学<br>後に理事長となる田中英壽が経済学部に入学 | |
| 昭和41年 | 1966 | 1 | 第一工学部を生産工学部と改称、第二工学部を工学部と改称 | |
| | | 2 | 「リネット号」が日本最初の人力飛行に成功 | |
| | | 3 | 豊山女子高校を設置 | |
| 昭和42年 | 1967 | 4/20 | 「4・20事件」と呼ばれる大学当局と学生の衝突 | |
| 昭和43年 | 1968 | 1 | 東京国税局による理工学部教授の脱税捜査 | |
| | | 4 | 理工学部教授が裏口入学を斡旋し、多額の謝礼金を受領したことが明るみに。これをきっかけに日大紛争が勃発 | |
| | | 5/27 | 秋田明大が日大全学共闘会議議長に | |
| | | 9/30 | 秋田議長が日大講堂で2万5000人の学生を率いて会頭の古田を糾弾した「9・30大衆団交」 | |

| | | | | |
|---|---|---|---|---|
| 昭和44年 | 1969 | 3 | 秋田議長が公務執行妨害などの容疑で警視庁に逮捕 | |
| | | 3 | 後に理事長となる田中英壽が経済学部経済学科を卒業し、農獣医学部体育助手兼相撲部コーチに | |
| | | 7 | | アポロ11号月面に着陸 |
| | | 9 | 古田会頭が退任。鈴木勝・第6代総長就任 | |
| | | 11 | 最初の日本大学附属高等学校統一テスト実施 | |
| | | 12 | 秋田議長が保釈 | |
| 昭和45年 | 1970 | 3 | | 大阪で日本万国博覧会開幕 |
| | | 6 | | 日米安全保障条約改定・延長 |
| | | 10 | 古田元会頭が死去 | |
| 昭和46年 | 1971 | 2 | 日本大学松戸歯科大学を設置（現・松戸歯学部） | |
| | | 6 | | 沖縄返還協定調印 |
| 昭和47年 | 1972 | 9 | | 日中国交正常化 |
| 昭和48年 | 1973 | | | 第1次オイルショック |
| 昭和49年 | 1974 | 4 | 松戸歯科大学附属歯科衛生専門学校を設置（現・松戸歯学部附属歯科衛生専門学校） | |

| | | | | |
|---|---|---|---|---|
| | | 10 | 鈴木勝総長が理事長を兼務（81年9月まで） | |
| 昭和50年 | 1975 | 4 | | 南ベトナムの首都サイゴン（現・ホーチミン）陥落 |
| | | 10 | 日本大学松戸歯科大学を廃止し、松戸歯学部を設置 | |
| 昭和53年 | 1978 | 4 | 日本大学北極遠征隊が北極点に到達 | |
| | | 5 | | 新東京国際空港（成田空港）開港 |
| | | 12 | 国際関係学部設置 | |
| 昭和54年 | 1979 | 1 | | 国公立大学共通一次試験開始 |
| | | 4 | 人口研究所設置 | |
| | | 7 | 医学部付属総合健診センター開設 | |
| | | 9 | 「顕義園」を学祖生誕地・山口県萩市に開設 | 第2次オイルショック |
| 昭和57年 | 1982 | 2 | 生産工学部実籾校舎を開設 | |
| | | 7 | 日本大学会館が落成 | |
| 昭和60年 | 1985 | 10 | 豊山女子中学校を設置 | |
| | | 11 | 「大学発祥記念碑」を皇典講究所跡地に建立 | |
| 昭和62年 | 1987 | 4 | | 国鉄分割民営化、JR各社開業 |

| | | | | |
|---|---|---|---|---|
| 昭和62年 | 1987 | 5 | マサチューセッツ工科大学（アメリカ）と共同研究プログラム契約に調印 | |
| | | 12 | 薬学部を設置 | |
| 昭和63年 | 1988 | 11 | 山形中学校を設置 | |
| 平成元年 | 1989 | 4 | 「山田顕義終焉之地」記念碑を兵庫県朝来郡生野町（現・朝来市生野町）に建立 | |
| | | 6 | | 天安門事件 |
| | | 7 | 学祖山田顕義墓所（文京区・護国寺）改修、開眼法要を挙行 | |
| | | 10 | 創立１００周年記念式典を挙行 | |
| | | 11 | 法学部創設１００周年記念式典を挙行 | |
| 平成2年 | 1990 | 1 | | 大学入試センター試験開始 |
| | | 10 | | 東西ドイツ統一 |
| 平成3年 | 1991 | 4 | 長崎日本大学中学校設置 | |
| | | 7 | | 戦後最大の経済犯罪と呼ばれた「イトマン事件」で、許永中逮捕 |
| | | 12 | | ソビエト連邦崩壊 |
| 平成5年 | 1993 | 9 | 瀬在良男・第9代総長が就任（96年8月まで） | |

| | | | | |
|---|---|---|---|---|
| 平成6年 | 1994 | 10 | 総合学術情報センター開設 | |
| 平成7年 | 1995 | 1 | | 阪神・淡路大震災 |
| | | 12 | 農獣医学部を生物資源科学部と名称変更 | |
| 平成8年 | 1996 | 1 | 日大エベレスト登山隊一九九五が朝日スポーツ賞を受賞 | |
| | | 9 | 瀬在幸安・第10代総長が就任（05年8月まで） | |
| 平成10年 | 1998 | 6 | ケンブリッジ大学（イギリス）ペンブルック・カレッジ共同学寮落成 | |
| | | 11 | NUBIC（国際産業技術・ビジネス育成センター）を開設（現・産官学連携知財センター） | |
| 平成11年 | 1999 | 4 | 大学院総合社会情報研究科（通信制大学院）、大学院グローバル・ビジネス研究科を設置 | |
| | | 9 | 田中英壽が理事に就任 | |
| 平成13年 | 2001 | 4 | 日大iクラブ発足 | |
| | | 9 | | アメリカで同時多発テロ事件 |
| | | 11 | 文理学部創設100周年記念式典を挙行 | |
| 平成14年 | 2002 | 1 | | EU（欧州連合）で、単一通貨ユーロ使用開始 |

| | | | | |
|---|---|---|---|---|
| 平成14年 | 2002 | 5 | クリントン米元大統領が日大会館で記念講演 | |
| | | 6 | 田中英壽の半生を描いた『土俵は円　人生は縁』刊行 | |
| | | 9 | 田中英壽が常務理事就任 | |
| 平成15年 | 2003 | 3 | 三島中学校を設置、土浦日本大学中学校、札幌日本大学中学校を設置 | |
| | | 11 | ゴルバチョフソ連元大統領が日大会館で講演 | |
| 平成16年 | 2004 | 4 | 大学院法務研究科（ロースクール）設置 | |
| | | | 総合生涯学習センターを開設 | |
| | | | 長野日本大学中学校を設置 | |
| | | 10 | | 新潟県中越地震 |
| | | 11 | 山田顕義生誕160年記念植樹式（萩：顕義園にて） | |
| | | | 経済学部・商学部創設100周年記念式典を挙行 | |
| 平成17年 | 2005 | 2 | | 京都議定書発効 |
| | | 3 | | 日本国際博覧会（愛知万博）開催（～9月） |
| | | 9 | 第11代総長・理事長に小嶋勝衛が就任 | |

| | | | | |
|---|---|---|---|---|
| 平成18年 | 2006 | 4 | 薬学部薬学科（6年制）を設置 | |
| 平成19年 | 2007 | 6 | 教育理念を「自主創造」とし、新ロゴ及びキャッチフレーズを決定 | |
| 平成20年 | 2008 | 9 | 第12代総長に酒井健夫が就任<br>田中英壽理事長就任 | |
| | | 10 | | 世界金融危機が始まる |
| 平成21年 | 2009 | 2/26 | | 文科省通達「文部科学大臣所轄学校法人が行う付随事業と収益事業の扱いについて（通知）」 |
| | | 3 | 藤沢中学校を設置 | |
| 平成22年 | 2010 | 1 | 日大事業部を設立 | |
| | | 6 | 桜門会館を開設 | |
| 平成23年 | 2011 | 3 | | 東日本大震災 |
| 平成24年 | 2012 | 12 | | 第二次安倍政権発足 |
| 平成25年 | 2013 | 4 | 総長制から学長制に移行 | |
| 平成26年 | 2014 | 4 | | 消費税8％に |
| | | 10 | 日本大学病院開院 | |
| 平成27年 | 2015 | 3 | | 北陸新幹線開業 |

| | | | | |
|---|---|---|---|---|
| 平成27年 | 2015 | 4 | 藤沢小学校開校 | |
| | | 6 | | 選挙権年齢を「18歳以上」に引き下げ |
| 平成28年 | 2016 | 3 | | 北海道新幹線開業 |
| | | 4 | 「危機管理学部」「スポーツ科学部」を開設 | 熊本地震 |
| | | 12 | 日本大学教育憲章の制定 | |
| 平成29年 | 2017 | 4 | 日本大学認定こども園を開園 | |
| | | 12 | 学校法人日出学園と準付属契約を締結 | |
| 平成30年 | 2018 | 5 | アメリカンフットボール部による反則タックル事件 | |
| | | 9 | | 北海道地震 |
| 平成31年 | 2019 | 4 | 日出中学校・高等学校・幼稚園が目黒日本大学中学校・高等学校・幼稚園と校名変更 | 天皇在位30年、のちに退位 |
| 令和元年 | 2019 | 5 | | 新天皇即位<br>新年号「令和」 |
| | | 10 | 創立１３０周年記念式典を挙行 | 消費税10％に |
| 令和2年 | 2020 | 4 | 緊急事態宣言のため入学式を中止 | 新型コロナウイルス対策特別措置法に基づく緊急事態宣言発出 |

| | | | | |
|---|---|---|---|---|
| | | 5 | 前学期の授業をオンラインで開始 | |
| 令和3年 | 2021 | 6 | 新型コロナウイルスワクチン大学拠点接種をお茶の水、芸術学部の2会場で開始 | |
| | | 10/7 | 井ノ口忠男理事逮捕（医学部附属板橋病院の建て替え計画を巡る背任容疑） | |
| 令和4年 | 2022 | 3/31 | 第三者委員会調査報告書の公表 | |
| | | 7/1 | 小説家の林真理子が理事長に就任 | |
| | | 10/5 | 田中英壽元理事長の妻で「ちゃんこ料理たなか」女将・田中優子（本名・征子）が死去 | |
| | | 11 | 村井一吉が常務理事に就任、宮内義彦が顧問に就任 | |
| | | 12/31 | 日本大学事業部が解散 | |
| 令和5年 | 2023 | 4 | 生物資源科学部を改組し新学科体制に移行<br>大学院危機管理学研究科、大学院スポーツ科学研究科設置<br>日本大学ダイバーシティ推進宣言を表明 | |
| | | 5 | | 新型コロナウイルス感染症の分類が「5類」に引き下げられる |
| | | 7/6 | アメフト部寮で乾燥大麻と覚せい剤が発見される | |

| | | | | |
|---|---|---|---|---|
| 令和5年 | 2023 | 7/11 | 林真理子理事長「事業部の解散」「校友会再編」記者会見 | |
| | | 7/18 | 澤田副学長が警視庁にアメフト部寮での薬物発見を報告 | |
| | | 8/5 | アメフト部員による薬物事件で、3年生部員の北畠成文が警視庁に逮捕される | |
| | | 8/8 | 林真理子理事長、酒井健夫学長、澤田康広副学長の3首脳によるアメフト部薬物事件関連での記者会見 | |
| | | 8/22 | 警視庁がアメフト部寮を家宅捜索 | |
| | | 10 | 日本大学違法薬物追放宣言を表明 | |
| | | 10/31 | 「日本大学アメリカンフットボール部薬物事件対応に係る第三者委員会」調査報告公表 | |
| | | 12/31 | 村井一吉常務理事が辞任 | |
| 令和6年 | 2024 | 1/12 | 和田秀樹常務理事が辞任 | |
| | | 1/13 | 田中英壽死去 | |

出所：日本大学HPを基に編集部作成

【著者紹介】
**森　功**（もり　いさお）
1961年、福岡県生まれ。ノンフィクション作家。岡山大学文学部卒業後、伊勢新聞社、『週刊新潮』編集部などを経て、2003年に独立。2008年、2009年に2年連続で「編集者が選ぶ雑誌ジャーナリズム賞作品賞」を受賞。2018年には『悪だくみ「加計学園」の悲願を叶えた総理の欺瞞』（文藝春秋）で「大宅壮一メモリアル日本ノンフィクション大賞」受賞。『同和と銀行　三菱東京UFJ〝汚れ役〟の黒い回顧録』『ならずもの　井上雅博伝――ヤフーを作った男』『地面師　他人の土地を売り飛ばす闇の詐欺集団』『国商　最後のフィクサー葛西敬之』（以上、講談社）、『総理の影　菅義偉の正体』（小学館）、『鬼才　伝説の編集人　齋藤十一』（幻冬舎）など著書多数。

日本音楽著作権協会（出）許諾第2408178–401号

魔窟　知られざる「日大帝国」興亡の歴史
2024年12月31日発行

著　者――森　功
発行者――山田徹也
発行所――東洋経済新報社
〒103-8345　東京都中央区日本橋本石町 1-2-1
電話＝東洋経済コールセンター　03(6386)1040
https://toyokeizai.net/

装　丁………秦　浩司
ＤＴＰ………米谷　豪
印　刷………港北メディアサービス
製　本………積信堂
編集担当……渡辺智顕

Printed in Japan　ISBN 978-4-492-22425-0